JN124473

基礎から考える

社会保障

私たちの生活を支える制度と仕組み

編

村田隆史・長友薫輝・曽我千春

自治体研究社

は し が き

　いきなりではあるが、本書の成り立ちを紹介したい。本書は自治体研究社から出版された『基礎から学ぶ社会保障』の後継という形をとってはいないが、「人権としての社会保障」を実現するという基本理念は引き継いでいる。

　『基礎から学ぶ社会保障』は芝田英昭先生（立教大学コミュニティ福祉学部前教授）が中心となり作成された。芝田先生は「研究会」を運営し、若手の社会保障研究者に研究発表の場を提供し続けてこられた。多くの書籍の編者を務められ、『基礎から学ぶ社会保障』もその一つであった。社会保障制度をめぐる状況は目まぐるしく変化し、また制度が複雑であるため体系的に理解することも難しい。『基礎から学ぶ社会保障』は専門的な水準を維持しながらも入門書としても活用できるというバランスを保ったこともあり、初版（2013年）、増補改訂版（2016年）、新版（2019年）と多くの方に手に取ってもらえる書籍となった。

　今回の編者は長友薫輝（佛教大学社会福祉学部）、曽我千春（金沢星稜大学経済学部）、村田隆史（京都府立大学公共政策学部）の3名である。いずれも大学院などで芝田先生から直接の研究指導を受けることはなかったが、共同研究をさせていただく機会も多々あり、芝田先生にさまざまな助言・指導をいただいた。

　本書の構成は以下のとおりである。「第1部　社会保障の発展過程と理念・概念」は、社会保障のあゆみと基本理念、制度体系と機能、制度をめぐる論点の章から構成されている。第1部を読むことで、社会保障がどのように制度化・体系化され、そのプロセスの中で基本理念が生成し、そして現在、何が「改革」の対象となっているのかを理解することができるだろう。

　「第2部　社会保障の制度各論」では、年金保険、医療保険、介護保険、労働保険（雇用保険及び労働者災害補償保険）、障害者福祉、子ども家庭福祉、公的扶助の章から構成されている。各制度のあゆみ、現在の制度概要、そして近年の改革動向や論点がまとめられている。個別の制度から社会保障を学びたい人には第2部から読むことを薦めたい。第1部と第2部を合わせて読むことによって、今日の日本における社会保障の全体像が理解できるだろう。

「第3部　外国の社会保障」は、アメリカ、韓国、ドイツ、イギリスに関する社会保障の章から構成されている。各国の社会保障の体系、そして各国の制度のあり方に影響を与える社会・経済状況や歴史の分析など、内容は多岐に互っている。わずか10数頁で外国の社会保障を理解することは無理であるが、執筆者には各国の社会保障に関する入門として体系的に理解できる原稿を書いていただいた。外国の社会保障に関する学びを深めるとともに、日本の社会保障のあり方を考える内容として活用して欲しい。

　「第4部　社会保障が当面する課題」は、財政、福祉労働、市場化・営利化・産業化の章から構成されている。いずれも社会保障を議論する際に論点となる項目であり、社会保障制度のあり方に大きく関わっている。第1部～第3部は入門書としての比重が高い章で構成されているが、第4部は賛否も含めて読者によって意見が異なることもあるだろう。議論の材料として活用いただきたい。

　本書を入門書としてだけではなく、専門書としても活用いただけるように各章には学習課題や推薦図書を掲載している（第3部は学習課題を設定していない）。引用・参考文献から他の専門書にたどり着いていただくことも可能である。

　なお、本書の執筆に際して、執筆者間で複数回の研究会を開催して意見交換を行った。しかし、本書の内容に関する基本理念は共有しつつも強固な意思統一を図ったわけではない。そのため、各章に文章表現や個別事象への評価の多少の相違がみられるが、最後は執筆者の判断に委ねた。その評価の違いも含めて、本書を有効活用していただきたい。

　最後に、本書のタイトルは「基礎から学ぶ」から「基礎から考える」に変更している。社会保障制度をめぐる議論は多岐に互っており、こちらが何かを提示して「学ぶ」より一緒に「考える」方が良いのではないかと考えたためである。また、サブタイトルは「私たちの生活を支える制度と仕組み」とした。社会保障は「私たちの生活を支える制度と仕組み」にはなっているが、それが「生活を保障する＝人権保障」となっているかを提起したかったからである。本書の評価は読者諸氏に委ねたい。

2024年2月

編者を代表して　村田隆史

目 次

基礎から考える社会保障
私たちの生活を支える制度と仕組み

第1部
社会保障の発展過程と理念・概念

第1章
社会保障のあゆみと基本理念

村田隆史

本章のねらい

　本章では社会保障が形成されてきた歴史（あゆみ）をみていく。第2部をみると社会保障の各制度にそれぞれの歴史（あゆみ）があることがわかる。第3部の諸外国の社会保障では日本の社会保障とは違う形で制度が形成され、今日に至っていることがわかる。社会保障の歴史（あゆみ）といっても、どこに焦点を当てるかによって内容が大きく異なってくる。本章では基本理念に着目するが、社会保障は何を問題として、何を解決するために形成されてきたのかをみていく。そして、社会経済構造が大きく変化していく中で、いかに基本理念が変更されてきたかに着目する。

　結論から先にいえば、基本理念とは「人権としての社会保障」である。日本に限らず、多くの国が社会保障を制度化してきた経緯は共通している。資本主義が発展していく中、貧困問題が深刻化していく。その貧困問題の解決は自助・自立を基本とし、私的な助け合いは存在したが公的なシステムは一部にしか存在しなかった。家族や地域や職域という共同体で貧困問題の解決が試みられることもあったが、根本的な解決には至らなかった。根底には「貧困に陥るのは努力が足りない」という自己責任観があった。

　社会保障が制度化していく背景として、貧困問題の発生要因を明らかにした社会調査や生活保障を求める切実な要求運動の存在があげられる。社会調査や要求運動によって、資本主義社会が構造的に貧困問題を発生させることが明ら

かになり、貧困問題の解決に向けて「公」が何かしらの責任を果たすことが求められるようになっていった。社会保障は公的責任によって運用することが制度化され、次第に制度を必要とする人びとの立場に立った運営が行われることにより、権利として定着していった。そのため、社会保障は資本主義社会が基本とする市場とは異なる形で形成されていった。社会保障の制度は準市場や非市場をベースとしていたが、それを市場の原理に戻そうとするのが今日の改革の基調といえる。

　社会保障は社会の中で単独で存在するわけではない。多くの社会経済構造の影響を受けている。今日でいえば、人口構造の変化（人口減少や少子・高齢化）、経済成長の鈍化、地域共同体のつながりの希薄化、価値観の多様化、などがあげられる。本来であれば、これらの背景にも触れなくてはならないが、改革の前提にあるとして、「人権としての社会保障」と関連する公的責任と制度を利用する人びとの権利という視点から歴史（あゆみ）をみていきたい。

1 諸外国における社会保障の形成過程

1-1 イギリスにおける社会保障の形成過程①―救貧法の制定とその動向

　社会保障が体系的に制度化されていくのは、第2次世界大戦後である。イギリスで蓄積された議論を参考にしながら、各国はそれぞれの形で福祉国家を成立させていった。社会保障の起源をどこに求めるのかというのは論者によって異なる部分もあるが、イギリスの救貧法（Poor Law）とすることで一定の合意が得られている。16世紀頃から貧困者対策が行われ法律も制定されていたが、1601年に改正されたエリザベス救貧法（旧救貧法）がイギリスにおける貧困者対策の基礎となっていく。エリザベス救貧法が社会保障の起源とされるのは、教会組織の単位であった教区を行政単位とし、救貧税を徴収する権限が与えられたことにある。そして、教区ごとに貧民監督官が配置された。国家が貧困者対策を制度化し、一定の関与を行ったこともあり、社会保障の起源とされている。ただし、国家が財源を保障するという仕組みではなかったし、教区ごとに対応が異なっていたといわれている。また、労働能力のある貧民と労働能力のない貧民を分けており、とくに労働能力のある貧民には厳格な対応がとられた。

貧困者に対する最低生活保障ではなく、治安維持対策としての役割が重視されていた。

救貧法は治安維持対策として厳格な対応がとられ、貧困者を収容して就労させる労役場（ワークハウス）が設置されていた。1722年には労役場への収容と就労による救済を強化する労役場テスト法（ナッチブル法とも呼ばれる）が制定され、労役場への収容を忌避することによって救貧法での救済抑制を図ろうとした。一方、人道的視点から一定の改善がみられることもあった。1782年のギルバート法では、労役場を労働能力のない貧民を収容する保護施設とするとともに、労働能力のある貧民は労役場外での救済を認め（院外救済）、仕事の斡旋を行うことも定めた。また、1795年のスピーナムランド制度では、労働能力のある貧民に対してパンの価格と家族の人数に応じて救済額（最低生活費）を設定し、得られた賃金の差額を支給する賃金補助制度が制定された。ただし、賃金補助制度は救済額（最低生活費）と賃金の差額が支払われることを前提として、使用者側が労働者に対して支払う賃金を安くするという事態が発生した。

救貧法の制度改善によって被救済者と救済費用が増加すると、費用抑制の動きが表れてくる。1834年に救貧法は法律が大幅に改正され、これは新救貧法と呼ばれることが多い。新救貧法の特徴は①救貧行政の中央集権化（統一された行政水準）、②労役場収容の原則化（院外救済の禁止）、③劣等処遇の原則化であった。貧困に陥ることの自己責任観を体現化した法律改正であった。その後、救貧法は制度の不備を補完する組織（慈善組織協会、友愛組合、協同組合、労働組合など）の社会運動の影響を受けたり、他の制度の拡充もあって制度改善が図られることもあったが、第2次世界大戦後まで救貧法による救済という枠組みは維持された。

1-2　イギリスにおける社会保障の形成過程②−戦後福祉国家の基礎

イギリスは世界の中でも工業国家として著しい経済的発展を遂げていた。そのような状況の中、1880年代後半から行われた社会調査によって「一定数の貧困状態に陥っている人びとが存在すること」が明らかにされた。チャールズ・ブースは1886年から数年かけてロンドンの各地区で調査を行っているが、全住民の約3分の1が貧困線以下の暮らしであることを明らかにした。1899年に

はチャールズ・ブースの調査を参考にして、シーボーム・ラウントリーがヨーク市で調査を行ったが、やはり結果は同じく約3分の1の住民が貧困線以下で暮らしていることを明らかにした。シーボーム・ラウントリーが用いた調査方法は、生活に必要なカロリー量から食費を計算して最低生活費を算出し（理論生計費方式）、住民の消費行動にまで着目して第1次貧困線と第2次貧困線を分けて実施しており、今日にも影響を与えている。いずれの調査も経済的発展を遂げるイギリスにおいて、国民の約3分の1が貧困線以下で暮らしていること（一定数の貧困状態に陥っている人びとが存在すること）を明らかにした。そして、貧困が個人の生活習慣や怠惰などではなく、資本主義社会が構造的に貧困問題を発生させることを定着させるきっかけとなった。

　社会調査の結果を政策に生かすための役割を果たし、今日の社会保障研究に影響を与えているのがウェッブ夫妻（シドニー・ウェッブ、ベアトリス・ウェッブ）である。ウェッブ夫妻はそれぞれが活動しているものもあるが、本稿ではウェッブ夫妻とまとめて表記する。ウェッブ夫妻はフェビアン協会に所属し、理論的に協会をリードしていた。政治活動にも関わっており、労働党で活動を行っていた。また、救貧法に関する議論を行う王立の委員会にも参加して、少数派意見の報告書を作成した。ウェッブ夫妻は1897年に『産業民主制論』において、ナショナルミニマム（すべての国民に対する最低生活保障）の概念を提唱している。今日ではナショナルミニマムは社会保障に関する概念と理解されているが、ウェッブ夫妻は労働面にも着目していた。ナショナルミニマム概念はウィリアム・ベヴァリッジにも影響を与えたといわれている。

　戦後福祉国家の基礎となったのが1942年にウィリアム・ベヴァリッジが委員長として出した報告書『社会保険および関連サービス』（ベヴァリッジ報告とも呼ばれる）である。ベヴァリッジ報告では、社会保障という概念を用いて各種制度の統一性を図ることを提案している。まず、計画の前提として①15歳以下の児童への児童手当の支給、②全国民を対象とした包括的な保健及びリハビリテーションサービス、③完全雇用の維持をあげている。そして、社会保障制度は予め想定される生活リスクに対して対応する社会保険を中心に据えて、それでも対応できない場合の公的扶助を位置づけた。社会保険は均一負担・均一給付による最低生活費を想定していたため、最低生活費以上については任意保

険によって対応することとしていた[1]。ベヴァリッジ報告はイギリス国内のみならず、多くの国で普及され、戦後福祉国家の基礎となったことは先述のとおりである。

1-3　ドイツとアメリカにおける社会保障をめぐる動向

　ここまでイギリスにおける社会保障の形成過程をみてきたが、本項ではドイツとアメリカにおける社会保障の形成過程をみていく。ドイツでは社会保険方式が採用されたことと生存権が制定されたこと、アメリカでは社会保障法という法律が制定されたことが日本における社会保障の形成に影響を与えている。

　ドイツは1871年にドイツ帝国として統一化されるが、ヨーロッパの中では後発的な資本主義国であった。そのため、産業革命を進めて、工業化と軍事拡大化が急速に図られた。急速な工業化の推進は地方部から都市部への人口の流入やそれにともなう生活不安を増発させ、労働者の不満を増大させた。労働者は労働組合を組織化し、労働組合が支持する政党も結成された。労働組合は労働運動で労働条件の改善を求めるのみならず、一部は社会主義運動へと発展した。ドイツ帝国の初代宰相オットー・フォン・ビスマルクは、社会主義運動の弾圧を図るが、結果的には運動を前進させることとなった。そこで、労働者の生活改善を図るため、社会保険を制度化していった。具体的には、1883年の疾病保険法、1884年の災害保険法、1889年の老齢・廃疾保険法として制定された。ドイツは社会保険方式を世界で初めて採用したといわれるが、共済組合が行っていた組合員同士の互助を制度化したものであった。社会主義運動弾圧を目的としていたため、社会保険も含めた一連の社会政策が「飴と鞭」といわれる所以である。

　ドイツにおける社会保障をめぐる動向として、憲法で生存権が明記されたこともあげられる。ドイツ帝国が崩壊してドイツ共和国（ワイマール共和国）となり、1919年には憲法が制定された。ワイマール憲法（ドイツ共和国憲法）の第151条では「経済生活の秩序は、すべての人に、人たるに値する生活を保障することを目指す正義の諸原則に適合するものでなければならない。各人の経済的自由は、この限界内においてこれを確保するものとする」と明記されている。経済生活の秩序が重視されているが「人たるに値する生活を保障するこ

と」が明記されていることから、世界で初めて生存権が明記された憲法だとされている。

　アメリカでは社会保障という名称が法律に組み込まれた社会保障法が1935年に制定されている。今日の水準からすれば不十分ながらも社会保険、公的扶助、社会福祉が体系的に整備された法律となっている。1929年の世界大恐慌の影響はアメリカにも及んでおり、大量の失業者が発生した。1932年の大統領選で当選したフランクリン・ルーズベルトは失業者対策として、1933年からニューディール政策を実施した。ニューディール政策といえば失業者の大量雇用や大規模な公共事業実施が有名であるが、社会保障法の制定もその一環であった。ただし、社会保障法における老齢年金保険は連邦政府直営としたものの、失業保険、高齢者と視覚障害者と要扶養児童を対象とした公的扶助、母子保健と肢体不自由児と児童を対象とした社会福祉については州政府運営の事業とされた。ガイドラインは定められていたが、全国一律の制度実施には至らず、連邦政府が財源を保障するという仕組みもとられなかった。

❷　日本における社会保障の形成過程

2-1　日本における社会保障の形成過程の特徴

　次に日本における社会保障の形成過程をみていく。その特徴をあげるとすれば、対象者を限定した制限扶助主義の救貧制度、一部の労働者を対象としてすべての国民に対して普及していない社会保険、一部の篤志家によって担われていた民間の慈善事業といえる。イギリスで理論化されたナショナルミニマムや第2次世界大戦後に目指すべき方向とされたベヴァリッジ報告、ドイツのような憲法に明記された生存権、アメリカのような体系的な社会保障法は日本には存在しなかった。しかし、これは先述したイギリス、アメリカ、ドイツの社会保障の形成過程とも共通しており、すべての国民を対象とした体系的な社会保障制度が整備されていくのは第2次世界大戦後である。第2次世界大戦以前の日本においても、諸外国の実態は紹介され研究も蓄積されていた。それが第2次世界大戦後の社会保障の形成に影響を与えたことは後述する[2]。

　本章は社会保障における基本理念に着目しているが、第2次世界大戦前後で

大きく異なるのは「すべての者を対象としているか否か」である。社会保険と社会福祉でも同様の整理が必要であるが、ここでは救貧制度から公的扶助制度への発展に着目したい。それは救貧制度が対象者を限定した制限扶助主義であったのに対して、公的扶助制度は要件を満たしたすべての者に対して最低生活を保障するという大きな転換を遂げたからである（ただし、すべての者といっても国民に限定している場合もある）。すべての者に対して最低生活を保障するという今日では当たり前の基本理念を実現することがいかに困難であったかは、イギリスの救貧法が改善をされながらも第2次世界大戦後まで継続したことが証明している。社会保険は保険料を負担するシステムであるから対象者を拡大することは制度設計の変更で実現できるし、社会福祉は公的機関が役割を果たさない場合に民間の慈善事業が実践をリードすることもある。それに対して、救貧制度は租税を財源とするが故に「貧困に陥るのは努力が足りない」という自己責任観が克服されない限り改善は実現しない。資本主義社会が貧困問題を発生させるという認識が定着することによって、公的扶助制度は成り立つのである。

　日本における救貧制度から公的扶助制度への発展をみていくために、法律の条文を表1-1にまとめたが（正確にいえば、恤救規則は規則であって法律ではない）、恤救規則と救護法は最初から制度の対象者を限定している。これを制限扶助主義という。1946（昭和21）年に制定された生活保護法（旧法）は、一般扶助主義をとりながら第2条で受給対象から一部の人を除外するための「欠格条項」を定め、制度の受給者を制限していた。1950（昭和25）年に制定された生活保護法（新法）は、一定の要件を満たした場合にすべての者が制度を利用できる一般扶助主義をとっていることがわかる。

2-2　制限扶助主義を徹底した救貧制度[3]

　上記と前後する部分もあるが、第2次世界大戦以前の救貧制度の展開過程をみていく。生活困窮に陥った者への救済としては、地縁や血縁を頼りにした相互扶助や明確なシステムになっていなくても為政者による救済はいつの時代も存在した。国や自治体のシステムとして成立したのは、1874（明治7）年の恤救規則である。条文で示したように、恤救規則は極端な制限扶助主義をとり、

表 1-1　各制度の目的に関する条文

○恤救規則（1874（明治7）年）
　済貧恤救ハ人民相互ノ情誼ニ因テ其方法ヲ設クヘキ筈ニ候得共目下難差置無告ノ窮民ハ自今各地ノ遠近ニヨリ50日以内ノ分左ノ規則ニ照シ取計置委曲内務省ヘ可伺出此旨相達候事
○救護法（1929（昭和4）年）
第1条　左ニ掲グル者貧困ノ為生活スルコト能ハザルトキハ本法ニ依リ之ヲ救護ス
一　65歳以上ノ老衰者
二　13歳以下ノ幼者
三　妊産婦
四　不具廃疾、疾病、傷痍其ノ他精神又ハ身体ノ障碍ニ因リ労務ヲ行フニ故障アル者
○生活保護法（旧法）（1946（昭和21）年）
第1条　この法律は、生活の保護を要する状態にある者の生活を、国が差別的又は優先的な取扱をなすことなく平等に保護して、社会の福祉を増進することを目的とする。
第2条　左の各号の一に該当する者には、この法律による保護は、これをなさない。
一　能力があるにもかかはらず、勤労の意思のない者、勤労を怠る者その他生計の維持に勤めない者
二　素行不良な者
○生活保護法（新法）（1950（昭和25）年）
第1条　この法律は、日本国憲法第二十五条に規定する理念に基き、国が困窮するすべての国民に対し、その困窮の程度に応じ、必要な保護を行い、その最低限度の生活を保障するとともに、その自立を助長することを目的とする。

注：恤救規則は身寄りがないことを前提として、廃疾者（現在の障害者）、70歳以上の高齢者、重病人、13歳以下の子どもが対象だと明記している。
出所：村田隆史「第6章　日本における貧困に対する制度の歴史」金子充・田中秀和・仲村健・立花直樹編『貧困に対する支援』ミネルヴァ書房、2022年、66頁。

　運用については自治体（県）に任せていため、救済される国民はわずかであった。その後、恤救規則を改善するために貧困者を対象とした法律（窮民救助法案や救貧法案など）の制定は帝国議会に提案されたが、制定に至っていない。結果的に恤救規則は約50年間維持された。

　1929（昭和4）年には救護法が制定された。恤救規則が十分に機能しなかった上に、恐慌による経済不況、社会保険の整備、社会事業の実践（岡山県の済世顧問制度や大阪府の方面委員制度）、内務省に社会局が設置されるなど環境が大きく変化していた。ただし、財政的な理由もあり制度の運用が始まるのは1932（昭和7）年からであった。救護法の特徴は国や自治体が果たす義務については認めていても、制度の受給について国民の権利は認めていないことであった。また、自治体に救護法の担当部署は存在したが、私的機関が関与する制

度運用になっていた。その点で、救護法は救貧制度と位置付けることができる。制限扶助主義を継続していることも大きな課題であった。不十分な点がありつつも、他の社会制度の影響を受けながら積極的側面があったのも事実である。

　また、この時期は対象者別制度が制定された。具体的には1937（昭和12）年に制定された軍事扶助法と母子保護法、1941（昭和16）年に制定された医療保護法である。個別には細かい違いがあるものの、各制度は戦争を原因とする傷病や生活困窮に対して、国家が生活を保障するという点では共通していた。救護法を補完する役割を期待されていたが、結果的に生活困窮に陥った原因別（原因が戦争に起因するか否か）に制度が利用されることになった。軍事扶助法、母子保護法、医療保護法の制定は軍事優先体制の確立と指摘されることもある。

2-3　社会保険制度の成立と限定された対象

　社会保険制度も徐々にではあるが整備されていく。1922（大正11）年には日本で初めての社会保険法である健康保険法が制定された。健康保険法の保険料は労使折半を原則としており（国は費用の一部のみを支給）、今日の社会保険制度とも共通点も多い。特徴といえるのは、適用対象をすでに制定されていた鉱業法及び工場法の労働者に限定していたこと（当初は従業員10人以上）、業務上と業務外の傷病を区別していなかったこと（業務災害を一部含んでいた）、保険者が政府管掌健康保険と組合管掌健康保険の2種類存在していたこと（職域保険としての性格を有していた）、療養の給付は現物支給（10割給付）で傷病手当金も存在していたことである。ただし、制度の実施には時間を要しており、施行は1927（昭和2）年からであった。新たに始まった社会保険制度であり当初から問題点はさまざま指摘されていたが、政府管掌健康保険組合と組合管掌健康保険の併存と加入する保険と給付内容の差異については徐々に内容が統一化されてきているとはいえ、雇用形態と適用される社会保険が関係するという今日にも通じる課題だといえる。

　1929（昭和4）年の世界恐慌は日本国内の中小零細企業で働く労働者や自営業者、地方で農家を営む世帯などへの生活にも影響を与えた。健康保険法は制度の対象を限定していたため、より広範な国民を対象とした制度が求められていた。とくに1930年代には内務省社会局においても農村問題への対策も検討

されていた。1938（昭和 13）年に国民健康保険法は制定された。「健民健兵政策」の一環でもあった。国民健康保険法の保険料は組合員から徴収されたが、一部は国庫補助が実施された。療養の給付に一部負担金も導入している。国民健康保険法の特徴は、保険者が任意に設立された国民健康保険組合であり被保険者の加入も任意であったこと、組合も世帯主を組合員とする普通国民健康保険と同一の業種または同種の業務に従事する者を組合員とする特別国民県保険組合の 2 種類存在していたこと、被保険者は組合員とその世帯員を対象とすることであった。強制保険ではないことは今日との決定的な違いではあるが、制度の枠組みは今日にも通じるものが多い。

　一般の労働者を対象とした年金保険として、1941（昭和 16）年に労働者年金保険法が制定されている。同法律は 1944（昭和 19）年の法律改正で、厚生年金法として改称されている（法律改正と同時に制度の対象が拡大されている）。労働者年金保険法の特徴は、被保険者の対象を健康保険法の適用事業所で働く労働者としたこと、保険給付の保険事故を老齢、廃疾（現在の障害）、死亡、脱退としたこと、保険料を平準保険料方式として労使折半であったこと（事務費と給付の一部に国庫負担あり）である。労働者年金保険法の制度の枠組みも今日に通じるものが多い。

　ここまで、3 つの社会保険法の制定と制度の枠組みについてみてきた。それぞれの制度が何の脈絡もなくできたわけではないこと（諸外国の研究がされ議論が蓄積されている）、そして、第 2 次世界大戦後の社会保障の形成に影響を与えていることは見逃してはならない点である。

3　日本国憲法第 25 条の制定と人権としての社会保障[4]

3-1　日本国憲法と「人間の尊厳」を掲げる世界人権宣言

　本項では第 2 次世界大戦後の社会保障をめぐる動向をみていく。日本に限らず、多くの国が第 2 次世界大戦の影響を受けており、戦後復興のカギは完全雇用の実現と社会保障制度の拡充による福祉国家を建設していくことにあった。福祉国家の建設といっても、それぞれの国が作り上げてきた制度の特性から多様なアプローチがとられたが、完全雇用の実現と社会保障制度の拡充は共通し

ていた。

　ここでは、なぜ「人権としての社会保障」を本章のテーマとするのかを明らかにするため、日本国憲法と世界人権宣言の内容をみていく。日本国憲法は1946（昭和21）年11月3日に公布され、1947年（昭和22）年5月3日から施行された日本の最高法規である。

　日本国憲法第97条では「この憲法が日本国民に保障する基本的人権は、人類の多年にわたる自由獲得の努力の成果であつて、これらの権利は、過去幾多の試錬に堪へ、現在及び将来の国民に対し、侵すことのできない永久の権利として信託されたものである」と日本国民に基本的人権が保障されていることを明記している。日本国憲法は幸福追求権（第13条）、平等権（第14条）、居住移転及び職業選択の自由（第22条）、学問の自由（第23条）、両性の本質的平等（第24条）、生存権・生活権（第25条）、教育権（第26条）、勤労権（第27条）と私たちの生活に深く関わっている部分を保障している。さらに「人権としての社会保障」を考える時には、国際連合の条約に関する動向を踏まえる必要があるが、日本国憲法第98条の第2項では「日本国が締結した条約及び確立された国際法規は、これを誠実に順守することを必要とする」と規定されている。条約を批准することによって、国内法を整備していくことを想定している。日本国憲法が人権保障の実現を志向していることがわかる。

　1948年12月に国際連合の総会で採択された世界人権宣言はより明確に「人間の尊厳」を掲げている（ただし、宣言であり法的拘束力はない）。世界人権宣言の前文では「人類社会のすべての構成員の固有の尊厳と平等で譲ることのできない権利とを承認することは、世界における自由、正義及び平和の基礎である」とし、第1条では「すべての人間は、生れながらにして自由であり、かつ、尊厳と権利とについて平等である。人間は、理性と良心とを授けられており、互いに同胞の精神をもって行動しなければならない」と定めている。主語が「国民」ではなく、「すべての人間」となっていることにも着目したい。

　日本国憲法や世界人権宣言で書かれた基本理念を具体化することは難しいのも事実であるが、「人権としての社会保障」とは「人間の尊厳」を守るための社会保障を実現することだと定義できる。そして、人間の尊厳が守られるためにも、自己決定や自己選択が保障されて平等を原理とすることが重要であり、自

己決定というからには自分の生き方や生活の質を自分で決めること（前提として選択の自由があること）、平等とは差別されている人びとにも他の人と対等に権利が保障されていることが重視されなければならない。

3-2　憲法第25条をめぐる帝国議会における議論

　日本国憲法が人権保障を志向していたとしても、各条文をめぐっては制定過程においても議論が重ねられていた（各政党や研究者も所属する民間団体が活発に憲法に関する提言を行っていた）。憲法第25条をめぐっては政権与党である日本自由党と野党である日本社会党で意見が対立していたし、何よりも現行の憲法第25条第1項は帝国議会の議論の中で追加されることになったという事実がある。

　1946（昭和21）年に開催された第90回帝国議会では、帝国憲法改正案が示されている。現行の憲法第25条（草案段階では第23条として議論されていた）は「法律は、すべての生活部面について、社会の福祉、生活の保障及び公衆衛生の向上及び増進のために立案されなければならない」と提案された。憲法第25条第2項の条文の原案といえ、第1項に該当する条文は存在しなかった。帝国憲法改正案として示された条文は「国家の義務」について書かれている。帝国議会での議論をみていると、当時の吉田茂首相（日本自由党）と金森徳次郎憲法担当国務大臣（貴族院勅選議員）も「国家の義務」については否定していない。政府提案を厳しく批判したのが、日本社会党（当時）の国会議員であり（たとえば鈴木義男議員、森戸辰男議員、黒田寿男議員など）、日本社会党の国会議員が条文には「国民の権利」が明記されていないことを批判し、条文の追加を求め続けた。

　日本政府は日本社会党の国会議員が求める「国民の権利」を明記することについては、消極的な姿勢をとり続けていた。金森憲法担当国務大臣は憲法草案の第12条「すべての国民は、個人として尊重される、生命、自由及び幸福追求に対する国民の権利については、公共の福祉に反しない限り、立法その他の国政の上で、最大の尊重を必要とする」（現行憲法第13条の幸福追求権）が個人の権利を規定する条文であるから、憲法第25条（草案段階の第23条）に明記することは不要であるという答弁もしている。最終的には現行憲法の第1項が

明記されることになったが、政府が「国民の権利」を保障することについて、いかに消極的であるかということがよくわかる。

3-3　生存権・生活権と人権としての社会保障

　本節の最後に「人権としての社会保障」を実現するための憲法25条に関する理論的課題について整理しておく。憲法25条は第1項で「すべて国民は、健康で文化的な最低限度の生活を営む権利を有する」、第2項で「国は、すべての生活部面について、社会福祉、社会保障及び公衆衛生の向上及び増進に努めなければならない」と定めている。一般的には生存権として理解されており、すべての国民に最低限度の生活を保障する根拠とされている。それ自体が間違いとはいえないが、制定過程を分析すると生活権としてより積極的に位置づける可能性も存在したことがわかる。憲法第25条の制定過程では生存権と生活権という用語が混在しており、意図的には区別はされていなかった。同じ答弁の中で両方の言葉が使用されることすらあった。

　ところが、憲法制定後に出されたコンメンタール（逐条解説書）に書かれた生存権と生活権に関する記述をみると、一定程度区別されていたことがわかる。法学協会編『註解日本国憲法』（有斐閣）には同じタイトルの書籍であるが奥付だけが異なる1948年版と1953年が存在する。1948年版には生存権と生活権の違いに関する記述はないが、1953年版には憲法第25条の説明で「生存権のことを生活権ということもあり、その区別は必ずしも明確にされていないが、生存権は『生活』権よりも、より緊急且つ緊要的な強度と意味とをもつて理解されるのが一般であり、憲法において問題とされるのも、この意味の生存権である」[5]と書かれている。つまり、生存権よりも生活権の方がより高い水準を求めているということである。第2次世界大戦直後であれば生存権で問題がなかったかもしれないが、今日でも「最低限度」が強調される生存権で良いのであろうか。制定過程でも生存権と明確に位置付けていなかったことや憲法制定から70年以上が経過して、社会経済的状況が発展していることもふまえて、生活権として位置づけるべきと考えられる。憲法25条の理論的課題については、他にも国際的動向をふまえて「健康権」として位置づける研究や「文化権」としての位置づけを試みる研究も存在する[6]。

憲法第25条の制定過程では、森戸辰男議員は「社会的生活保障」という用語を使用していた。生活権とは国民の権利と国家の義務が明確で社会的生活保障の実現を目指すことと定義できるのではないだろうか。

4　社会保障制度審議会の３つの勧告と果たした役割

4-1　社会保障体系と公的責任を重視した1950年勧告

　戦後日本の社会保障が制度化されていく過程において、大きな役割を果たしたのが社会保障制度審議会である。社会保障制度審議会は総理大臣の諮問機関として、社会保障に関する調査、審議、勧告を行う役割を果たしている。1948（昭和23）年にアメリカ社会保障制度調査団から出された報告書の「勧告の概要」に「国会並びに責任ある政府行政機関とに対して、社会保障に関しての企画、政策決定、法律制定の面に於ての勧告をなす為に、内閣と同列の諮問機関を設置する事」が含まれていたことを受けて、法律制定後に設置された。社会保障制度審議会は、本節で紹介する３つの勧告を含めて戦後の社会保障に大きな影響を与えてきた。しかし、行政改革の一環として2001年に廃止されている。現在では厚生労働省に設置された社会保障審議会が代わりの役割を果たしているが、制度上の位置づけは大きく変わっている。

　社会保障制度審議会は設置されてすぐに社会保障制度の方向性についての検討を始めた。１年以上の議論を経て、内閣総理大臣の吉田茂宛に提出されたのが「社会保障制度に関する勧告」（1950年勧告ともいわれる）である。勧告では「現下の社会経済事情並びに日本国憲法第25条の本旨に鑑み緊急に社会保障制度を整備確立するの必要ありと認める」と明記し、「これは国民には生存権があり、国家には生活保障の義務があるという意である。これはわが国も世界の最も新しい民主主義の理念に立つことであって、これにより、旧憲法に比べて国家の責任は著しく重くなったといわねばならぬ」と憲法第25条の意義を説明している。憲法制定過程で消極的な姿勢をとり続けた政府を真っ向から批判しているようにも読める。「社会保障制度に関する勧告」の中でも社会保障制度の意義・目的・方法が明記されている箇所を表1-2にまとめたが、可能であれば全文を読んで欲しい。

表 1-2 「社会保障制度に関する勧告」（1950 年勧告）の一部抜粋

> 社会保障制度審議会は、この憲法の理念と、この社会的事実の要請に答えるためには、1日も早く統一ある社会保障制度を確立しなくてはならぬと考える。いわゆる社会保障制度とは、疾病、負傷、分娩、廃疾、死亡、老齢、失業、多子その他困窮の原因に対し、保険的方法又は直接公の負担において経済保障の途を講じ、生活困窮に陥った者に対しては、国家扶助によって最低限度の生活を保障するとともに、公衆衛生及び社会福祉の向上を図り、もってすべての国民が文化的社会の成員たるに値する生活を営むことができるようにすることをいうのである。このような生活保障の責任は国家にある。国家はこれに対する総合的企画をたて、これを政府及び公共団体を通じて民主的能率的に実施しなければならない。この制度は、もちろん、すべての国民を対象とし、公平と機会均等とを原則としなくてはならぬ。またこれは健康と文化的な生活水準を維持する程度のものたらしめなければならない。

出所：国立社会保障・人口問題研究所ウェブサイト。https://www.ipss.go.jp/publication/j/shiryou/no.13/data/shiryou/syakaifukushi/1.pdf

「社会保障制度に関する勧告」は社会保障制度審議会が 1 年以上をかけて議論されたものであるが、その前後の影響を無視するわけにはいかない。第 2 次世界大戦以前から社会保障制度の整備・拡充を目指す社会保障運動や研究者の指摘は存在した。また、第 2 次世界大戦直後も同様のことがいえる。「社会保障制度に関する勧告」は人権としての社会保障の実現を目指す社会保障研究や社会保障運動にも大きな影響を与えており、「目指すべき姿」であり続けた。

　なお、同時期には社会保険に関する法律として、1947（昭和 22）年に失業保険法と労働者災害補償保険法が制定されている。また、社会福祉に関する法律として、福祉 3 法（1947［昭和 22］年の児童福祉法、1949［昭和 24］年の身体障害者福祉法、1950［昭和 25］年の生活保護法［新法］）と 1951（昭和 26）年に社会福祉事業法が制定されている。

4-2　経済政策への対応を明記した 1962 年勧告

　次に、社会保障制度審議会が出した「社会保障制度の総合調整に関する基本方策についての答申および社会保障制度の推進に関する勧告」（1962 年勧告）をみていく。この時期は 1956（昭和 31）年度の『経済白書』の序文で「もはや戦後ではない」と書かれたことを意識してか、『厚生白書』では日本には貧困問題が残存していることや格差が拡大していることが指摘され続けている。貧困や格差の拡大が社会問題化され、社会保障制度の整備・拡充が図られる時期

でもある。実際に、1958（昭和 33）年の国民健康保険法の全面改正と 1959（昭和 34）年の国民年金法の制定によって、1961（昭和 36）年には国民皆保険皆年金体制が確立した。また、社会福祉に関する法律として、福祉 6 法（上記の福祉 3 法に加えて、1960［昭和 35］年の精神薄弱者福祉法、1963［昭和 38］年の老人福祉法、1964［昭和 39］年の母子福祉法）が制定されている。

　社会保障制度審議会が出した「社会保障制度の総合調整に関する基本方策についての答申および社会保障制度の推進に関する勧告」の特徴として、制度間の調整を主としていること、経済政策との兼ね合いや受益者負担について書かれていること、国民階層を貧困階層、低所得層、一般所得層に分けてそれぞれの対策を提言していることがあげられる。同勧告はその時点で発生している社会問題の原因が所得倍増計画にあると指摘して、社会保障制度で対応すべきと提言していることが評価できる（**表 1–3**）。所得倍増計画への批判は審議会の性格上できないかもしれないが、貧困や格差の拡大や経済政策による社会問題の発生に対する原因の指摘と対応方法の提示については、今日でも参考にすべきことだと考えられる。

　1995（平成 7）年に勧告が出されるまでの経緯についてもみていく。福祉国家批判と日本型福祉社会論の推進が特徴としてあげられる。政府は 1973（昭和 48）年を「福祉元年」と位置づけ、実際に老人医療費支給制度や年金給付の水準引き上げや健康保険法改正による給付引き上げが実現した。しかし、1970 年代に入ってからの石油危機（オイルショック）とそれにともなう高度経済の終焉により転機を迎える。1980 年代に入ると、社会保障制度の整備・拡充の方針

表 1–3　「社会保障制度の総合調整に関する基本方策についての答申および社会保障制度の推進に関する勧告」（1962 年勧告）の一部抜粋

近年におけるわが国の経済成長は著しく、それにつれて人口、就業、生活の諸状態における変動は大きい。具体的にいうならば、出産率の低下、人口の老齢化、農村人口の減少、人口の都市集中等のため、所得の格差、地域の経済力の格差は拡大して、その解消がいよいよ強く要請されるようになっている。これはいうまでもなくある程度は政府の所得倍増計画に由来するものであるから、これに対応して、社会保障についても、またそれを革新する意味において長期計画を樹立することは、政府当然の責務といわねばならぬ。

出所：国立社会保障・人口問題研究所ウェブサイト。https://www.ipss.go.jp/publication/j/shiryou/no.13/data/shiryou/syakaifukushi/7.pdf

は明確に転換される。「増税なき財政再建」を掲げて第2次臨時行政調査会が発足し、行財政改革が進められた。自由民主党も日本型福祉社会論を展開し、「バラマキ福祉批判」や「福祉見直し」を主張した。充実した社会保障制度を整備した福祉国家が人びとを「福祉依存」させていることを批判し、自助・自立の重要性や家族の助け合いなど日本の良き伝統を生かした福祉社会こそ目指すべき方向性とされた。

1960年代には所得倍増計画が貧困や格差を拡大させ、諸問題を発生させたから社会保障制度で対応するという方向性であったが、1980年代には経済や行財政に負の影響を与えるから社会保障制度の改革を行うという逆転した関係になった。

4-3　社会経済構造の変化への対応を課題とした1995年勧告

社会保障制度審議会は21世紀に向けた改革の方向性として「社会保障体制の再構築（勧告）〜安心して暮らせる21世紀の社会をめざして〜」（1995年勧告）を答申する。同勧告は「こうして現在では、我が国の社会保障体制は、一部の分野を除き、制度的には先進諸国に比べそん色のないものとなっている。（中略）今日の社会保障体制は、すべての人々の生活に多面的にかかわり、その給付はもはや生活の最低限度ではなく、その時々の文化的・社会的水準を基準と考えるものとなっている」という基本認識のもとで出されている。

同勧告は社会保障に関連する社会経済構造の変化として、人口構造（少子・高齢化）、経済の低成長、国際化の進展、個人主義の浸透（家族制度の変化）をあげている。しかし、現在の社会保障制度が文化的・社会的基準に達していると評価していることからもわかるように、課題を指摘してもそれを制度の整備・拡充によって解決するという方向性ではない。表1-4に1995年勧告の一部抜粋を掲載したが、「国民は自らの努力によって自らの生活を維持する責任を負うという原則」を強調してる。さらに、生活保障のあり方が多様化しているが、その保障については生存権の枠を超えていると指摘している。「社会保障体制の再構築（勧告）〜安心して暮らせる21世紀の社会をめざして〜」の特徴は国家責任という視点が後退したことにあると指摘されているが、社会保障制度が一定水準に達し、社会経済構造の変化を指摘しながらその解決は生存権の

表 1-4 「社会保障体制の再構築（勧告）〜安心して暮らせる 21 世紀の社会をめざして〜」
（1995 年勧告）の一部抜粋

国民は自らの努力によって自らの生活を維持する責任を負うという原則が民主社会の基底にあることはいうまでもない。その上に立って、社会保障制度は、憲法に基づき生存権を国家の責任で保障するものとして整備されてきた。具体的には心身の障害や社会的状況、さらには高齢、健康等の事情により生活の維持に困難な事態が生じた場合には、国家が責任をもって対処するのが社会保障の体制である。今後、生活水準の上昇に伴い生活保障のあり方が多様化し、そこに社会保障の受け手の側に認めるべき選択権の問題が生じてくる。その選択の幅は生存権の枠を越えて拡大していくであろう。

出所：国立社会保障・人口問題研究所ウェブサイト。https://www.ipss.go.jp/publication/j/shiryou/no.13/data/shiryou/souron/21.pdf

枠を超えているという認識であれば、国家責任で解決する必要がないという結論になるのはある意味で当然といえる。国民の権利という視点が出てくるはずもない。

他にも、同勧告は社会保障財政や経済に関する重要な指摘を行っている。同時期は社会保障構造改革や社会福祉基礎構造改革を通じて、社会保障のあり方そのものが改革の対象とされてくる。具体的な内容については他章で明らかにされているが、これまでは社会保障制度の整備・拡充を後押ししてきた社会保障制度審議会勧告が、負担増や給付削減を目的とした改革を後押しすることになっていく。

5　社会保障の基本理念を変更した「自助・共助・公助」論

5-1　「社会保障と税の一体改革」の推進

今日の社会保障の動向に大きな影響を与えているのが、2012（平成 24）年に制定された社会保障制度改革推進法と同法で展開された「自助・共助・公助」論である。社会保障を説明する際に、自助・共助・公助と関連付けて説明されることはこれまでもあった。自助・共助・公助という用語は使用していなくても、同様の意味で使用されている場合も存在した。『厚生労働白書』でも自助・共助・公助を用いて、社会保障の説明がされているし、多少定義は異なるが地域包括ケアシステムに関連する議論でも使用されたことがある。2000 年代に入ると、社会保障と関連する「自助・共助・公助」論は一部で使用されるように

なるが、主流となったわけではなかった。

　社会保障制度改革推進法に関する議論は2011（平成23）年の「社会保障・税一体改革」の提案から始まる。2012（平成24）年には「社会保障・税一体改革大綱」が閣議決定され、具体的には7つの分野（①子ども・子育て支援の充実、②医療・介護改革、③新しい年金制度の創設・現行の年金制度の改善、④障害者施策、⑤就労促進、⑥貧困・格差〜重層的セーフティトの構築〜、⑦難病対策）の改革方向性が示された。改革のために、同年8月に関連法が成立するが、その1つが社会保障制度改革推進法であった。

　法律が制定されて以降から今日までの10年間は、後述する「基本的考え方」にもとづいて改革が進められている。この改革が強力に押し進められる背景には、当時の政治状況が関係している。「社会保障・税一体改革」は民主党（当時）、自由民主党、公明党の3党合意にもとづいており、当時の国会議員の割合でいえば圧倒的多数が賛成したことになる。民主党連立政権から自公連立政権に政権交代したとはいえ、この合意は引き継がれている。

　社会保障制度改革推進法にもとづき、社会保障制度改革国民会議が設置され、2013年8月には報告書が提出されている。そして、同年12月には社会保障改革プログラム法が制定され、改革はより具体化されている。

5-2　社会保障制度改革推進法が規定する社会保障の基本原理

　社会保障制度改革推進法は社会保障の基本原理を大きく変えたことに特徴がある。同法は15条から成る法律であるが、第2条に基本的な考え方が記載されているので、表1-5にまとめた。この法律の問題点は第2条の第1項をみれば明らかであるが、社会保障の制度改革の方向性として「自助・共助・公助」の組み合わせを掲げていることにある。また、「家族相互及び国民相互の助け合い」を強調していることも特徴といえる。第2項以降でも負担増加と給付抑制を示唆しているし、財源としての消費税にも触れている。今日の社会保障制度改革で意見が分かれる点が凝縮されているともいえる。これまで社会保障制度審議会が答申してきた勧告の内容と比べると、社会保障制度改革推進法における「自助・共助・公助」論が戦後日本の社会保障の目指してきた方向性をいかに変えさせたのかがわかる。

表 1-5　社会保障制度改革推進法第 2 条

（基本的な考え方）
第 2 条　社会保障制度改革は、次に掲げる事項を基本として行われるものとする。
1　自助、共助及び公助が最も適切に組み合わされるよう留意しつつ、国民が自立した生活
　を営むことができるよう、家族相互及び国民相互の助け合いの仕組みを通じてその実現
　を支援していくこと。
2　社会保障の機能の充実と給付の重点化及び制度の運営の効率化とを同時に行い、税金
　や社会保険料を納付する者の立場に立って、負担の増大を抑制しつつ、持続可能な制度を
　実現すること。
3　年金、医療及び介護においては、社会保険制度を基本とし、国及び地方公共団体の負担
　は、社会保険料に係る国民の負担の適正化に充てることを基本とすること。
4　国民が広く受益する社会保障に係る費用をあらゆる世代が広く公平に分かち合う観点
　等から、社会保障給付に要する費用に係る国及び地方公共団体の負担の主要な財源には、
　消費税及び地方消費税の収入を充てるものとすること。

出所：厚生労働省ウェブサイト。https://www.mhlw.go.jp/web/t_doc?dataId=82ab3016&dataType=0
　　　&pageNo=1

　社会保障制度改革国民会議報告書では「自助」を「国民の生活は、自ら働い
て自らの生活を支え、自らの健康は自ら維持するという『自助』を基本とする」、
「共助」を「高齢や疾病・介護を始めとする生活上のリスクに対しては、社会連
帯の精神に基づき、共同してリスクに備える仕組みである『共助』が自助を支
える」、「公助」を「自助や共助では対応できない困窮などの状況については、
受給要件を定めた上で必要な生活保障を行う公的扶助や社会福祉などの『公
助』が補完する役割」と説明している。

5-3　「自助・共助・公助」論と問題点

　私たちが生きている資本主義社会においては、「自助」が追及されることは
ある意味では当たり前のことである。しかし、社会保障のあゆみをみてきたこ
とからわかるように、貧困問題の自己責任観を克服できたからこそ発展してき
たといえる。1962 年勧告が指摘するように、経済政策によって貧困や格差の拡
大や諸問題が発生するのであり、だからこそ公的責任で社会保障制度が整備・
拡充されてきた。「自助」論は社会保障の根本を理解していない。
　「共助」に関していえば社会保険を「共助」に位置づけ、「社会保険は自助の
共同化」と説明しているが、社会保険と民間保険の違いを軽視した指摘をして

いる。社会保険と民間保険は保険原理を使用するという点で共通しているが、国や自治体あるいは公的な団体が運営に責任を持ち、財源が保険料のみならず国庫負担や地方負担が加わることに特徴がある。それによって、多くの人が社会保険制度を利用できるようになり、国民皆保険皆年金体制が維持されてきた。社会保険は社会保障制度の中心で、社会保険料を基本とすると指摘もあるからこそ、社会保険と民間保険は違うのだということを明確にする必要がある。

　「公助」についてはあまりに範囲が狭く、公的責任を矮小化したものだといえる。今日の社会保障改革の中で国や自治体の役割は「支援」に過ぎないという文書もみられるが、その内容と一致している。「公助」とは「公」が「助ける」という意味であり、恩恵的思想が根底にあることを表している。戦後日本の社会保障は憲法第25条にもとづいて、公的責任を重視して発展してきた。このことは改めて確認しておく必要があり、各制度の動向と課題及び今後のあり方については、次章以降を参考にして考察を深めて欲しい。

[注]

1　岩村正彦・菊池馨実・嵩さやか編『目で見る社会保障法教材〔第4版〕』有斐閣、2007年、2-3頁。

2　第2次世界大戦前の社会保障や社会事業をめぐる動向及び生存権思想の分析については、伊藤周平の研究成果が参考になる。伊藤周平『権利・市場・社会保障』青木書店、2007年、127-148頁。

3　本項は村田隆史「第6章　日本における貧困に対する制度の歴史」金子充、田中秀和、仲村健、立花直樹編『貧困に対する支援』ミネルヴァ書房、2022年、64-68頁を加筆・修正したものである。

4　第3節～第5節は村田隆史「戦後日本における人権としての社会保障の歴史と現在」『社会保障（2022年初夏号）』No. 502、あけび書房、2022年、27-34頁を加筆・修正したものである。

5　法学協会編『註解日本国憲法』有斐閣、1953年、481-482頁。

6　「健康権」に関する研究として井上英夫の論稿が参考になる。たとえば、井上英夫「新型コロナウイルス感染症と人権—健康権と住み続ける権利を中心に」『労働法律旬報』No. 1969年、旬報社、2020年があげられる。「文化権」については中村美帆『文化的に生きる権利—文化政策研究からみた憲法第二十五条の可能性—』春風社、2021年を参照。

［引用・参考文献］

相澤與一『社会保障の基本問題』未來社、1992 年。

伊藤周平『権利・市場・社会保障』青木書店、2007 年。

井上英夫「新型コロナウイルス感染症と人権―健康権と住み続ける権利を中心に―」
　　『労働法律旬報』No. 1969 年、旬報社、2020 年。

岩村正彦・菊池馨実・嵩さやか編『目で見る社会保障法教材〔第 4 版〕』有斐閣、2007
　　年。

小川政亮『新版増補　権利としての社会保障―歩みと現代的意義―』自治体研究社、
　　1995 年。

唐鎌直義『脱貧困の社会保障』旬報社、2012 年。

工藤恒夫『資本制社会保障の一般理論』新日本出版社、2003 年。

里見賢治『改訂新版　現代社会保障論　皆保障体制をめざして』高菅出版、2010 年。

芝田英昭・鶴田禎人・村田隆史編『新版　基礎から学ぶ社会保障』自治体研究社、
　　2019 年。

法学協会編『註解日本国憲法』有斐閣、1953 年。

村田隆史「戦後日本における人権としての社会保障の歴史と現在」『社会保障（2022
　　年初夏号）』No. 502、あけび書房、2022 年。

村田隆史「第 6 章　日本における貧困に対する制度の歴史」金子充・田中秀和・仲村
　　健・立花直樹編『貧困に対する支援』ミネルヴァ書房、2022 年。

中村美帆『文化的に生きる権利―文化政策研究からみた憲法第二十五条の可能性―』
　　春風社、2021 年。

横山寿一『社会保障の市場化・営利化』新日本出版社、2003 年。

横山和彦・田多英範編著『日本社会保障の歴史』学文社、1991 年。

厚生労働白書各年版。

［推薦図書］

○伊藤周平『社会保障法―権利としての社会保障の再構築に向けて―』自治体研究社、
　　2021 年。
　　――「権利としての社会保障の再構築」とあるように、本書とも課題を共有してい
　　る書籍である。各制度の分析が行われているので、本書の内容と比較検討して欲し
　　い。

○医療・福祉問題研究会、莇昭三・井上英夫・河野すみ子・伍賀一道・信耕久美子・
　　横山壽一編『医療・福祉と人権－地域からの発信』旬報社、2018 年。
　　――幅広い構成員（研究者、実践者、当事者、地域住民）から成る医療・福祉問題
　　研究会に蓄積された 30 年の取組みをまとめた書籍である。医療・福祉の実態や各

制度の分析のみならず、学術研究や国際研究の動向もまとめられている。

〇芝田英昭『社会保障のあゆみと協同』自治体研究社、2022年。

——紙幅の制限もあり本章で取り上げきれなかった「社会保障のあゆみ」がまとめられている。今日の社会保障改革に批判的な視点からまとめた「あゆみ」は分析視点を定める際にも参考になる。

● 学習課題 ●

①今日の社会保障をめぐる状況を考えるうえで、あゆみや基本理念を学ぶ意義について考えましょう。

②「人間の尊厳」が守られるとは具体的にどのような状況であるのかを考えましょう。

③今日の社会保障をめぐる状況が「人権としての社会保障」に相応しいのかを考えましょう。相応しい（もしくは相応しくない）のであれば、その原因が何であるのかを考えましょう。

第 **2** 章

社会保障の機能と体系
―民間保険も視野に入れて―

濱畑芳和

本章のねらい

　社会保障制度は生活問題を解決・緩和するために構築されてきた。本章では、社会保障制度がどのような役割と機能を有し、またどのような考え方にもとづいて制度設計がなされ、体系化されてきたのか整理する。

　社会保障の各制度は、戦前から戦後にかけて徐々に創設され展開してきた。個々の制度に着目するだけでなく、社会保障制度を俯瞰的に眺め、体系的に把握することは、社会保障制度の置かれている現状と今後の変容についての考えを持ち、今後どうしていくべきなのか、あいつぐ制度改革を批判的に検討するための視点を与えてくれるだろう。

　また、民間保険についてもこんにち市場が拡大してきており、社会保障制度に与える影響も大きくなってきている。ここで保険の原理を学ぶことにより、民間保険と社会保険との目的および役割の違いが明らかになるだろう。

1　社会保障の機能と体系

1-1　社会保障の役割と機能

1-1-1　生活問題の緩和・解決のための社会保障

　社会保障は、生活のなかで生じる社会問題、すなわち生活問題を公的責任において緩和・解決するための公的制度・政策や、その制度・政策を実施する上

での方法論（技術）を指すといわれる。

　資本主義社会においてわたしたちの大部分は、富を生み出すための生産手段（材料や道具、機械、工場など）をもたず、労働力を提供することによって賃金を得て、これを生活財の購入などにあてることにより労働力の再生産を行っている。生活問題とは、労働力の再生産を阻害する事態、すなわち病気や障害などの心身の機能の喪失や不完全により生ずる生活上の障害（生活障害）や、失業や老齢などによって働けなくなり、所得を喪失する状態が生じること（生活危険）、また現実に貧窮に陥り最低生活水準を維持できなくなること（生活不能）をさす。

　社会保障は、おもに社会サービスとして行われる生活障害に対する給付と、生活危険や生活不能により生じた所得喪失に対し、これを補うための金銭給付を行うことによって、生活問題を緩和・解決するものである。

1-1-2　社会保障に期待される役割

　日本の社会保障は、憲法25条に定められた生存権を保障することを目的として、社会保障制度審議会「社会保障制度に関する勧告」（1950年。以下、「50年勧告」という。本書第1章、**表1-2**参照）の示す考え方を軸に整備されてきた。社会保障に求められる役割は、病気や老齢、障害、失業など人びとが生活困窮に陥りやすい原因を類型化し、これらに該当する人びとに対し国の責任において保障を行うことであるとしており、以前は政府もこれに則って社会保障制度を徐々に整備してきた。

　ところが、社会保障の役割についての近年の政府の考え方はこれとは大きく乖離し始めている。「全世代型社会保障構築会議報告書」（2022年）に記されている「全世代型社会保障の基本理念」をみると、老齢についてはもはや生活困窮に陥りやすい保障類型から除外することを明言し、給付面においても「バランスよく」「不断の見直しを図る」などと、従来の保障水準を切り下げることもはばからない態度を示している点は見過ごせない（**表2-1**参照）。

　憲法25条2項は、「国は、すべての生活部面について社会福祉、社会保障及び公衆衛生の向上及び増進に努めなければならない。」と、努力義務であるとはいえ、国に社会保障を向上・増進することを義務として課している。昨今の政府の社会保障の役割に関する考え方やこれにもとづく政策が、憲法が明確に

表2-1　全世代型社会保障の基本理念
（「全世代型社会保障構築会議報告書」［2022年］の一部抜粋）

◆「将来世代」の安心を保障する
「全世代型社会保障」とは、全ての世代にとって安心できる社会保障である。この「全世代」は、若年期、壮中年期及び高齢期はもとより、これから生まれる「将来世代」も含むものとして考える必要がある。将来にわたって社会保障制度を持続させ、将来世代が安心して暮らしていけるようにするためには、負担を将来世代へ先送りせず、同時に、社会保障給付の不断の見直しを図る必要がある。そして、社会保障を含む経済社会の「支え手」を増やしながら、今の世代で制度を支えていくことを基本理念に置かなければならない。このことは、現在の現役世代の安心を確保することにもつながるものである。
◆能力に応じて、全世代が支え合う
「全世代型社会保障」は、年齢に関わりなく、全ての国民が、その能力に応じて負担し、支え合うことによって、それぞれの人生のステージに応じて、必要な保障がバランスよく提供されることを目指すものである。
　超高齢社会にあっては、社会保障は世代を超えた全ての人々が連帯し、困難を分かち合い、未来の社会に向けて協力し合うためにあるという認識を、世代間対立に陥ることなく、全ての世代にわたって広く共有していかなければならない。すなわち、「全世代型社会保障」の要諦は、「社会保障を支えるのは若い世代であり、高齢者は支えられる世代である」という固定観念を払しょくし、「全世代で社会保障を支え、また社会保障は全世代を支える」ということにある。

出所：全世代型社会保障構築会議ウェブサイト。https://www.cas.go.jp/jp/seisaku/zensedai_hosyo/pdf/20221216houkokusyo.pdf

示す方向性に適合するものであるのだろうか。またわたしたちの有する社会保障の権利が不当に奪われていないだろうか。「この憲法が国民に保障する自由及び権利は、国民の不断の努力によつて、これを保持しなければならない。」（憲法12条）とあるが、わたしたちは不断の努力をもって社会保障政策の動向について注視する必要があるだろう。

1-1-3　社会保障の有する機能

　社会保障は、その役割を果たすための機能を有しているが、2012年版、2017年版の『厚生労働白書』によれば、①生活安定・向上機能、②所得再分配機能、③経済安定機能の3つであると整理されている。

①生活安定・向上機能

　わたしたちは一生のうちに病気やけが、失業、退職、子育てや介護、貧困などの生活問題に直面することがある。こうした類型的に予測できる生活問題に対して、必要な金銭給付や社会サービスが社会保障として公的に提供されていれば、わたしたちは安心して生活を営んでいくことができる。

もし生活問題に対する社会保障がなくなってしまえば、わたしたちは生活の不安から、賃金の大部分を貯蓄にまわしたり、民間保険に加入し多額の保険料を支払うなどといった方法で生活問題に対処せざるを得なくなる。そうすると、消費を極度に抑制することによって経済にも悪影響を及ぼすことにつながるおそれがある。社会保障の一方的な削減は、生活問題の緩和や解決を阻害するだけでなく、社会の活力を奪うことにもつながることに留意する必要がある。

②所得再分配機能

　わたしたちの大部分は働いて稼いだ賃金によって生活を営んでいるわけだが、資本主義社会においてはこの賃金自体に大きな格差がある。社会保障における金銭給付や社会サービスの財源は税や保険料であるが、税自体に所得再分配機能を有することはいうまでもなく、保険料においても所得の低い人には負担を少なく、所得の高い人にはより負担をしてもらうような設定を行っている。このような高所得階層から低所得階層への再分配が行われることを「垂直的再分配」という。

　また、働いて賃金を得ている人であっても一時的に労働力を提供できない状態となって所得を喪失したりすることもあるだろう。こうした事態に備えて、あらかじめ保険料などを負担し合い、所得を得ている人から所得を喪失した人へと移転することも、再分配の1つである。こうした同一所得間、同一職種間等で稼得能力のある人からない人に所得の再分配が行われることを「水平的再分配」という。

　所得再分配には、金銭給付だけでなく、医療や保育や介護、福祉サービスなどの社会サービスを現物給付する方法もある。保険料などの負担は報酬比例など所得水準に応じて決められ、給付を行う際には所得の多寡にかかわらず必要に応じたサービス給付を受けられる。

③経済安定機能

　資本主義社会においては景気の変動によって一定の周期で需要が低下し、これによって生産の縮小を余儀なくされ、大量の失業が発生することが不可避である。こうした事態になんら対処しない場合、多くの失業者が所得を喪失し、消費を行わないことによって経済の低迷がさらに深刻になるおそれがある。

　失業時の雇用保険における失業等給付などの、経済不況時に金銭給付を行う

制度があれば、失業者の生活を安定させるとともに、失業者の所得喪失を一定程度緩和し、消費の落ち込みを緩和し、景気の落ち込みを抑制し経済を安定させる効果が期待できる。

　また老齢年金制度においても、高齢者の生活の安定とともに、消費活動を通じて経済の安定がもたらされる。

　このように社会保障制度には、経済変動の国民生活への影響を緩和し、経済成長を支える機能を有している。

1-2　社会保障の体系

1-2-1　制度別に区分するとらえ方

　社会保障の体系には、大きく次の2つのとらえ方がある。

　1つは、制度別に区分したものである。50年勧告では、戦後社会保障制度の構築にあたって、社会保障制度は生存権（憲法25条）を基軸に「すべての国民が文化的社会の成員たるに値する生活を営むようにすることができるようにする」ものであると述べた。そして、「社会保障の中心をなすものは自らをしてそれに必要な経費を醸出せしめるところの社会保険制度でなければならない」とし、社会保険制度を中心に社会保障制度を展開することを示した。

　50年勧告で示した社会保障制度の体系は、「社会保険、国家扶助、公衆衛生及び社会福祉」であり、これにもとづいて構築されてきた政策体系、また社会政策学が依拠してきた体系にもとづいて、社会保険、公的扶助、社会福祉、保険医療・公衆衛生の4区分に整理し体系化してきた（1981年に老人保健制度が制定された際にこれを加えて5区分としたこともある）。

1-2-2　給付・保障方法別に区分するとらえ方

　もう1つは、社会保障の給付や保障方法別に区分するとらえ方である。これは「社会保障将来像委員会第1次報告」（1993年、以下「第1次報告」という）において体系化がなされている。この体系化は「社会保障のあり方を考えるとき、社会保障の範囲を確定し、位置づけをはっきりさせておくことが大事である」とし、第1次報告以後、強力に政策展開される公私ミックス論の前提となる整理であることを示唆しており、注目しておかなくてはならない。

　第1次報告では、社会保障を「国民の生活の安定が損なわれた場合に、国民

にすこやかで安心できる生活を保障することを目的として、公的責任で生活を支える給付を行うもの」と定義した。そして、その方法として、労使の拠出と国庫補助・公費負担にもとづく社会保険に加え、公的扶助、社会手当、福祉サービス、公費負担医療などを含む、一般財源による給付である社会扶助に二分されるとする。そして、給付を行う「狭義の社会保障」を中心としつつ、これに加え給付をともなわないものとして、資格制度、人材確保、施設整備、規制措置、公衆衛生などの「社会保障の基盤を形作る制度」、および税制上の控除などの「社会保障と類似の機能を果たす制度」、雇用政策・住宅政策など「社会保障が機能するための前提であり、社会保障と深く関連する制度」などの「広義の社会保障」からなるものであるという体系化を図った。

　第1次報告のとらえ方は、社会保障を社会保険と社会扶助という2区分に整理するものである。そして「社会保障の中心的な給付は所得保障、医療保障、社会福祉の3つである」としながら、現状では「社会保険または社会扶助のどちらの形態でも行うことができる」ため、現在はこの多様化した役割・機能に対応する形でマトリックス（碁盤の目）で整理し、縦軸に社会保障の仕組み（社会保険、社会扶助）を、横軸に各制度の役割や機能（所得保障、医療保障、社会福祉）をおいて整理している[1]。

1-2-3　社会保障の体系論を論じる意義

　以上、さしあたり2つの体系論について示したが、こうした体系論を論じる意義はどこにあるのか。たんに各制度がどこに位置づけられるという説明にすぎないものであるならば、体系論そのものが不要であるとみることもできるであろう。しかし、体系論はとりもなおさず、政策指針に直結するものであり[2]、第1次報告でも述べているように、今後の社会保障のあり方の変容を、わたしたちがいかに位置づけ考えていくか、という点を追求しなければならないからである。

② 保険

2-1 保険とは

2-1-1 保険の定義

　では、社会保険とは何かを説明する前に、その理解の前提となる保険について簡単に説明したい。保険の定義には、損害填補契約説（マーシャル、一方の当事者が、約定の金額の対価をうけて、他方の当事者がさらされている一定の諸危険に備えて、または、ある事件の偶然な発生に備えて、他方の当事者の損害を填補することを引受ける契約）をはじめとして諸説あったようであるが[3]、現在は経済必要充足説（同様の危険にさらされた多数の経済主体が金銭を拠出して共同の資金備蓄を形成し、各経済主体が現に経済的不利益を被ったときにそこから支払を受けるという形で不測の事態に備える制度）というとらえ方で収束している[4]。

2-2-2 保険の法則・原則

　保険は、大数の法則にもとづく制度である。大数の法則とは、個々の出来事は偶然かつ不測の出来事であるが、これを多数の主体について観察すれば、一定期間内にそれが現実に発生する度合いは平均的にほぼ一定していることをいう。

　保険では、個々の保険加入者間の相違に鑑みて、リスクの高い者や保険金額の高い者ほどそれに比例して高い保険料を負担させることが公平である。これを給付反対給付均等の原則という。

　給付反対給付均等の原則は、

$$P = \omega Z \quad \cdots ①$$

（P は純保険料［保険金支払だけを考慮して計算された保険料］、Z は保険金、ω は保険金が支払われる確率）で表され、加入者の一人ひとりについてこの関係が成り立たなければならない。

　また、保険においては、その収受する保険料の総額が支払うべき保険金の総額と相等しくなるように事業が運営されなければならない。これを収支相等の原則という。

　収支相等の原則は、

nP＝rZ　…②

（nは加入者数、Pは純保険料、rは保険金が支払われる事故発生件数、Zは保険金）で表される。

　なお、②の式の両辺をnで除すると①の式になる（ω＝r/n）。つまり、これら①②の数式は同一であり、したがってこの２つの原則は、一方が原則に従っていれば他方もまたその原則に従うという関係にたつ。

　これらの給付反対給付均等の原則、収支相等の原則は、保険が健全に運営されるために必要不可欠な原則である。なお実際の保険料は、純保険料Pに保険制度運営のための諸経費である付加保険料を上乗せして徴収されることになる。

2-2　民間保険の種類と内容

　民間保険には、生命保険、損害保険、第三分野の保険がある。

　生命保険とは、人の生存または死亡に関し一定の保険給付を約し、保険料を収受する保険をいう。生命保険には、被保険者の一定期間の生存を保険事故とする生存保険、被保険者の死亡を保険事故とする死亡保険、生存保険と死亡保険を組み合わせた養老保険などがある。

　損害保険とは、一定の偶然の事故によって生ずることのある損害を填補することを約し、保険料を収受する保険をいう。損害保険には、自動車保険、火災保険、地震保険などがある。

　第三分野の保険とは、生命保険と損害保険の両方の性格を合わせもつ、あるいはいずれとも異なる保険をいう。第三分野の保険には、民間医療保険、傷害保険、民間介護保険、学資保険等がある。

　生命保険は生命保険会社が、損害保険は損害保険会社が、第三分野の保険は生命保険会社・損害保険会社の両方が取り扱っている。

３　社会保険・社会扶助

3-1　社会保険

　社会保険は、上記でみた保険の技術を援用して、拠出された保険料等を財源として給付を行う仕組みである。社会保険は保険の技術を用いる「保険原理」

表2-2　社会保険と民間保険（私的保険）の違い

	社会保険	民間保険（私的保険）
加入の態様	強制加入	任意加入
保障水準	法律により定められ、保険料（負担）と保障（給付）が正比例しない	保険料（負担）と保障（給付）が正比例する（給付反対給付均等の原則）
保険料	低所得者は低く、高所得者が高い／定額制など	保障（給付）に応じて保険料が正比例する
実施主体	政府・市町村などの公的機関	民間（保険会社など）
運営資金	ほとんどに国庫負担・国庫補助がある	保険料収入のみ

出所：筆者作成。

と、これを社会保障の目的に沿って修正する「社会原理」の2つの性格を併有する。

　社会保険を世界で初めて創設したのはドイツであり、疾病保険法（1883年）、労災保険法（1884年）、年金保険法（1889年）をあいついで制定した[5]。日本の社会保険制度は、第2次世界大戦前よりドイツの社会保障制度を源流として構築されてきた。

　50年勧告では、社会保障の目的は生存権の保障であり、社会保険はその手段として用いるとした。この目的を達するため、民間保険とは異なり、給付反対給付均等の原則、収支相等の原則に必ずしも厳密に拘束されない制度設計を行っている（保険原理の修正としての社会原理）。代表的な相違点としては、①法律にもとづき加入を強制される強制加入制度をとる、②給付と負担が正比例の関係にはならない（給付に物価スライドや賃金スライドを導入している、保険料を所得比例に設定する、など）、③財源に国庫負担および国庫補助が投入される、などがあげられる（表2-2）。

3-2　社会扶助

　社会扶助は、租税を財源にして、保険の技術を用いずに給付を行う仕組みのことをいう。社会扶助は、公的扶助、社会手当、社会サービスからなる。

　社会扶助は、租税を原資に貧困者救済を行ったイギリス救貧法（17世紀）をその源流としている。日本の社会保障制度の体系化は、戦前から構築されたドイツ型の社会保険制度に加え、戦後はとりわけ公的扶助制度の構築において、

イギリスのベヴァリッジ報告（1942年）の影響を多分に受けながら進められた。

公的扶助は、現に生活に困窮している状態の人びとに対し、所得調査および資産調査を要件として、国または地方自治体が租税を財源に、その人の最低生活を保障する仕組みである。

公的扶助の財源は租税であり、最低限度の生活を下回る生活を送る者に対し、資産調査（ミーンズテスト）を行い、かつ扶養義務者の扶養能力まで審査され、要件を充足した者のみに対し給付を行う。そのため、公的扶助には常にスティグマ（恥の烙印・恥辱感）の問題がつきまとってきた。

社会手当は、ある一定の要件に該当する人びとに現金を給付することにより、生活支援等の政策目的を果たそうとするものである。

社会手当の財源は租税であり、公的扶助のように資産調査を要しないという意味で、スティグマの問題は生じにくい。しかし日本においては社会手当の実施にあたっては給付対象者を限定・選別するために所得要件を設け、所得制限を行うことが多い。

3-3 社会保険と社会扶助の特徴

まず、社会保険と社会扶助の違いについては次のようなことがいえる。

給付と負担との関係について、社会保険では給付反対給付均等の原則とまではいかないが、制度に加入し負担をしていれば何らかの給付があるという限度において、かなり強い関係（権利性）が認められる。これに対し、社会扶助では財源が租税であるため、給付と負担の関係性が比較的弱いとされている。このことが影響して、社会扶助の面の充実強化に遅れがみられ、とりわけ子ども・子育て支援分野において遅れをとってきた[6]。

また社会扶助は、日本においては所得制限をともなうものがほとんどである。その理由としては、限られた租税財源の下で効率的に給付を行うという財政抑制的な政策目的を達するために加え、いわゆる「バラマキ」批判を回避するという政治的な目的を達することなどが考えられる[7]。社会手当は、ある政策目的を達するため、要件に該当した者に対し、所得の多寡にかかわらず平等に支給するのが一般的であり、諸外国では社会手当に所得制限を設けないところが多い。「バラマキ」批判がなされるのは日本特有の現象であるといってよいが、

低所得者を優先する所得制限を加味することが、給付を行うべき本来の政策目的を達成するのに妥当であるかどうかは、今一度吟味されるべきであろう。

　なお社会保険は、負担と給付の関係が強いこともあり、給付において所得制限や資産調査などの資力調査をともなうものはかつてはみられなかった。ところが、介護保険において負担割合の設定において所得基準が導入され、施設入所者の食費・居住費に対する補足給付に資産調査を導入するなど、社会保険の原則を修正するような制度改正が続いており、給付の面においては社会扶助に接近してきている[8]。

4　日本における社会保障体系

4-1　社会保険と社会扶助

　日本の社会保障の各制度の位置づけは、2区分×3機能のマトリックスで示すとすると、表2-3の通りである。

　社会保険方式をとるものは、国民年金および厚生年金からなる年金保険、健康保険および国民健康保険からなる医療保険、介護保険、労働者災害補償保険、雇用保険の5つである（それぞれの解説は本書第4章〜第7章を参照のこと）。

　社会扶助方式をとるものは、生活保護制度を中心とする公的扶助、児童手当、児童扶養手当などからなる社会手当、福祉サービスなどからなる社会サービスにより構成される。

　社会サービスには、児童福祉、障害（児）者福祉、老人福祉、母子父子寡婦福祉のほか、生活困窮者自立支援法にもとづく自立相談支援などの低所得者福祉もここに位置づけられる。

4-2　役割・機能による分類

　所得保障は、年金や生活保護制度のような、傷病や失業、老齢、障害などの理由により所得の喪失や中断、減少などが生じたとき、所得を補う給付をすることにより生活を安定させるものである。

　医療保障は、医療保障制度のような、傷病の治療や健康の維持・回復のために医療機関等において保健・医療サービスを受けることができるものである。

表 2-3　わが国の社会保障制度の体系

			所得保障	医療保険	社会福祉	法制度の例
社会保険	年金保険		老齢基礎年金 老齢厚生年金 遺族年金 障害年金　等			国民年金法 厚生年金保険法 各種共済組合法
	医療保険		傷病手当金 出産育児一時金 葬祭費　等	療養の給付 訪問看護療養費 高額療養費　等		国民健康保険法 健康保険法 各種共済組合法 高齢者医療確保法 船員保険法
	介護保険				施設サービス 居宅サービス 福祉用具購入 住宅改修　等	介護保険法
	雇用保険		失業等給付 雇用安定事業 能力開発事業　等			雇用保険法
	労働者災害補償保険		休業補償給付 障害補償給付 遺族補償給付 介護補償給付　等	療養補償給付		労働者災害補償保険法
社会扶助	公的扶助		生活援助 教育扶助 住宅扶助　等	医療扶助	介護扶助	生活保護法
	社会手当		児童手当 児童扶養手当			児童手当法 児童扶養手当法
	社会サービス	児童福祉			保育所サービス 児童健全育成 児童養護施設　等	児童福祉法
		障害(児)者福祉		自立支援医療（旧育成医療・更生医療・精神通院医療）費の支給	介護給付 訓練等給付 地域生活支援事業	障害者総合支援法 身体障害者福祉法 知的障害者福祉法 精神保健福祉法 児童福祉法
		老人福祉			老人福祉施設 生きがい、生活支援施策　等	老人福祉法
		母子父子寡婦福祉	母子父子寡婦福祉資金貸与		自立支援 生活指導　等	母子父子寡婦福祉法
		低所得者福祉	住居確保給付金		自立相談支援 就労準備支援	生活困窮者自立支援法

原注：主要な社会保障制度を整理したもので、個々の給付や事業または法制度は例示であり、本表に記載できないものが数多くあることに注意。高齢者医療確保法は、「高齢者の医療の確保に関する法律」の略。ほかの法律でも名称を簡略化しているものがある。

出所：増田雅暢「日本の社会保障の現状と課題」広井良典・山崎泰彦編著『社会保障［第3版］』ミネルヴァ書房、2017年、46頁を一部修正の上引用。

社会福祉は、各福祉制度のような、自助では解決の困難な生活問題に対し、サービスを提供することによって、生活上の困難を緩和・解決を図るものである。

4-3　給付方法

　給付方法には、現物給付と現金給付がある。

　現物給付は、受給者に対して現物やサービスそのものを提供する方法をいう。

　現物給付の代表的なものとして、健康保険制度における「療養の給付」がこれにあたる。健康保険では、療養そのものを被保険者たる患者に直接提供する、という方法をとる。

　現金給付には、受給者に対して現金を給付する方法をいう。

　現金給付には、公的年金や社会手当のほか、介護保険制度における介護サービス費・介護予防サービス費の支給、障害者総合支援法における介護給付費・訓練等給付費の支給など、幅広く行われている。

　現金給付の場合、年金や社会手当などは、受給者に直接支払われることにより生活を保障するという目的が達成される。しかし、介護や障害者福祉におけるサービス給付などについても、法の建前はサービスの直接給付ではなく、あくまで現金給付の形式をとり、本来は利用者本人に直接支払われるべき給付をサービス事業者に法定代理受領させる形式をとる。これは、介護保険法の制定および社会福祉基礎構造改革により介護・障害者福祉のサービス事業が民間に開放された際、憲法89条（公金支出の禁止）規定に抵触しないよう、給付は本人に直接行うものとしつつ、これを事業者に法定代理受領させるという形式をとり、「公の支配に属しない慈善、教育若しくは博愛の事業」（憲法89条）に対する公金支出の道を開いたのである。こうすることにより、サービス事業者にとってはサービス費を確実に受領することができ、利用者にとってもいったん10割分の利用料の負担を行い、のちに給付を受ける償還払いよりも簡便かつ確実に利用料の支払いを行うことができ、双方にメリットがある。

4-4　負担方法

　公的年金の保険料などの保険料の拠出や、健康保険の一部負担金などの利用

のつど求める負担を、どのような考え方にもとづき決定するのか。これには応能負担と応益負担という2つの考え方がある。

　応能負担とは、負担すべき者やその属する世帯の所得に応じて、負担額を決定する方法である。たとえば、厚生年金保険料や健康保険料などの保険料や、保育所の保育料、障害者総合支援法にもとづく利用者負担などがこれにあたる。

　応能負担は、給付は均一であっても負担額が所得に応じて決定されるので、低所得者にとっては利用しやすい制度となる。ただし、かつての老人福祉制度における措置費全額徴収原則がそうであったように、所得はそれほど高くないにもかかわらず、負担額が非常に高額に設定される場合には、こうした所得階層を利用から排除する機能を持たせることとなる。

　これに対し応益負担（定率負担ともいう）は、利用した者（負担すべき者）が基本的に受けたサービスの量に応じて負担額を決定する方法である。健康保険の一部負担金（高額療養費制度による上限設定あり）などがこれにあたる。

　応益負担は、利用と負担の関係が正比例であり、利用した分に比例した負担を負うため、高所得者で利用の少ない者にとっては負担感を感じにくいのに対し、低所得者はいくら必要なサービスであったとしても、負担しうる金額の範囲に利用を抑えようとする利用抑制を招くため、利用から排除される。

　また、近年、応能負担と応益負担を組み合わせる手法もとられるようになってきた。介護保険の介護給付および予防給付にもとづく利用者負担は、負担割合については所得の多寡に応じて1割〜3割に決定され、利用に応じた負担（単位数）に負担割合を乗じて決定されるようになった。現役並み所得者に対する負担割合の引き上げは、従来1割負担であって負担感をそれほど感じなかった利用者に対し、2倍または3倍の負担増を強いており、負担感はいっそう強くなっている。こうした措置は利用抑制の引き金になりうるため、適切な利用を保障できているのか問題となるだろう。

［注］

1　増田雅暢「社会保障の構造」社会福祉士養成講座編集委員会編『社会保障［第5版］』中央法規、2016年、42-59頁。
2　この点、新たな体系論を示しつつ論じたものとして、河野正輝「社会保障の法体系と権利構造」社会関係研究第9巻第2号、2003年、1-22頁。

3　廣海孝一「保険経済における目的と手段—生命保険についての技術的批判の試み—」一橋大学研究年報商学研究 13 号、1969 年、35-170 頁。

4　保険法制定時の議論において、立案担当者をはじめとして、そもそも「保険」を過不足なく法文において定義づけることは極めて困難との認識が共有される中で、「保険」の定義は設けなかったものとされる。村田敏一「保険法における『保険契約』（保険法 2 条 1 号）の意義と解釈—再論—」生命保険論集 201 号、2017 年、1-21 頁、萩本修『一問一答・保険法』商事法務、2009 年、36 頁。

5　木下秀雄『ビスマルク労働者保険法成立史』有斐閣、1997 年。

6　山崎史郎『人口減少と社会保障』（中公新書）中央公論新社、2017 年、93-95 頁。

7　2010 年に所得制限を設けない「子ども手当」（月額 1 万 3000 円）を創設した民主党・国民新党・社民党による連立政権に対して、当時野党であった自民党と公明党は「バラマキ」批判を猛烈に展開した。結局「子ども手当」はわずか 2 年で終了し、2012 年以降は民主党・自民党・公明党の 3 党合意により「児童手当」に変更され、所得制限が復活することとなった。ところが現在、自民党・岸田文雄政権の下で「異次元の少子化対策」の一環で児童手当の所得制限撤廃についても俎上にのぼっており、当時と問題状況が大きく変わったとはいえずむしろ「子ども手当」を存続させ、所得制限を撤廃すべきではなかったのではないかとの批判がなされている。

8　介護保険における負担構造の変化について検討したものとして、濱畑芳和「利用者負担からみた介護保険」介護保険白書編集委員会編『介護保険白書　施行 15 年の検証と 2025 年への展望』本の泉社、2015 年、104-108 頁。

[引用・参考文献]
荒木誠之『新版増補　社会保障読本』有斐閣、1998 年。
芝田英昭『新しい社会保障の設計』文理閣、2006 年。
増田雅暢「日本の社会保障の現状と課題」広井良典・山崎泰彦編著『社会保障［第 3 版］』ミネルヴァ書房、2017 年、41-66 頁。
山下友信・竹濵修・洲崎博史・山本哲生『保険法［第 3 版補訂版］』（有斐閣アルマ）有斐閣、2017 年。

[推薦図書]
○伊藤周平『社会保障入門』（ちくま新書）筑摩書房、2016 年。
　　――「入門」と銘打ってはいるが、本を開くと社会保障全体を網羅しつつ、鋭い現状批判の視点をベースに伊藤節で切り込んでいる。本書を通読してから次に読むとさらに問題意識が高まりそうな一冊。
○権丈善一『ちょっと気になる社会保障　V3』勁草書房、2020 年。

──社会保障制度審議会をはじめ各種審議会に名を連ねる著者が、軽妙な語り口で社会保障の現状を語っている。本書の考え方との違いを意識して読むと、社会保障に対する理解がさらに立体的になると思われる。

● 学習課題 ●

①社会保険と社会扶助の違いについて、自分なりに整理してみましょう。

②社会保険の2つの原理について説明してみましょう。また、このあと述べる各社会保険制度にこれら2つの原理がどのように反映しているか、それぞれの制度をみるときに意識しましょう。

③今後も社会保障に関する制度改革が相次ぎます。こうした改革が社会保障の体系と理念との関係でいかなる問題をはらむのか、情報収集しながら考えてみましょう。

第3章
社会保障をめぐる論点

長友薫輝

本章のねらい

　本章では、社会保障をめぐるさまざまな論点を整理するとともに、社会保障の充実を図る視点でどのようにとらえるべきか、克服すべき課題はどこにあるのかを明示する。

　社会保障については「経済成長の足かせになる」「高齢者優遇の内容となっている」などといった非科学的な内容が喧伝され、世代間の分断や対立を煽り、社会保障に対して費用抑制策の継続がなされてきた。生活保護基準の引き下げについても同様に、費用抑制を念頭に置いた政策が推進されている。生活保護基準の引き下げによって、生活保護利用者だけでなく国民生活全般への影響が生じるにも関わらず（最低賃金や公共サービス等）、不正受給の報道等によって世論形成が図られ、専門家の意見を聴取せずに物価偽装による数式を新たに作り上げて基準引き下げを段階的に実施し費用抑制を図ってきた。

　社会保障への公的支出の抑制と同時に、近年ではデジタル化を推進することを標榜し、社会保障の部分的市場化・産業化、そして商品化がよりいっそう進められている。

　公的医療保険や公的介護保険などの社会保険（医療、年金、雇用、労災、介護）に関しては、国庫負担の抑制・削減を進めるとともに、被保険者の保険料負担等が重くなる傾向が続いている。この30年ほど、労働者の給与水準が変わらないにもかかわらず、税だけでなく社会保険料負担が重くなっているため手

取りが減り、家計を圧迫するものとなっている。

　このような社会保障をめぐって生じている主な論点について政策動向を概括しながら提示する。論点を把握し、その上で、各章を読むとより理解が進むものと思われる。

1　公的医療費抑制策に象徴される政策動向

1-1　人権保障のにない手としての対人ケア労働

　2020年の初頭以降、新型コロナウイルス感染症と向き合わざるをえない状況となり、さまざまな奮闘や苦悩、葛藤が繰り返されてきた[1]。

　なかでも、保健・医療・介護・保育・社会福祉等の対人ケア労働の職場では、そもそも長年にわたり人員不足が常態化していたところに、新型コロナウイルス感染症への対応が強いられ、非常に厳しい状況が継続することとなった。

　なお、対人ケア労働職場における人員不足の常態化は政策的につくられたものであることを指摘しておきたい。対人ケア労働の職場は本来、余裕ある人員体制を維持する必要がある。今回の新型コロナウイルス感染症をはじめとする新興感染症のみならず、災害等のあらゆる場面においても対応できる能力を余分に保持しておくことが非常時への備えの基本であろう。何より私たちのいのちに関わる現場において、日常的に人員不足という事態が各地で起きている状態を当たり前のものとせず、余裕ある人員体制を志向しなければならない。

　ところが、後述する重要な論点の1つとして、政策的には社会保障費抑制、公的医療費抑制といった費用抑制策の呪縛からいまだ抜け出すことができていない。費用抑制策と同時に、新自由主義的志向を帯びた市場化、産業化を企図した改革が連続しており、その結果として、人件費抑制が強いられ、人員不足が常態化し、対人ケア労働の現場の疲弊に直結してきた。

　社会保障に関する労働の1つに、保健・医療・社会福祉等の対人ケアに関わる労働がある。これらはすべて、広い公務労働の一環として位置づけ整備するのが妥当であろう。公的責任のもとで実施しなければならない対人ケア労働については公務労働として整理しておきたい。憲法に記されている公的責任のもとで社会保障の向上および増進を実現する人権保障のにない手であるからこそ、

公務労働者の存在が重要となる。

社会医学者のH.E.シゲリストによれば、人間相手の仕事が評価される社会は人間が大切にされる社会であり、人間相手の仕事が評価されない社会は人間が大切にされない社会といえる。

この言に従って考えれば、いまの日本は残念ながら人間相手の仕事が評価されない社会となって久しいのではないか。政策の帰結として、人間が大切にされない社会となっているように思われる。人権保障のにない手である公務労働者の仕事が評価され、大事にされる社会へと転換するよう、着実な一歩を進めていきたい。現時点で、日本の人権保障の水準が低いことは周知の事実である。入管施設の対応など、残念ながら枚挙にいとまがない。

コロナ禍を経験した自治体職場等からの切実な声を契機として、公務労働者の労働条件および労働環境の改善等を推進することが急務である。その際に留意しなければならないのは、「『住民のための公務労働』を再生する共同の運動を住民と自治体職員でつくっていかなければなりません」[2]との指摘をふまえたい。

新型コロナウイルス感染症によっていっそう明らかとなった公務労働の諸課題に対して、住民のための公務労働として位置づけ、再生を図ることが求められている。再生へと向かうためには、対人ケア労働における人員不足の常態化の改善、配置基準の変更等による余裕ある人員体制の拡充、社会保障費抑制および公的医療費抑制の転換、市場化・産業化を企図した改革路線の中止等の検討が必要である。こうした政策転換等による再生作業をともなう共同の運動を、地域住民とともに公務労働者が展開することが期待されており、社会保障をめぐる重要な論点の1つである。

1-2 公的医療費抑制策の動向

社会保障費抑制、なかでも公的医療費抑制策の転換に向けて、コロナ禍で注目されている医療をめぐる政策動向を論点に加えたい[3]。コロナ禍を援用して、いわば惨事便乗型[4]の改革が進められようとしているからである。

新型コロナウイルス感染症の蔓延により、2020年初頭以降、世界各国はさまざまな影響を受けてきた。もちろん日本も例外ではない。感染拡大の波が何度

も襲うたびに、医療崩壊が報じられ、広く知られたところである。ただ、医療現場での認識としては、以前から医療崩壊と称される状態が継続し、人員不足が常態化しているところにコロナ禍となった、という表現が的確だろう。保健所などの公衆衛生を担う現場でも同様である。

これまで公的医療費抑制策として供給抑制等を図ってきたことに起因して、医療提供体制のひっ迫が生じた。感染症病床を主に担う公立・公的病院の再編・統合の推進や、感染症病床の削減、保健所の統廃合などが従来、展開されてきた政策である。その結果、余裕ある人員や病床体制ではない状態となっていた。直近では「地域医療構想」を主な手段として、地域で病床数を管理し抑制を図る政策の徹底が図られつつある。

コロナ禍に直面し、従来の公的医療費抑制策の見直しや転換、公衆衛生機能の強化を図ることが必要な局面であるにもかかわらず、むしろ病床削減を加速させるなどの対応が現状となっている。コロナ禍となる以前に決定した政策内容がいま、粛々と実行されている。

そのうえ、コロナ禍で起きた諸問題の解決手段として、医療のデジタル化（DX）を前面に押し出し、医療の市場化・産業化を企図している政策展開が特徴であろう[5]。つまり、デジタル化を通じて医療の構造改革を加速させることに主眼があるとみるのが妥当である。2022年12月にまとめられた全世代型社会保障構築会議の報告書にも、「社会保障のDXに積極的に取り組む」と記載されている。

同時に、公的医療保険に関しては、新たな公的医療費抑制の仕掛けが2018年度から展開されている。都道府県が国民健康保険の保険者に加わり、医療費抑制の「管制塔」の役割を期待され、医療費適正化計画が5か年計画から6か年計画に変更されるなど、より医療費抑制に取り組みやすい環境づくりが整備されてきた。

従来の公的医療費抑制策のさまざまな手法に加えて、新自由主義に着想された部分的市場化、産業化が推進され、さらにデジタル化が新たな手法として加わっている。「後期新自由主義」[6]と称される、第2次安倍政権以降に「公的社会保障部門を削減し、資本に新たな市場を提供する、新自由主義政策がとられるようになった」[7]と指摘されるような状況が如実となっている。

② デジタル化など新たな手段を用いた社会保障改革

2-1 デジタル化による統制強化と医療改革

　医療をはじめとする社会保障部門や自治体職場等におけるデジタル化の導入・進展が著しい。なお、保健・医療・介護・保育・社会福祉等の対人ケア労働の職場において、デジタル化の導入によって業務が増え、費用負担も増加したという職場は少なくない。ここでは、デジタル化の政策的な意図を、医療をめぐる動向から概括しておきたい。

　日本経済新聞が2022年6月20日に、医療改革の提言を研究会最終報告（日経報告）として行っている[8]。改革提言の目的として顕著な部分を引用すると、「デジタル化とグローバル化をテコに、医療をより患者本位のサービス産業に転換させ、日本経済の成長の原動力にする規制改革を主眼とする」[9]とある。

　この文言は、近年の経済財政諮問会議の動向などと符合し、財界の言動を象徴した内容であると考えるのが妥当であろう。デジタル化が医療の市場化、産業化の重要な手段として期待されている。「日経報告」が発表された同月には、「経済財政運営と改革の基本方針2022」（「骨太の方針2022」）が閣議決定されており、「DXへの投資」は重点投資分野として位置づけられている。なお、デジタル化は医療がかかえる問題解決に万能ではない[10]。

　「日経報告」は3つの柱から構成されており、「Ⅰ 医療提供体制の再構築」「Ⅱ 医療イノベーションを国家戦略に」「Ⅲ 負担と給付の改革を急げ」となっている。

　なかでも「Ⅰ 医療提供体制の再構築」では、政府・地方自治体が保険医療機関にガバナンスを働かせる仕組みと、デジタル技術を活用して医療体制を再構築することを求めている。家庭医の登録制をはじめ、医療機関・歯科診療所、訪問看護ステーション、介護施設、調剤薬局なども含めた医療体制の再編・統合の加速を提言している。

　ただし、すでに医療や介護をめぐる政策においては地方統制が強化されており、地方自治体の裁量が奪われつつあることに留意したい。自治体DX[11]と称されるデジタル化によって、地方統制はいっそう強化されることになる。「日

経報告」は地方自治体のみならず、医療機関に対しても、同様にガバナンス強化を求めている。

また、デジタル化は地域住民に対する管理手段の強化でもあり、搾取の徹底を意味すると解することができる。ほんの少しのメリットを強調して、一方では私たちの個人情報を収集してデータ集積し、大手企業等が利活用できるように仕組みづくりが成長戦略の一環として進められてきた。

デジタル化の主眼は、地域住民の情報を利活用したい企業のための基盤整備に置かれている。私たちのメリットや個人情報の安全性は後景にあると考えるのが妥当である。

2022年度中にはほぼすべての国民がマイナンバーカードを持つことを目指して、マイナンバーカード普及に多額の予算が投入された。最大2万円分のポイントを付与する「マイナポイント」事業では、2022年6月からの第2弾だけで1兆8134億円が計上された。なお、マイナンバーカードの健康保険証利用はすでに法定化されており、運用開始している。ただし、運用面での課題が山積し、他人の情報が紐付けされているなど、問題が噴出している現状にある。

2023年4月には医療機関に対してオンライン資格確認のシステム導入が原則義務化された（2024年秋に現行の保険証を廃止するまでの間、義務化は猶予期間となっている）。ところが、同月のマイナ保険証の利用率は6.3％だったものの、その後は連続で下落し、2023年10月には4.49％にとどまっている（厚生労働省公表数値）。

マイナンバーカードの普及と併せて、マイナポータルの活用により、行政だけでなく、民間サービスも含めた個人情報の連携を進めることが可能となる。マイナポータルは個人が負担する税・社会保険料の範囲内に社会保障給付を抑える、「社会保障個人会計」のシステム基盤にも変容することが可能となっている点にも留意しなければならない[12]。

2-2 新たな手段を用いた社会保障改革の動向と論点

デジタル化は新自由主義に着想された部分的市場化、産業化の新たな手段として機能し、医療の改革を図るものである。

こうした新たな手段を用いて給付抑制と供給体制の抑制がより志向されると

ともに、市場の拡大が企図されている。デジタル化も含めて、これらに関わる全般的な手段として、横山壽一は「①自助論（自己責任プラス地域・住民責任論、社会保険＝自助の共同化論）、②財政危機（負担の不公正論、世代間格差論、『能力』負担論）、③社会保障の限界（持続可能性、制度の縮小と市場の活用）、④地域差（自治体間競争、コスト削減）、⑤デジタル技術など新技術の活用、それ自体の産業化、給付と負担の管理）」[13] と指摘している。直近の具体的な手段では、とくに地域差を使った医療費適正化計画等の医療費抑制の展開や、岸田文雄内閣による「勤労者皆保険」の動向に注視したい。

　そのほかの医療・介護分野における改革の具体的な内容として、「①医療機関の縮小・効率化、公的医療機関の縮小（小さな政府と費用の削減）、②保険の範囲の縮小、利用者負担の応益負担、混合診療の拡大、③医療における競争の促進（広告規制緩和、保険者機能の活用、自治体間競争）、④公衆衛生の再編（健康の自己責任、保健所の縮小、効率化＝予備の切り捨て）、⑤介護における民間供給化（非営利原則からの転換、措置制度の解体）、⑥介護における競争環境の整備促進（利用者の選択、事後規制）、⑦労働市場の規制緩和、低賃金労働の活用、外国人労働力の規制緩和）」[14] が挙げられる。

　ここでは、保険者機能の強化として、国民健康保険や介護保険などでインセンティブ（誘導型報奨）交付金が設置されていることに注目したい。地域差を使って自治体間の競争を煽りながら、医療費抑制等の政策目的に資するとされる、あらかじめ決められたメニューを実行しなければ加点・減点（国保にインセンティブ手法が導入された際の説明では、当初は加点のみという説明であったが、すぐに減点方式が導入）される内容となっている。インセンティブ交付金の導入により、いっそう地方自治体への管理統制は強化されている。

　2022年1月には、第33次地方制度調査会が発足した。岸田内閣のもとで、デジタル化や広域行政の促進が図られている。同調査会は、コロナ禍における、地方自治体の公衆衛生や医療分野でのデジタル化の遅れを指摘しているが、実際には「市町村合併や広域連携の推進を目的にした地方自治体の『選択と集中』と『三位一体改革』によって、一般の行政職員だけでなく現場の保健所や公立・公的病院の再編統合がすすめられてきたことや、政府が推奨してきた『公共サービスの産業化』政策が、感染症対策においてさまざまな混乱を生み

出し、PCR検査やワクチン接種、そして各種給付金の配布においては障害にすらなったということが無視ないし、軽視」[15] された結果であろう。

医療のデジタル化（DX）や自治体DXなども含めた「公共サービスの産業化」とは、「公的分野の産業化に向けて―公共サービス成長戦略―」と題して、2017年3月の経済財政諮問会議に民間4議員の提案として発出された文書に象徴される。

同文書は「国・地方の公共サービス分野での民間との連携（インクルージョン）を進め」るとしている。民間が公共をインクルージョン（つまり包摂）しようとする意図が明らかである。

「民間の多様な主体との連携（インクルージョン）の促進」という項目では、「健康長寿分野の潜在需要の顕在化、国民による健康管理の推進」「医療介護分野の生産性向上」「子ども・子育て支援分野における多様なサービスの拡大」「公共施設等の整備等におけるPPP/PFIによる実施の原則化等」が提起されている。公共サービスを「丸ごと民間市場に開放し、利潤追求の私的機会の創出を狙っている」[16] と考えられる。

さらに、同文書では「社会保障サービス、地方行政サービス分野について、規制改革とともに、サービス提供者のインセンティブに関わる制度（診療報酬、介護報酬、保険料、補助金制度、地方交付税制度等）の改革も行う」としている。先述の通り、国民健康保険や介護保険などにおけるインセンティブの導入を契機に、社会保障の各分野での展開がみられるとともに、地方統制の強化に連動し自治体職場に影響を及ぼしていることを指摘しておきたい。

2-3　社会保険は「第2の税」としての性格を帯びる

近年、社会保険料の負担が増加する一途をたどっている。公的医療保険や公的年金など、社会保険の保険料負担は以前よりも確実に重くなっている。そのうえ、「勤労者皆保険」を提唱する岸田政権は子育て支援に係る予算確保（支援金創設）のため、私たちにさらなる社会保険料負担を求める方針である。ただし、社会保険料から子育て支援の費用を捻出すること自体、疑問が生じる。子育て支援はそもそも直接的には現行の社会保険の対象ではない。

一般的には社会保険というと「会社員など勤め人が加入している医療や年金

などの保険」と理解しがちだが、そろそろこの解釈とは決別しなければならない。実際には、勤め人のみならず、自営業者や学生なども社会保険に加入している。仕事などによって分断されている状況を把握し、社会保険に対する正確な認識を私たちの共通の土台とすることが重要となる。

　日本には社会保険が5つある。医療・年金・雇用・労災・介護の各保険である。労災保険は全額事業主負担だが、その他の保険では労働者の負担も必要となる。

　この30年ほど、日本の労働者の平均給与水準にほぼ変化がない。さらには、正規雇用から非正規雇用への置き換えが進み、雇用労働者のうち非正規雇用の形態で働く人がおよそ4割となった。近年の連続する物価上昇などで実質賃金はむしろ以前よりも低下している。

　給与所得者の多くは源泉徴収という手法で、給与から社会保険料が天引きされている。そのため、社会保険の保険料負担を実感しづらいという側面がある。非正規雇用の増加に応じて進められている厚生年金の被保険者の適用拡大も、源泉徴収の対象者を増加させることにつながる。

　社会保険は「第2の税」としての性格を帯びている。増税が難しい情勢であれば、負担を実感しづらい社会保険料負担を求める、という手法で展開される。岸田政権の方針はこうしてみると、大変わかりやすい状況といえるだろう。

　社会保険が私たちの健康や生活を支えるどころか、生活を圧迫する存在となっていると体感されている方も少なくない。生活保障という側面と、人々から収奪・搾取するという側面の、社会保険には二面性があることを指摘しておきたい。他章でも触れられている通り、ビスマルクによる「アメとムチ」に象徴されるような社会保険の性格を示している。

3　供給体制の再編と地域づくり

3-1　地域医療構想と地域包括ケアシステムにみる地域づくり

　先述の通り、公的医療費抑制策として1980年代以降、病床再編などの供給体制の再編が行われ[17]、近年では「川上から川下へ」「医療から介護へ」「入院から在宅・地域へ」などの用語に象徴される内容で進められてきた。「川上」の部

分に該当する「地域医療構想」は 2016 年度末までに各都道府県で策定された。そして、市町村には「川下」部分として「地域包括ケアシステム」の構築が求められ、在宅医療・介護の体制づくりが急務となっている。なお、この「地域包括ケアシステム」の範囲は以前より拡大する傾向をみることができる。

「地域医療構想」は各都道府県内の 2 次医療圏を原則とした全国 339 構想区域で、「必要病床数」を算出している。この「必要病床数」は地域の病床数を管理する手段としてだけでなく、「医師需給推計」や「看護師需給推計」にも連動している。

地域医療構想は病床だけでなく、医療提供体制における人員体制の抑制にも連動する政策である。「地域医療構想」「医師偏在対策」「医師・医療従事者の働き方改革」を「三位一体」で推進するとしており、医師配置の均てん化・抑制を進め、地域に必要な医療提供体制の充実を図るものではないことが明らかである。

2019 年 9 月に出された全国 424（その後の見直しで現在は 436）の公立・公的病院に対する再編・統合の名指しリスト公表により、病院の再編統合を進めることで医師など人員体制の集約が図られ、「三位一体」の改革の推進へとつなげていくねらいがあるということになる。

こうした地域医療構想にもとづく医療提供体制の再編策は、公立・公的病院の病床を再編・統合や機能転換などによって縮小する計画となっている。現時点でも政策転換は図られていないのが実態である。むしろコロナ禍においても従来の政策を継続し、発展させるための予算措置が講じられている。医療崩壊がなぜ起きているのか、医療現場で起きている諸課題をふまえて、これまでの医療政策の計画に問題はなかったのかどうかを少なくとも検証する必要がある。

地域医療構想も地域包括ケアシステムもそれぞれ、地域の実情を反映したものを地域でつくり上げていくことが重要となる。そのためには当初の計画段階から提唱されてきた「川上から川下へ」「医療から介護へ」「入院から在宅・地域へ」という一方通行のケアではなく、医療や介護、在宅等を行き来できる地域包括ケアシステムを構築することが求められる。各地でのさまざまな地域包括ケアの実践をふまえて、新たに評価・見直しを図り、計画立案の練り直しへと進める必要があるといえる。

コロナ禍に直面し、より充実した医療保障のあり方を検討し、公的医療費抑制策の転換を図るとともに、公衆衛生機能の強化へと進める必要があると考える。ところが、実際には病床削減を加速させる政策や、部分的な市場化・産業化、そして最近ではデジタル化を手段として医療改革が進められるとともに、保険者機能の強化による都道府県を軸とした公的医療費抑制の新たな展開、地方統制の強化が進展している状況にある。

　デジタル化は医療供給体制だけでなく、公的医療保険を通じて展開され、保険者である自治体に対する地方統制の強化、被保険者である地域住民の管理強化、そして医療機関に対する管理強化の新たな手段である。政府による管理強化ではなく、自治体、地域住民、医療機関等が医療保障の充実に向けた共同の歩みを進める必要がある。

3-2　政策展開の検証

　コロナ禍の第8波では感染者数が最も多い大きな波となった。かつてのスペイン風邪などの例からもわかるように、感染症においては、こうした何度も押し寄せる波をいかにコントロールするかが政府の役割である。ところが、現場の対応に依拠することが中心で、人々の自己責任に依存するような政策的対応がなされてきた。コロナ禍はほぼ「人災」であり、政府によるミスリードであるといえる。

　結果として、医療や公衆衛生の現場はもちろんのこと、対人ケア労働の現場では、コロナ禍における感染防止対策等で、高い緊張状態が長く強いられることとなった。

　1980年代から継続する公的医療費抑制策の転換を図り、これまでの失策を直視し改善する政策展開が必要である。少なくとも、コロナ禍以前に立案した政策手段の中止や見直しの機会を作り、検証する作業が重要となる。行政計画等に言及されているPDCAサイクルを、今こそ遂行すべきであろう。検証結果をもとに、地域の実態に応じた政策を展開することが求められている。

　コロナ禍で起きている事態を直視し、現場が改善される政策的対応がなされる必要がある。ところが、現状としてはコロナ禍を援用する手法で、デジタル化の推進など、惨事便乗型の政策が中心となっている。なお、先述の通り、デ

ジタル化は地域住民に対する管理手段の強化であり、搾取の徹底を意味するものであり、ほんの少しのメリットを強調して、一方では私たちの個人情報を行政や大手企業等に提供する内容である。

近年では安倍晋三政権、菅義偉政権、そして岸田政権と、社会保障に関する政策の骨子部分は通底しており、全世代型社会保障改革の推進がなされている。2022年12月には「全世代型社会保障構築会議報告書」がまとめられた。

同報告書では、目指すべき社会の方向性として、①「少子化・人口減少」の流れを変える、②これからも続く「超高齢社会」に備える、③「地域の支え合い」を強める、としている。

このような方向性が提示されるのは、現在、進められている全世代型社会保障改革が雇用・労働の改革に重心を置いた内容ということに起因している。

今後の人口減少による労働力不足を補うため、労働規制がかからないフリーランス化を推進し、定年をどんどん引き上げて長く働いてもらい、そのために公的年金の支給開始年齢を引き上げ（2022年4月からは老齢基礎年金の受給開始年齢が75歳開始も可能となった）、病気や要介護にならないように予防を奨励し（健康、予防に関わるビジネスを市場化し）、健康は自己責任でという内容を含んだ改革である。「人生100年時代」「生涯現役社会」などという用語が吹聴されているのはそのためであろう。

4 社会保障の改善に向けて

全世代型社会保障改革という名称だが、中身は雇用・労働の改革を中心に据えたもので、雇用改革と社会保障改革が一体化したものである。これらの内容について、労働力確保という点で通底している政策として、それぞれの内容を把握することが重要である。多様な働き方の推進として、政府が奨励する副業・兼業の推進などもその一環となる。

全世代型社会保障改革では、給付と負担のバランスや現役世代の負担上昇の抑制を図りながら、医療、介護、年金、少子化対策を始めとする社会保障全般の総合的な検討が進められている。

さらなる高齢者への負担増を含む改革内容を示したものであり、給付と負担

のバランスという表現には留意しなければならない。全世代型社会保障改革は巧妙に世代的な分断を図りつつ、冷遇されている高齢者世帯をあたかも優遇されているかのように喧伝し、高齢者のみならず全体的な給付抑制を図る内容である。

　社会保障個人会計（個人が負担する税や社会保険料の範囲内に給付を抑える仕組み）の導入にも連動する。先に触れた全世代型社会保障構築会議報告書で「社会保障のDXに積極的に取り組む」ことを掲げており、マイナンバーカードの保険証利用を普及させるなど、推進を図っている。

　同時に、近年、相次いでいるのは非科学的な根拠にもとづく政策である。未公表部分があるデータにもとづいて政策を遂行するなど、看過できない事態が広がっている。防衛費の拡大も同様である。防衛費の拡大路線は社会保障費抑制の政策が継続することを意味する。

　いま取り組むべき課題は対人ケア労働の現場の実態把握と、科学的な根拠にもとづいた公的医療費抑制策の転換、そして社会保障費抑制策の転換、市場化・産業化を企図した改革路線の中止等である。コロナ禍で得たことをふまえて、医療をはじめとする供給体制の維持・拡充はもちろんのこと、保健・医療・介護・社会福祉の対人ケア労働現場や自治体職場、いわゆる公務労働の現場で奮闘する職員への社会的評価を高める施策、具体的には給与水準の大幅な引き上げを中心に、職員が働き続けることができる職場への転換が必要である。余裕ある人員体制となるよう、常態化している人員不足の解決を図る施策の展開が急務である。

　憲法に記されている公的責任のもとで、社会保障の向上および増進を実現する人権保障のにない手である対人ケア労働の現場で働く人々の給与水準は人権保障の尺度でもある。人権保障のにない手である公務労働の改善を図ることで、人間相手の仕事が評価される社会が実現し、人間が大切にされる社会が形成される。そのためには、住民とともに公務労働に関わる人々が共同で努力し、再生を図ることが重要となる。

　以上の通り、本章では社会保障をめぐって生じている主な論点について政策動向を概括しながら提示した。政策動向から論点を読み解くことによって、社会保障にいま起きているトピックは何か、これから考えていくべき重要な箇所

はどこにあるのかを記しておいた。

　なお、他章でも示しているように、社会保障の所得再分配機能をより発揮させる方向での制度改善や政策展開を進めることで、社会保障が改善されることにつながることを付言したい。

[注]
1　本章は長友薫輝「コロナ禍を契機に社会保障の政策動向を学ぶ―医療をめぐる動向と公務労働の再生に向けて―」『新型コロナ最前線　自治体職員の証言 2020-2023』大月書店、2023 年所収、をもとに本書の主旨に応じて加筆修正したもの。
2　岡﨑祐司「住民の『いのち』と尊厳にかかわる公務労働」『住民と自治』2023 年 5 月号、No.721、10 頁。
3　この検討部分についての記述は長友薫輝「医療をめぐる『改革』動向　地方統制と保険者機能強化」『経済』2023 年 4 月号をもとに加筆修正したもの。
4　近年では東日本大震災を契機に構造改革が強調されたことは記憶に新しい。詳細については、例えば岡田知弘『震災からの地域再生―人間の復興か惨事便乗型「構造改革」か―』新日本出版社、2012 年を参照。
5　医療をはじめとする社会保障の市場化、営利化については、横山壽一『社会保障の再構築―市場化から共同化へ―』新日本出版社、2009 年を参照。
6　渡辺治『〈大国〉への執念　安倍政権と日本の危機』大月書店、2014 年、26 頁。
7　渡辺治『安倍政権の終焉と新自由主義政治、改憲のゆくえ―「安倍政治」に代わる選択肢を探る―』旬報社、2020 年、44 頁。
8　『日本経済新聞』2022 年 6 月 20 日。日本経済新聞と日本経済研究センターによる医療改革研究会の最終報告。
9　同上。
10　「日経報告」に対する同様の指摘に、二木立「二木教授の医療時評（204）」『文化連情報』2022 年 9 月号（534 号）がある。
11　自治体のデジタル化については、川上哲「コロナ禍を奇貨として加速する地方自治体のデジタル化」『国民医療』2021 年冬季号（349 号）を参照。
12　マイナンバーカードやマイナポータルの活用等による医療のデジタル化については、寺尾正之「健康・医療のビジネス化とデジタル戦略への対抗」日本医療総合研究所編『コロナ禍で見えた保健・医療・介護の今後―新自由主義をこえて―』新日本出版社、2022 年を参照。
13　横山壽一「コロナ禍が浮き彫りにした医療・介護の問題と改革の課題」『日本医療総合研究所編『コロナ禍で見えた保健・医療・介護の今後―新自由主義をこえて―』新日本出版社、2022 年、33 頁。

14　横山壽一、同上、32頁。

15　岡田知弘『私たちの地方自治―自治体を主権者のものに―』自治体研究社、2022年、107頁。

16　同上、76頁。

17　供給体制の再編をはじめとする皆保険体制の歴史的な経緯等については、西岡幸泰「医療『構造改革』と国民皆保険体制」国民医療研究所監修／日野秀逸編『市場化の中の「医療改革」―国民皆保険体制の行方―』新日本出版社、2005年を参照。

[推薦図書]

○横山壽一・長友薫輝編『地域の病院は命の砦―地域医療をつくる政策と行動―』自治体研究社、2020年

国は、全国424（現在は436）の公立・公的病院を名指しし、統合再編を含めた病床削減計画の提出を自治体に求めた。そこには、「地域医療構想」の早期実現という政策がある。「地域医療構想」となにか、病院再編とどう連動しているか、地域医療を守り発展させるために必要な政策や課題は何かを考える書籍。

○伊藤周平『医療・公衆衛生の法と権利保障』自治体研究社、2023年

過去最多の死者を出した新型コロナウイルス感染第8波の現実等をふまえて、高齢者の生命を軽視する政策状況に異を唱え、患者の権利という観点から、医療・公衆衛生の法制度の問題点・課題を明らかにする書籍。

● 学習課題 ●

①社会保障費抑制、公的医療費抑制といった費用抑制の一辺倒ではない政策展開のあり方について、本書を契機に考えましょう。

②保健・医療・介護・社会福祉等の対人ケア労働職場における人員不足の常態化は政策的につくられたものと考えた場合、どのように政策を変えていけば課題改善につながるのか、提案してみましょう。

③近年、社会保障においては地域医療構想や地域包括ケアシステム、地域共生社会、地域移行等のように、地域という文言が付与された政策手段が増加傾向にあります。その理由について考えてみましょう。

第2部
社会保障の制度各論

第4章

年金保険制度

田中きよむ

本章のねらい

　年金保険制度は、人生の中で特定の生活困難（収入の不足や支出の増加）が生じ得る局面を想定し、すなわち、老齢、障害、遺族になる事態を想定して、そのリスクを回避する（リスク・ヘッジ）ための所得保障制度である。

　1941年には、男性の工場労働者を被保険者とする労働者年金法が制定された。それが、1944年には厚生年金法と改称され、女性や事務職を被保険者として加入対象が拡大された。1954年の同法改正においては、厚生年金が、従来の報酬比例部分のみの養老年金から、給料と関係のない定額部分と給料に比例する報酬比例部分から成り立つ2階建て構造に転換された。公務員が加入する共済年金制度については、1958年に国家公務員共済組合法の制定、1962年に地方公務員共済組合法が制定された（ただし、後述の通り、2017年には、共済年金は厚生年金に統合される）。それらに対して、自営業や農業など、雇用されない立場で事業を営む人たちが加入する国民年金は、1959年の国民年金法等の制定によって制度化されたが、その施行年が1961年であり、医療保険の国民健康保険法の施行年と同じということもあり、1961年に国民皆保険・皆年金体制が確立した。そして、1985年の国民年金法の改正により、国民年金が、自営業者等だけでなく、サラリーマンや公務員についても、厚生年金や共済年金の定額部分が再編される形で加入対象とするようになり、基礎年金制度が成立した。

　本章では、年金制度の目的（支給事由）別にみた制度内容を確認したうえで、

課題と方向を論じる。その目的別にみた場合、老齢、障害、遺族の年金制度に分けられるが、同一加入者が複数の目的別年金の支給要件に該当する場合でも、原則としては1種類しか選択できないことを一人一年金の原則といい、これも1985年の国民年金法等改正によって制度化された（ただし、後述の通り、その例外としての併給が認められている組み合わせもある）。

　基礎年金ベースでみた場合、被保険者は、第1〜3号に区別されるが、第1号被保険者は、自営業・農業者や20歳以上の学生など、基礎年金にしか加入できない人々である。第2号被保険者は、サラリーマンや公務員など、厚生年金にも加入している人々である。第3号被保険者（専業主婦やパート労働者）は、第2号被保険者に扶養される20歳以上60歳未満の配偶者であり、本人の年収が130万円未満（かつ配偶者の年収の2分の1未満）の人である。2022年度の場合、第1号被保険者1405万人、第2号被保険者4618万人、第3号被保険者721万人という状況である[1]。

1 老齢年金制度

1-1 老齢基礎年金

　目的別にみた年金制度の種類としては、老齢年金が主要なものであるが、それは、さらに、職域に関係なく加入が義務づけられる老齢基礎年金と、被用者に限定される老齢厚生年金に区別される。

　老齢基礎年金は、「受給額＝満額年金×（納付期間＋免除期間×P）÷加入可能期間」という式で各被保険者の受給額が決定される。満額年金は、20〜59歳までの40年間、納付（第1号・2号被保険者期間）または加入（第3号被保険者期間）した人が受け取れる年金額であり、2024年度の場合、月6万8000円である。免除期間は、それが年金額にどれだけ反映されるかは、免除の種類（一般、学生、第3号被保険者）によって異なり、また、一般の場合でも保険料の減免割合によって異なる（ここでは、便宜上、Pという変数で表現している）。加入可能期間（実際には、加入義務期間）は、20〜59歳までの40年間である。したがって、加入可能期間が40年、納付期間が40年という人は、満額受給できることになる。

年金を受給する資格を得るための資格期間は、かつては25年であったが、国民年金法改正により、2017年8月から10年に短縮された。資格期間には免除期間が含まれる。原則として65歳からの受給となるが、以前は、60歳から繰り上げ受給する場合、65歳基準額の70％水準に減額となり、70歳から繰り延べ受給する場合、65歳基準額の142％水準になっていた。しかし、2022年4月から、受給開始時期の選択肢が拡大され、60歳〜70歳の年金受給開始時期の選択肢が60〜75歳に拡大された。そして、60歳受給開始の場合の減額率が30％から24％に緩和されるとともに、75歳開始の増額率は84％になった。

　免除との関係では、一般免除の場合、年間所得の基準によって、免除期間が年金額に反映される割合は異なり、P＝1/2（4/4免除、所得57万円以下）、5/8（3/4免除、所得78万円以下）、3/4（2/4免除、所得118万円以下）、7/8（1/4免除、所得158万円以下）となっている。これらの違いは、基礎年金の財源が関係しており、基礎年金財源の1/2は税（消費税）で賄われており、残りの1/2が保険料で賄われている。

　基礎年金保険料月額は、2024年度の場合1万6980円であるが、全額免除（4/4免除）の場合、財源の1/2は税金ですべての人に保障されているので、P＝1/2となる（たとえば免除期間が8年である場合、8×1/2＝4年間、納付した人と同じ扱いになる）。3/4免除の場合、1/4納付しているので、その財源への貢献分（1/2×1/4＝1/8）と税金分（1/2）を足し合わせてP＝5/8になる（たとえば免除期間が8年である場合、8×5/8＝5年間、納付した人と同じ扱いになる）。半額免除（2/4免除）の場合、2/4（1/2）納付しているので、その財源への貢献分（1/2×2/4＝1/4）と税金分（1/2）を足し合わせてP＝3/4になる（たとえば免除期間が8年である場合、8×3/4＝6年間、納付した人と同じ扱いになる）。1/4免除の場合、3/4納付しているので、その財源への貢献分（1/2×3/4＝3/8）と税金分（1/2）を足し合わせてP＝7/8になる（たとえば免除期間が8年である場合、8×7/8＝7年間、納付した人と同じ扱いになる）。なお、免除手続きを取らずに滞納している場合、年金額には一切反映されない（その期間のP＝0）。

　20歳以上の学生の場合、任意加入の時代もあったが、無年金障害者問題などをふまえ、1989年の国民年金法等の改正により、1991年度から強制加入になっ

た。学生が免除を受ける場合、保護者などの世帯の所得が基準になっていた時代もあったが、2000 年度から学生納付特例制度が施行され、学生本人のみの所得基準（年間所得 118 万円以下）によって免除が受けられるようになった。ただし、学生の場合は、免除期間が年金受給額に反映されない（P＝0）。たとえば、2024 年度の場合、満額年金は月 6 万 8000 円であるが、20〜22 歳の 3 年間、学生納付特例制度の適用を受け、それ以降の 59 歳までの間、就業によって免除・滞納がなかった場合（就職後は、厚生年金保険料とセットで定率の保険料が給与から天引きされる）、その人の老齢基礎年金受給額は、6 万 8000 円×{37 年＋（3 年×0）}÷40 年＝6 万 2900 円となり、月 5100 円の減額となる。そのような免除期間に基づく年金受給額の減額を避けたい人は、免除期間中の保険料（および利子が加算される）について、10 年以内（免除期間を含む）の追納が可能である。

　専業主婦の場合、任意加入の時代もあったが、1985 年の国民年金法等の改正により、1986 年度から強制加入の対象となった。ただし、専業主婦の場合（年収 130 万円未満）、形式上は免除制度という表現は用いられないが、第 3 号被保険者制度によって事実上、全額免除される。その事実上の免除期間は、全額納付した人と同じ扱いを受ける（P＝1）。たとえば、20 歳になると同時にサラリーマンか公務員と結婚し（法律婚ではない事実婚も対象）、第 3 号被保険者として 59 歳まで扶養された専業主婦の場合、2024 年度の老齢基礎年金受給額は、6 万 8000 円×{0 年＋（40 年×1）}÷40 年＝6 万 8000 円となる。

　なお、65 歳以上で老齢基礎年金を受けており、世帯全員の住民税が非課税であり、前年の年金収入金額とその他の所得の合計が 87 万 8900 円以下の場合、低所得年金者への支援策として、「老齢年金生活者支援給付金」（2024 年度は月 5310 円を基準額として保険料納付済み期間等に応じて算出）が受けられる。

1-2　老齢厚生年金

　老齢厚生年金は、サラリーマンや公務員の被用者が受け取る実際の給与 4〜6 月分を 3 か月平均した値を 32 等級に分類して 1 つの金額で表し（標準報酬月額）、それがその年の 9 月から翌年の 8 月まで保険料率を掛けるベースとされる。たとえば、3 か月平均した値（報酬月額）が 19 万 5000 円以上 21 万円未満であ

る場合、標準報酬月額は第14等級の20万円とされる。それに保険料率18.3％（2017年9月以降、固定化された）を掛け合わせた値（実際は労使折半であるため、労働者はその半分である1万8300円）が給与から天引きされる。

　厚生年金は、年金の報酬比例部分といわれるが、保険料率は固定され、一律に適用されるとしても、報酬（給与）水準の高い人は保険料額を多く負担していることになり（たとえば、ある人の標準報酬月額が別の人の2倍であれば、保険料負担額も2倍となる）、それに比例した給付を受けられるからである。それに対して、老齢基礎年金や、従来（男性で1961年4月1日以前生まれ、女性で1966年4月1日以前生まれ）60代前半の人に適用されてきた特別支給の老齢厚生年金は、報酬とは関係なく、生年月日が同じで納付期間も同じであれば定まった額が受け取れるので、定額部分といわれる。報酬比例部分の給付額は、65歳以上の場合、「平均標準報酬月額×支給乗率（5.481/1000〔2003年4月以降の加入期間〕～7.125/1000〔2003年3月以前の加入期間〕）×加入期間×物価スライド率」という計算式で示される。標準報酬月額は、1年間（9月～8月）固定されるので、平均標準報酬月額は、現役期間全体を通じた（40年間であれば、おおよそ40通りの）報酬の平均額といえる。物価スライド率は、物価の増減率に合わせて、年金の購買力を一定に保つための公的年金独自の仕組みである（たとえば、物価が1％上昇した場合、年金額に掛け合わせる物価スライド率は101/100となる）。

　老齢厚生年金は、常用雇用5人以上の事業所に強制適用される（5人未満の場合は任意適用）。被保険者は適用事業所の70歳未満の被用者である。短時間労働者（勤務時間・勤務日数が常時雇用者の4分の3未満で、週の所定労働時間が20時間以上）を厚生年金保険の適用対象とすべき事業所の企業規模要件については、段階的に引き下げられることになった（従来500人超→2022年10月～100人超→2024年10月～50人超）。労使の保険料は、育児休業中は免除されるが、介護休業中は期間が短いため免除されない。2014年4月からは、出産休暇中の保険料も免除されることになった。

　老齢厚生年金の水準を示す指標として、「モデル年金」が毎年度、日本年金機構から公表されている。夫が全国平均額の給与を40年間受け取り続けた会社員と想定した夫婦（妻は第3号被保険者）の受給額であり、2024年度の場合、

月23万483円となっている（夫婦の老齢基礎年金6万8000円×2＝13万6000円＋夫の老齢厚生年金9万4483円）。

　なお、年金を受給しながら就労する場合、年金額の一部または全部がカット（支給停止）される「在職老齢年金制度」の適用を受ける可能性がある。働いて得る報酬と年金額の合計額が一定限度（支給停止調整額）を超えた場合、その超過額の2分の1が年金からカットされる。「総報酬月額相当額」（その月の標準報酬月額＋その月以前の1年間の標準賞与額÷12か月）と「年金基本月額」（老齢厚生年金または退職共済年金の1か月分）の合計額が50万円（2024年度）を超える場合は、超過額の2分の1が年金の支給停止（年金からカット）となる。基礎年金部分は、「在職老齢年金制度」の適用を受けず、報酬比例部分のみである。

2　障害年金制度

2-1　障害基礎年金

　障害年金は、障害に伴う収入の減少や不十分さ、支出の増加を補うことを目的としている。ただし、障害のある人すべてが給付対象となるわけではなく、その受給要件としては、一定のレベル以上の障害の程度が必要になる。障害基礎年金の場合、障害認定日（障害の原因となる傷病の初診日から1年6か月を過ぎた日）において、国民年金法上の障害等級1級または2級（障害基礎年金1級または2級）の障害状態に該当することの認定が必要になる。

　納付要件としては、「納付期間＋免除期間≧加入期間（20歳〜初診日の前々月）×2/3」を満たすこと、または、初診日のある月の前々月までの1年間に滞納がないこと（ただし、初診日が2016年3月末以前の場合）、のいずれかを満たす必要がある。たとえば、前者の条件でみると、Aさんの保険料納付期間が8年、免除期間が3年であり、初診日の前々月が34歳の最後の月であったとすれば、その式の左辺は、8年＋3年＝11年であり、右辺＝$(34-19)×2/3＝10$年となり、納付要件をクリアしていることになる。

　給付水準は、障害基礎年金2級の場合、老齢基礎年金満額と同一水準であり（2024年度の場合、月6万8000円）、障害基礎年金1級は2級の1.25倍と定め

られている（2024年度の場合、月8万5000円）。納付要件を満たしていれば、納付期間による増減額はなく、老齢基礎年金のような個人差は発生しない仕組みになっている。18歳年度末までの子がいる場合、子の加算がつく（2024年度の場合、1人目、2人目の場合は月額1万9566円、3人目以降の場合は月6525円）。

　障害基礎年金は、20歳以上を受給対象としているが、20歳未満で障害をもった場合、保険料負担なしに20歳から受給できる可能性がある。なお、一人一年金原則の例外として、老齢厚生年金または遺族厚生年金との併給が可能となった（2006年4月〜）。初診日が20歳未満である場合は所得制限があり、単身の場合、前年の所得額が370万4000円を超えると年金額の2分の1が支給停止、472万1000円を超えると全額が支給停止となる（扶養親族がいる場合、扶養親族1人につき所得制限額が38万円加算される）。

　学生など任意加入時代に初診があり、1・2級相当の障害があるにもかかわらず障害基礎年金が受けられない人の場合、「特別障害給付金」の対象となる（2005年度から施行された福祉的措置で、2024年度の場合、障害基礎年金1級相当の場合は月5万5350円、同2級相当の場合は月4万4280円）。

　なお、障害基礎年金受給者であり、前年の所得が472万1000円以下の場合、低所得年金者への支援策として、「障害年金生活者支援給付金」が受けられ、2024年度の場合、1級月額6638円、2級月額5310円となっている。

2-2　障害厚生年金

　障害厚生年金においては、障害厚生年金1・2級の障害程度は障害基礎年金1級・2級と同じであるが、それより軽度の障害厚生年金3級がある。

　給付水準は、障害厚生年金1級の場合、「報酬比例の年金（平均標準報酬月額×5.481/1000×加入期間×物価スライド率）×1.25＋配偶者加給年金」の式で示され、障害厚生年金2級の場合、報酬比例の年金＋配偶者加給年金であり、障害厚生年金3級の場合、報酬比例の年金（最低保障月額5万1000円：2024年度）となっている。

　配偶者加給年金は、本人が1級または2級に該当する場合で、生計維持関係にある65歳未満の配偶者（事実婚を含む）がおり、その配偶者が年収基準（前

年の年収が 850 万円未満）を満たし、配偶者自身が 20 年以上の加入期間の老齢厚生年金または障害基礎年金・障害厚生年金を受給していない場合に付加されるものであり、月 1 万 9566 円（2024 年度）となっている。

③ 遺族年金制度と年金権の分割制度

3-1 遺族基礎年金

遺族年金は、家族を喪うことによる収入の不足を保障するものである。遺族基礎年金は、夫を喪った妻、または、妻を喪った夫（2014 年度から父子家庭も対象とされる）、あるいは、その 18 歳未満（障害のある子は 20 歳未満）の子が受給権者となる。

該当する子がいない場合、支給されない。また、子が受給権者になる場合、婚姻していないことが条件である。そして、子に支給する遺族年金は、配偶者が遺族基礎年金の受給権を有する間、または、その子が父もしくは母と生計を同じくしている間は、支給停止される。

保険料の納付要件は、「納付期間＋免除期間≧加入期間（20 歳～死亡日の前々月）×2/3」の式で表現される。給付水準は、老齢基礎年金満額と同一水準であり、2024 年度の場合、月 6 万 8000 円である。受給資格を満たしていれば、老齢基礎年金のような納付期間による増・減額はない。

なお、遺族基礎年金受給者であり、前年の所得が 472 万 1000 円以下の場合、低所得年金者への支援策として、「遺族年金生活者支援給付金」が受けられる（2024 年度は月 5310 円）。

3-2 遺族厚生年金

遺族厚生年金は、一人一年金原則の例外として、老齢基礎年金と併給することができる。夫や親も、本人の死亡時に 55 歳以上の場合は 60 歳以降に給付される。子が受給権者になる場合は、18 歳の年度末までである。受給権発生時に 30 歳未満で子のない妻は、5 年の有期給付となる。

たとえば、夫が亡くなり、妻が遺族になった場合、自分自身の老齢基礎年金に上乗せ受給できる遺族厚生年金は、4 つのパターンから 1 つを選択すること

ができる。第1の選択肢は、亡き夫が受け取っていた（受け取れるはずだった）老齢厚生年金の3/4である。第2の選択肢は、妻自身の老齢厚生年金を遺族厚生年金の代わりに（として）受け取れる。第3の選択肢は、「夫の老齢厚生年金の1/2＋妻自身の老齢厚生年金の1/2」を遺族厚生年金として受け取ることができる。第4の選択肢は、第2の選択肢に、第1または第3の選択肢（が第2の選択肢を上回る場合）との差額分を加えたものを遺族厚生年金として受け取ることができる。

3-3　年金権の夫婦分割制

　年金権の夫婦分割制は、遺族厚生年金が遺族に対する生活保障を担うのに対して、死別ではなく、離別に伴う生活問題を夫婦間で離婚時に清算することを意味する。2007年4月1日からの制度施行に伴い、それ以降に離婚した（する）夫婦に適用されるが、それ以前に離婚した夫婦への遡及適用はされず、また分割の対象は報酬比例部分（厚生年金）に限定される。

　婚姻期間中は、夫が第2号被保険者であり、妻が第3号被保険者であった夫婦の場合、夫が負担した厚生年金保険料（つまり2人が負担した厚生年金保険料の差額）の1/2を限度に、妻が負担したものとして年金記録を書き換えてもらうことができ、妻は、夫からの移転保険料に基づく老齢厚生年金を受給することができる。婚姻期間中に夫婦共働きのいずれも第2号被保険者の場合、双方の婚姻期間における負担保険料の差額の1/2を限度に、夫から妻へ（婚姻期間中の夫の負担保険料、すなわち報酬が多い場合）、負担保険料の書き換えという形での年金財産の精算がおこなわれることになる（婚姻期間中の報酬が妻の方が多かった場合は、その負担保険料の差額の1/2を限度に、妻から夫への移転がおこなわれることになる）。

　2007年4月1日から離婚した（する）夫婦に関して、婚姻期間中、妻が第3号被保険者であった期間のうち、2008年3月までは1/2を限度に分割比率を話し合い、合意した場合は、その結果を公証役場で公正証書にしてもらうことで法的拘束力が生まれる。話し合いの決着が難しい場合には、家庭裁判所の調停・審判に委ねる。妻が第3号被保険者であった期間のうち、2008年4月以降は、離婚するまでに夫が負担した保険料のちょうど1/2が妻に対して強制分割、

移転される形で年金記録が書き換えられる。婚姻期間中、夫婦が共働きで両者が第2号被保険者であった場合は、どの期間であっても、1/2を限度に分割比率を話し合い、合意した場合は公正証書で確定させ、合意形成が難しい場合は家庭裁判所の調停・審判に委ねる。ただし、この年金権の分割は、離婚をした日の翌日から起算して2年以内に請求しなければならない請求期限がある。

4 年金制度の課題

ここでは、以上みてきた年金制度の課題と方向について論じる。とくに、公平性、公共性、持続可能性は、研究者に限らず、世代を越えて多くの国民の関心事となる論点であろう。

4-1 水平的公平性の問題

第1に、同様の低所得水準である世代内の公平性の問題がある。実質的にみて、同じく全額免除でありながら、年金額に反映される割合は、免除期間のうち、第1号被保険者の一般被保険者は、ハーフカウント（P = 1/2）であるのに対して、第1号被保険者の学生は、ノーカウント（P = 0/2）であり、第3号被保険者である専業主婦は、フルカウント（P = 2/2）である、事実上、同じく全額免除でありながら、このような大きな格差を設けることに合理性はあるか。その説明責任が求められる。公費投入割合（1/2）が第1号一般被保険者の根拠とされるならば、学生や専業主婦にも同様の措置をおこない、ハーフカウントにすべきであろう。

政府は、「当面の対策」（2023年10月〜2025年の抜本改革まで）として、最低賃金の引き上げを背景として、①年収106万円以上、従業員101人以上の企業で週20時間以上働く場合（従業員が100人を超える場合の短時間労働者）、第3号被保険者から第2号被保険者への転換に際して、従業員1人当たり最大50万円の補助金支給、②年収130万円以上、従業員100人以下の企業で週30時間未満働く場合、第3号被保険者が扶養からはずれ、第1号被保険者に転換することになる場合、連続2年まで扶養を維持することになった。いずれも、保険料負担による手取り収入の目減りを防ぐ措置であるが、第3号被保険者か

らの転換を促したり、補う施策だけではなく、現在の事実上の免除措置の対象となる世代内の公平化をどのように図るべきか、という問題に向き合う必要がある。

4-2　老齢年金の給付水準の問題

　第2に、老齢年金の給付水準（年金の公共性）の問題がある。そのうち、まず、老齢基礎年金をみてみると、老齢基礎年金満額は月6万5075円であるが（2021年度）、老齢基礎年金平均受給額（2021年度末）は5万6479円であり[2]、1万円弱の水準である（高知県平均では、月5万5129円）。しかも、それを生活保護基準と比較すると、たとえば高知市（2級地-1）における68歳独居世帯の保護基準（生活扶助）は月7万630円（2021年度）であり[3]、老齢基礎年金満額でも保護基準を下回るが、老齢基礎年金平均受給額と比べると、その差はさらに大きくなる。すなわち、老齢基礎年金だけでは最低限度の生活が保障されないことになる。

　次に、老齢厚生年金の方をみてみると、モデル年金額（2021年度）は月15万5421円（単身）であるが、厚生年金平均受給額（2021年度末）は、月14万5665円（単身）であり（公務員等を除く、基礎年金月額を含む）、1万円弱低い[4]。一方、老後の最低予想生活費必要額は月35万円程度というアンケート調査結果（2021年）が示されており、老後の暮らしについて、「多少心配」（41.8％）＋「非常に心配」（35.2％）を合わせると、77.0％になっており、その理由として、「十分な金融資産がないから」（66.7％）に次いで、「年金や保険が十分でないから」（54.8％）が多くなっている[5]。

4-3　年金制度の持続可能性の問題

　少子高齢化が進む下での年金制度の持続可能性を図る財政調整手段として、「マクロ経済スライド方式」が導入されている。これは、スライド調整率＝被保険者数減少率（少子化）＋平均受給期間伸び率（高齢化）の一定比率（2021年度0.1％、2022年度0.2％、2023年度0.3％）が用いられる。そして、①物価・賃金上昇率＞スライド調整率の場合→物価・賃金上昇率－スライド調整率、②物価・賃金上昇率＜スライド調整率の場合→改定率0％で据え置き、③物

価・賃金が下落した場合→その下落率に合わせたマイナス改定を実施してスライド調整率は用いない、というルールが基本とされてきた。とくに、ルール①のように、物価が上昇しても、少子高齢化が進んだ場合、その上昇を抑制する形で財政バランスを図ろうとする特徴がある。たとえば、物価・賃金上昇率2％、スライド調整率1％の場合、1％のスライド実施（ルール①）、物価・賃金上昇率2％、スライド調整率3％の場合、0％スライドで据え置き（ルール②）、物価・賃金上昇率△2％、スライド調整率1％の場合、△2％のスライド実施（ルール③）という運用になる。

　さらに、国民年金等改正法（2016年成立、①の変更部分は2021年度施行、②は2018年度施行）により、①物価・賃金スライドのシステム変更：物価上がり賃金下がる場合、据え置き（変更前）→賃金に合わせて削減、物価も賃金も下がる場合、物価に合わせる（変更前）→物価・賃金の下落幅の大きい方に合わせる、物価下がり賃金上がる場合、物価に合わせる（変更なし）、物価も賃金も上がる場合、マクロ経済スライド発動（変更なし）とされた。また、②マクロ経済スライドの変更として、物価上昇率＜スライド調整率（少子高齢化の進展度）の場合、改定率0％で据え置き（変更前）→スライド超過分を物価上昇率＞スライド調整率の際に繰り越し実施というルール変更がおこなわれた（キャリーオーバー制度の導入）。

　その結果、2021年度の場合、年金水準は△0.1％であるが、前年の物価水準0.0％、賃金水準△0.1％なので賃金下落幅に合わされた。2022年度の場合、年金水準は△0.4％であるが、前年の物価水準△0.2％、賃金水準△0.4％なので賃金下落幅に合わされた。2023年度の場合、既裁定者についての年金水準は＋1.9％であり、前年の物価上昇率2.5％に対して、△0.6％であるが、物価上昇の下での2023年度マクロ経済スライド△0.3％と、キャリーオーバー制（2021年度0.1％、2022年度0.2％）による△0.3％を合わせたものである。2024年度の場合、前年の物価上昇率3.2％、賃金上昇率3.1％なので（この場合、上昇率が低い賃金上昇率が用いられる）、3.1％－0.4％（マクロ経済スライド）＝2.7％の年金引き上げになる。

　しかし、政府の5年に一度の財政検証（2019年）によっても、経済成長が進まなければ賃金代替率（賃金と比べた年金の平均水準）は50％を割っていくの

で、政府目標である50％を維持するためには、スライド停止、保険料引き上げ、消費税増税等が必要になる。また、物価上昇下での年金水準の抑制（物価上昇率より低い年金水準の引き上げや引き下げ）は年金の実質価値を切り下げることになる。

5　ナショナル・ミニマムの再構築

　年金制度の持続可能性を維持するためには、少子高齢化に対して中立的な制度にしていく必要があるが（第15章の積立方式を参照）、制度の持続可能性のために生活の持続可能性が危うくなっては社会保障の公共性が損なわれる。制度の持続可能性と生活の持続可能性を両立させるためには、年金制度におけるナショナル・ミニマムの再構築が求められる。

　そこで、老齢基礎年金を完全税方式に転換させたうえで、保護基準をクリアさせる。そのうえで、各自治体財源による「老齢手当」を創設することも考えられる（年金におけるナショナル・ミニマムの確立とローカル・ミニマムによる補足）。老齢・障害・遺族基礎年金が充実すれば、高齢者・障害者・母子世帯の生活保護の必要性も少なくなり、基礎年金充実の財源確保に資することができる（保護受給に伴うスティグマから権利への転換にも資する）。たとえば、2021年度保護世帯164万1512世帯のうち、高齢者世帯55.6％＋障害・傷病者世帯24.8％＋母子世帯4.4％＝84.8％となっており[6]、2021年度生活保護費負担金は3兆7625億円である[7]。一方、2021年度の基礎年金給付費24兆926億円と基礎年金勘定繰入額5432億円を合わせて24兆6363億円となっている。年金では保護基準に満たない部分を保護費の一部から基礎年給付に上乗せする形で財源を移すとしても、年金の財政規模からみれば必ずしも大きいとはいえない[8]。生活保護の捕捉率（保護水準以下の低所得者が保護適用されている割合）が2割程度であることを考えると、そのようなミニマム年金の一般的確立に伴い、現在の保護費予算よりは拡大する予算を基礎年金として用意する必要があるとしても（保護費予算の5倍程度と見込んだとしても）、現在の基礎年金給付費の予算規模よりは少なくなることが見込まれる。

[注]

1　厚生労働省年金局「令和4年度 厚生年金保険・国民年金事業の概況」2023年12月。

2　同上

3　厚生労働省社会・援護局保護課「生活保護制度等の概要について」2021年4月27日。

4　厚生労働省年金局「令和3年度　厚生年金保険・国民年金事業の概況」2022年12月。

5　金融広報中央委員会「家計の金融行動に関する世論調査（二人以上世帯調査）」2021年を参照。ただし、「あなたのご家庭では、老後の生活費として、毎月最低どれくらい必要と思いますか」という質問になっているので、世帯（夫婦）単位の生活費として捉えられる。そうであるにしても、夫婦のモデル年金と比べてさえ、乖離は大きい。なお、調査対象は20歳以上である。

6　厚生労働省「被保護者調査（令和3年度確定値）」2023年3月1日。

7　厚生労働省「生活保護費負担金事業実績報告（令和3年度）」。

8　第94回社会保障審議会年金数理部会資料「令和3年度財政状況―国民年金・基礎年金制度」2022年12月26日。

[推薦図書]

○一般社団法人日本ソーシャルワーカー教育学校連盟編『社会保障』中央法規出版、2021年。

　──社会福祉士をめざす方にとって役に立つ参考文献であり、その年金部分も参考になる。

○田中きよむ『少子高齢社会の社会保障・地域福祉論』中央法規出版、2021年。

　──年金制度の課題と方向についても、研究論点をふまえて詳しく述べている。

○田中きよむ『社会保障システム』ビジネス実用社、2023年。

　──年金制度の基本構造をわかりやすく図解している。

○平岡和久・川瀬憲子・桒田但馬・霜田博史編著『入門 地方財政』自治体研究社、2023年。

　──少子高齢化が年金制度を含む社会保障制度に与える影響を考察している。

● 学習課題 ●

①たとえば、満額年金が月6万円、加入可能期間が40年、学生納付特例期間が3年、正社員24年、専業主婦4年、滞納期間が1年、自営業8年（半額免除）のAさんの場合、物価変動を考えないとすれば、65歳からの老齢基礎年金の支給月額は、いくらになるかを計算してみましょう。

②たとえば、ある夫婦が2005年4月1日に婚姻し、2010年3月31日に離婚したとして、その間、夫（第2号被保険者）は標準報酬月額が20万円で変わらず、保険料

率15％も一定で変わらず（便宜上、それらを掛け合わせて算出される保険料を厚生年金保険料と仮定する）、妻は第3号被保険者で変わらなかったとする。話し合いの期間については、妻への保険料分割比率が3分の1で合意したとすれば、妻が払ったとみなされる保険料として年金記録が書き換えられる金額はいくらになるかを計算してみましょう。その際、【2005年4月1日〜2008年3月31日】の時期と【2008年4月1日〜2010年3月31日】の時期に分けて計算し、それらを合算すること。

③本章を読んだうえで、若者（学生）からみた年金制度のあり方について、議論してみましょう。

（①の答えは5万1000円、②の答えは72万円）

第 5 章
医療保険

瀬野陸見

本章のねらい

　日本の社会保険において、公的医療保険制度はその中核に位置づけられているといえる。「皆保険体制」の下、ほぼすべての国民が何らかの公的医療保険制度に加入することになっており、保険診療による医療の提供は日常となっている。それが多くの国民にとって「当たり前」の制度という意識となっているが、いざ保険制度がどのようなものかを問えば、その実態を詳しく語れる者は少ない。

　本章では、まず公的医療保険制度の歴史を概観する。制度成立時から現在のような形ではなかったことを知り、このような制度になった変遷を学ぶことが第1のねらいである。そして、現代の公的医療保険制度の構造や、保険診療の仕組みを理解してもらうことが第2のねらいとなる。皆保険体制は複雑な制度の絡み合いから成り立つが、それでもおおまかな性質の違いが存在し、それを捉えることが重要である。その上で、公的医療保険制度が抱える課題は何かを理解することが第3のねらいである。本章で触れられる課題は極めて限られているが、社会保険としての課題が自らみつけられるようになれば、この制度をある程度理解した、という一つの目安となろう。

1 医療保険制度のあゆみ

　公的医療保険制度のはじまりは、社会保険の始まりである。すなわち、日本で最初の社会保険は、1922 年交付・1927 年施行の健康保険法であった。これは被用者を対象としたものであり、10 名以上（1934 年には 5 名以上と改正）の従業員を持つ企業は、健康保険組合を作り、従業員をそこに加入させることが義務づけられた。しばらくは労働者（被用者）のための保険制度のみであったが、1920 年代から 30 年代にかけて農山漁村では、医療を受けられない住民が多く存在し、困窮する者が多数いた。これらの農山漁村への救済策として、1938 年に（旧）国民健康保険法が制定された。世界にも類をみない「地域保険」という性格を持った保険であった。しかしながら、国民健康保険は強制加入制度ではなかったため、農家や自営業者・零細企業労働者やその家族などの多くは入っておらず、戦後も 1950 年代後半時点で国民の約 3 分の 1 に当たる約 3000 万人が無保険者であった。また財政的にも非常に厳しい状態となり、旧法による制度はうまく機能しない状態となっていた。

　この状況を打開するため、国民健康保険の対象を、被用者保険に加入していない、自営業者や農業従事者等すべてに加入を義務づけることとした、新しい国民健康保険法が制定され、1961 年 4 月から、国民健康保険事業が始まった。この時が、国民皆保険体制の確立といえる。皆保険体制は、被用者保険に加入できない者をすべて国民健康保険が引き受けることで達成した形となった。

　高度経済成長末期の 1973 年には、老人医療費無償化（70 歳以上の高齢者の自己負担分無料化）が行われたのを皮切りに、健康保険の被扶養者の給付率の引き上げ、高額療養費制度の導入が行われた。しかし、医療費の無償化は過剰診療等を引き起こし、老人医療費が急増したため、1982 年には老人保健制度が導入された。これは高齢者の患者の一部自己負担を再度導入し、老人医療に要する費用について、国と地方公共団体の負担に加えて、医療保険の各制度から共同で拠出する方式が導入された。これは現在の後期高齢者医療制度の前身である。

　高齢者以外の制度においても、自己負担割合などに違いがあった。負担の問

題とともに、制度間格差の解消が長年の課題である。1984年には被用者保険において本人に対するほぼ10割給付をやめ、わずかな定額負担にかわり1割の自己負担が導入され、退職者医療制度が導入された。本人負担は1997年には2割に、2003年には3割負担という形で制度間の差異が統一され、現在に至っている。一方で高齢者の自己負担についても見直しが進んでおり、2022年10月からは、75歳以上の高齢者についても、所得水準に応じて1割・2割・3割の自己負担割合が設定されることになった。

② 公的医療保険制度の体系

2-1　保険制度全体の概要

　日本の公的医療制度は、イギリス等のような国民保健サービスではなく、社会保険方式を採用している。皆保険体制は、複数ある制度のどれかに必ず加入することで達成されている[1]が、その把握は容易ではない。それでも、大きくは2つに分かれる。職域保険とも呼ばれる被用者保険と、地域保険という2つである。そしてその「上部」に位置づけられる形で、後期高齢者医療制度が存在している形となる。その体系図が図5-1である。

　被用者保険は、健康保険組合（以下、健保組合と略す）、全国健康保険協会（通称・協会けんぽ、以下この通り表記）、共済組合の3種類である。大企業を中心に健康保険組合が運営されており、勤務先に健保組合があればそれに加入する。中小企業や、大企業でも健保組合を持たない場合は、協会けんぽに加入する。公務員や私学教職員は、各種の共済組合に加入する。

　地域保険は、都道府県及び市町村（特別区を含む）が保険者となる市町村国民健康保険（以下、市町村国保と略す）と、業種ごとに組織される国民健康保険組合（以下、国保組合と略す）の2種類である。国保組合は、自営業者の集まりに対して組織され、開業医が入る医師国保や、建設業の「1人親方」が入る建設国保などがある。被用者保険にも国保組合にも該当しない者は、すべて市町村国保の対象となる。住所地の市町村国保に加入することになる。

　これら保険者ごとの比較を行っているのが、表5-1である。とくに、加入者1人当たり医療費、加入者1人当たり平均所得、加入者1人当たり平均保険料

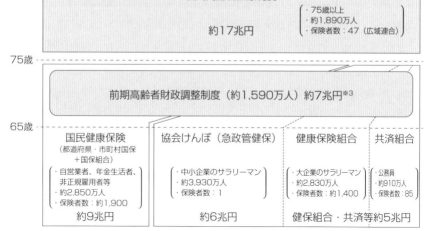

※1 加入者数・保険者数、金額（給付費）は、令和4年度予算ベースの数値。
※2 上記のほか、法第3条第2項被保険者（対象者約2万人）、船員保険（対象者約10万人）、経過措置として退職者医療がある。
※3 前期高齢者数（約1,590万人）の内訳は、国保約1,170万人、協会けんぽ約310万人、健保組合約100万人、共済組合約20万人

図5-1　医療保険制度の体系
出所：厚生労働省ウェブサイト「我が国の医療保険について」。

の違いに着目されたい。この制度間格差が、医療保険制度における問題の1つといえる。

2-2　健保組合、協会けんぽ、共済組合

　公的医療保険の中核となるのが、健保組合と協会けんぽである。健保組合は、主として大企業の従業員を対象とし、企業あるいは企業グループごとに自立的な健康保険組合が運営するものである。保険が異なっても自己負担割合は変化しないが、保険料率や人間ドックなどの各種の給付は組合ごとに設定することができる（2020年度の保険料平均は9.2％）。企業内福祉の性格をもつため、大企業では好んで運営されてきたものの、近年では後期高齢者医療制度への拠出金の負担の重さもあり、解散する組合が増加している。2020年3月末では、1388組合となっており、加入者数は2884万人である。

　健保組合が存在しない会社では、協会けんぽに加入する。これは、かつて

「政府管掌健康保険（政管健保）」と呼ばれてきたものであり、2008年に健康保険業務を社会保険庁から切り離す形で、協会けんぽが設立された。健保組合が解散した場合は、その被保険者は協会けんぽに加入することになり、被用者保険におけるセーフティーネットとしての役割をも果たしている。保険料については、都道府県別の保険料率となっており、2020年度の保険料平均は10.0％である。加入者数は4044万人となっている。

　公務員や私学教職員が加入する共済組合においては、医療保険の機能も担っている。短期給付（と福祉事業）の保険料がこれにほぼ相当する。組合により保険料水準は異なる。組合数は2020年3月末で85組合であり、加入者数は855万人となっている。なおこれらは、世帯単位での扱いとなっている。

2-3　国民健康保険、国保組合

　被用者保険に入れない場合は、国民健康保険に入ることになる。その中心は市町村国民健康保険である。制度の当初の想定は、農林水産業を含む自営業者が中心であった。しかし、被用者であっても、被用者保険の加入要件を満たさない場合はこちらに加入するしかない。多くの非正規雇用者が国民健康保険に加入している理由である。また、近年出てきたギグワーカーと呼ばれるような「雇用によらない働き方」をする人びとも、雇われていない以上、こちらに加入することになる。

　保険料を納めることには変わらないが、自治体によっては保険料の代わりに「保険税」を徴収することもできる[2]。国民健康保険は、建前上は個人単位であり、保険料（保険税）の計算においても、家族の人数によって保険料が異なる構造であるが、負担するのは被保険者の属する世帯の世帯主となっている。

　自治体間の保険料格差等を踏まえ、2018年からは都道府県も国保運営に加わり、都道府県が財政運営の主体となっている。

　また国民健康保険には、国保組合と呼ばれるものがある。自営業者の職業別組合をベースとしたもので、これは戦前に（旧）国民健康保険法が成立した際、同一企業・同種の業務に従事するものを組合員とする特別国保組合が作られ、それが戦後にも引き続き残されたものといえる。皆保険体制となってからは市町村国保が中心となり、原則として新たな国保組合は認められなくなった。そ

表 5-1　各保険者の比較

	市町村国保	協会けんぽ	組合健保
保険者数 （令和 2 年 3 月末）	1,716	1	1,388
加入者数 （令和 2 年 3 月末）	2,660 万人 （1,733 万世帯）	4,044 万人 （被保険者 2.479 万人 被扶養者 1,565 万）	2,884 万人 （被保険者 1,635 万人 被扶養者 1,249 万人）
加入者平均年齢 （令和元年度）	53.6 歳	38.1 歳	35.2 歳
65～74 歳の割合 （令和元年度）	43.6 %	7.7 %	3.4 %
加入者一人当たり医療費 （令和元年度）	37.9 万円	18.6 万円	16.4 万円
加入者一人当たり 平均所得（※ 2） （令和元年度）	86 万円 （一世帯当たり） 133 万円	159 万円 （一世帯当たり（※ 3）） 260 万円	227 万円 （一世帯当たり（※ 3）） 400 万円
加入者一人当たり 平均保険料 （令和元年度）（※ 4） 〈事業者主負担込〉	8.9 万円 （一世帯当たり） 13.8 万円	11.9 万円〈23.8 万円〉 被保険者一人当たり 19.5 万円〈38.9 万円〉	13.2 万円〈28.9 万円〉 被保険者一人当たり 23.2 万円〈50.8 万円〉
保険料負担率	10.3 %	7.5 %	5.8 %
公費負担	給付費等の 50 % ＋保険料軽減等	給付費等の 16.4 %	後期高齢者支援金等 の負担が重い保険者 等への補助
公費負担額（※ 5） （令和 4 年度予算ベース）	4 兆 3,034 億円 （国 3 兆 1,115 億円）	1 兆 2,360 億 （全額国費）	725 億円 （全額国費）

（※ 1）　一定の障害の状態にある旨の広域連合の認定を受けた者の割合。

（※ 2）　市町村国保及び後期高齢者医療制度については、「総所得金額（収入総額から必要経費、給与所得
　　　　所得金額）」に「雑損失の繰越控除額」と「分離譲渡所得金額」を加えたものを加入者数で除した
　　　　期高齢者医憬制度は「後期高齢者医療制度被保険者実態調書」のそれぞれの前年所得を使用して
　　　　協会けんぼ、組合健保、共済組合については、「標準報酬総額」から「給与所得控除に相当する額」
　　　　である.

（※ 3）　被保険者一人当たりの金額を指す。

（※ 4）　加入者一人当たり保険料は、市町村国保・後期高齢者医療制度は現年分保険料調定額、被用者
　　　　に介護分は含まない。

（※ 5）　介護納付金、特定健診・特定保健指導等に対する負担金・補助金は含まれていない。

出所：同前、厚生労働省ウェブサイト。

の数は長期的に減少傾向であり、該当する被保険者の数も多いとはいえないが、
皆保険体制を引き受ける存在として機能している。

2-4　後期高齢者医療制度

　医療保険制度の歴史をみれば分かるように、その始まりは現役労働者とその

共済組合	後期高齢者医療制度
85	47
854 万人 （被保険者 456 万人 被扶養者 398 万人）	1,803 万人
32.9 歳	82.5 歳
1.4 %	1.7 %（※1）
16.3 万円	95.4 万円
248 万円 （一世帯当たり（※3） 462 万円）	86 万円
14.4 万円〈28.8 万円〉 （被保険者一人当たり 26.8 万円〈53.6 万円〉）	7.2 万円
5.8 %	8.4 %
なし	給付費等の約 50 % ＋保険料軽減等
	8 兆 5,885 億円 （国 5 兆 4,653 億円）

控除、公的年金等控除を差し引いたもの）及び山林
もの。（市町村国保は「国民健康保険実態調査」、後
いる。）
を除いたものを、年度平均加入者数で除した参考値

保険は決算における保険料額を基に推計。保験料額

家族のためのものとして作り出された。しかしながら、高齢化が進み、家族形態も変化した中、老親が子どもの扶養にも入れないケースが増え、高齢者の医療を支えることが厳しくなってきた。どうしても、長生きするほどに医療の必要性は増し、高齢者は現役世代よりも医療費がかさむ構造は避けられない。退職すれば国民健康保険に加入するが、国民健康保険は非正規雇用・無職の高齢者が多く集まることになり、財政基盤が弱いにもかかわらず支出が増加することになる。現状でもその傾向は変わらない（表 5-1 の該当部分を参照）。高齢者医療の負担に公的医療保険制度全体で対応することを目指し、保険制度は改定されてきた。

　現在、65 歳から 74 歳の前期高齢者は、制度間による財政調整を行うことでカバーし、75 歳以上の後期高齢者は、「後期高齢者医療制度」を新たに設けることで対応している。後期高齢者医療制度は、保険料や公費負担だけではなく、被用者保険や国保からの拠出金によって構成され、財政負担を広く求

める構造になっている。

2-5　現金給付制度、高額療養費制度

　また、保険診療という現物給付の仕組みは次節で扱うが、保険給付には現金給付のしくみも存在する（表 5-2 を参照）。とくに重要なのは傷病手当金・出産

表 5-2　公的医療保険の給付内容

	給付	国民健康保険・後期高齢者医療制度	
医療給付	療養の給付 訪問看護療養費	義務教育就学前：8 割、義務教育就学後から 70 歳未満：7 割、 70 歳以上 75 歳未満：8 割（現役並み所得者：7 割） 75 歳以上：9 割（現役並み所得者以外の一定所得以上の者：8 割（※）、現 　※令和 4 年 10 月 1 日から施行。	
	入院時食事療養費	食事療養標準負担額：一食につき 460 円	
	入院時生活療養費 （65 歳〜）	生活療養標準負担額：一食につき 460 円（*）＋370 円（居住費）（*）入院時生 活療養（Ⅱ）を算定する保険医療機関では 420 円	
	高額療養費 （自己負担限度額）	70 歳未満の者（括弧内の額は、4ヶ月目以降の多数該当） 〈年収約 1,160 万円〜〉 　252,600 円＋（医療費−842,000）×1 %　　　（140,100 円） 〈年収約 770〜約 1,160 万円〉 　167,400 円＋（医療費−558,000）×1 %　　　（93,000 円） 〈年収約 370〜約 770 万円〉 　80,100 円＋（医療費−267,000）×1 %　　　（44,400 円） 〈〜年収約 370 万円〉　　57,600 円　　　　　（44,400 円） 〈住民税非課税〉　　　　35,400 円　　　　　（24,600 円）	
現金給付	出産育児一時金 （※ 1）	被保険者又はその被扶養者が出産した場合、原則 50 万円を支給。国民健康保険で	
	埋葬料 （※ 2）	被保険者又はその被扶養者が死亡した場合、健康保険・共済組合においては埋葬施 給（ほとんどの市町村、後期高齢者医療広域連合で実施。1〜5 万円程度を支給）。	
	傷病手当金	任意給付	被保険者が業務外の事由による療養のた の 30 分の 1 に相当する額の 3 分の 2 に相
	出産手当金		被保険者本人の産休中（出産日以前 42 日 の 3 分の 2 に相当する金額

※ 1　後期高齢者医療制度では出産に対する給付がない。また、健康保険の被扶養者については、家族出産育児
※ 2　被扶養者については、家族埋葬料の名称で給付、国民健康保険・後期高齢者医療制度では葬祭費の名称で
出所：同前、厚生労働省ウェブサイト（一部を筆者修正）。

手当金である。傷病手当金は、病気やケガで働けなくなった場合の所得保障を
行うものであり、労災保険がカバーできない、業務外での療養の際に給付され
るものである。出産手当金は産休中のため労働できない場合の所得保障を行う。
生活の安定のために重要な給付であるが、制度間格差が存在する。出産の場合
に 50 万円が支給される出産育児一時金はすべての保険に共通であるが、傷病
手当金・出産手当金は被用者保険にしか存在しない。表の中では「任意給付」

健康保険・共済制度

役並み所得者：7 割）

低所者：	一食につき 210 円
（低所得者で 90 日を紐える入院：	一食につき 160 円）
特に所得の低い低所得者（70 歳以上）：一食につき 100 円	

低所得者：	一食につき 210 円（食費）＋370 円（居住費）
特に所得の低い低所得者：	一食につき 130 円（食費）＋370 円（居住費）
老齢福祉年金受給者：	一食につき 100 円（食費）＋0 円（居住費）

注：難病等の患者の負担は食事療養標準負担額と同額

70 歳以上の者（括弧内の額は、4 ヶ月目以降の多数該当）

	入院	外来【個人ごと】
〈年収約 1,160 万円〜〉		
252,600 円＋（医療費－842,000）×1 %（140,100 円）		
〈年収約 770〜約 1,160 万円〉		
167,400 円＋（医療費－558,000）×1 %（93,000 円）		
〈年収約 370〜約 770 万円〉		
80,100 円＋（医療費－267,000）×1 %（44,400 円）		
〈一般〉	57,600 円	18,000 円
	（44,400 円）	［年間上限 144,000 円］
〈低所得者〉	24,600 円	8,000 円
〈低所得者のうち特に所得の低い者〉	15,000 円	8,000 円

は、支給額は、条例又は規約の定めるところによる（多くの保険者で原則 50 万円）。

料を定額 5 万円を支給。また、国民鍵康保険、後期高齢者医療制度においては、条例又は規約の定める額を支

め労務不能となった場合、その期間中、最長で 1 年 6 ヶ月、1 日に付き<u>直近 12 か月の標準報酬月額を平均した額</u>当する金額を支給

から出産日後 56 日まで）の間、1 日に付き<u>直近 12 か月の標準報酬月額を平均した額の 30 分の 1 に担当する額</u>

一時金の名称で給付される。共済制度では出産費、家族出産費の名称で給付。
給付。

　となっているが、通常時に給付を行う市町村国保は存在しない。例外的に、近年の新型コロナウイルス感染症の対応で特例的に傷病手当金を出した市町村国保がいくつか存在した。

　なお、現物給付としての「医療給付」の範囲ではあるが、費用負担の軽減となり、被保険者にとっては現金給付に近い感覚を持つものとして、高額療養費制度が存在する。1 か月の自己負担額が一定額を超えると、超過分の自己負担

額は保険が負担してくれるものであり、自己負担が「青天井」になることを防いでいる。一定額の水準は年齢と年収によって定められている。医療費は必要な際には高額になりがちであり、国民の医療費負担を軽減し、医療行為を受けやすくするために重要な機能を果たしている。これは、すべての保険制度に共通している。

③ 保険診療のしくみ

　制度としては特徴の異なる保険の集合体であるが、保険診療そのものの枠組みは共通である。大まかには以下の流れを辿る（**図5-2**を参照）。

　そもそも、保険による診療サービスは保険医療機関として指定された医療機関で、保険医として登録された医師でなければ行えない。患者は診療サービスを受けた際に、一部負担金（自己負担分）を医療機関に支払うが、残りの費用についてはレセプトと呼ばれる診療報酬明細書を作成し、審査支払機関に送付する。審査支払機関は送付されたレセプトの中身を審査した上で、各保険者に請求を行う。保険者は一旦審査支払機関に支払った上で、そこから医療機関へ

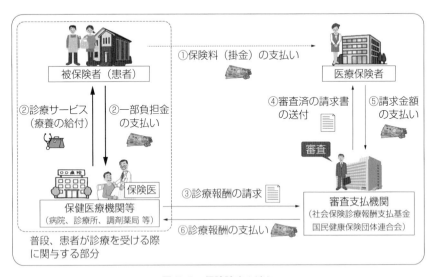

図5-2　保険診療の流れ

出所：同前、厚生労働省ウェブサイト。

と支払われる。

　このように、保険者からの支払いまでには手間と時間がかかっており、医療行為を行ってから、保険からの支払が医療機関に届くまでには約2か月を要することになる。このタイムラグが、医療機関にとっては経営を圧迫する要因となりえる。そもそも患者が有効ではない保険証を持っていた場合はレセプトが返送され、さらに時間がかかる事態となる[3]。

　保険診療における診療サービスの価格は、診療報酬として定められている。医療行為ごとに細かく点数が定められ、1点＝10円のレートで計算される。レセプトに記載されているのは、この診療報酬の点数である。すなわち、保険診療は、医療サービス市場における「統制価格」の下で行われていることになる。

　薬価については薬価基準が定められている。診療報酬と同じく、保険から支払われる際の医薬品の価格を定めたものである。これもまた統制価格である。

　診療報酬も薬価基準も定期的に改定が行われている。日本の公的医療保険制度は、総量規制のシステムを持たないため、医療費を抑えるためには、統制価格である診療報酬・薬価基準を下げ、費用を圧縮させる方法が最も取られてきた。また薬品については、特許の切れた後発薬である「ジェネリック医薬品」を推奨することで、費用を抑えようとしてきた。このように、統制価格としての診療報酬・薬価基準は、政策コントロールの手段としても用いられる。言い方を変えれば、基本的にはこのような比較的受け身の方法でしか、医療費コントロールの手段を持たないということにもなる。

4　公的保険を取り巻く課題と展望

　ここまで医療保険とは何かについて大まかに概観してきた。最期にいくつか課題を述べ、今後の展望についても少し検討したい。

　最も重要なことは、医療保険は「保険」でしかなく、医療制度の重要な部分を担っていることは間違いないものの、医療制度・政策の「すべて」ではないことである。すなわち、医療保険制度の変化によって対応できる問題とできない問題が存在している。たとえば、医師の地域間の偏在問題や、医師の供給問題については、保険制度は直接関与するものではない。医療保険の範囲は曖昧

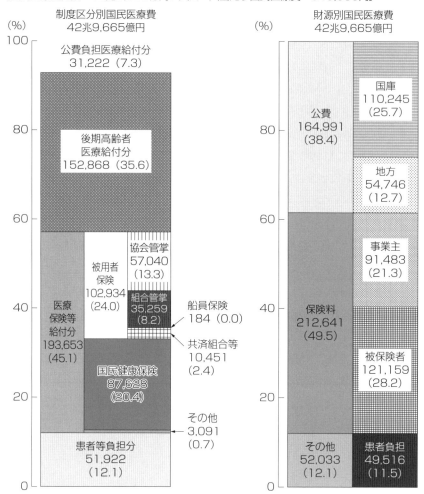

[国民医療費総額　42兆9,665億円、人口一人当たり国民医療費　340,600円]

制度区分別国民医療費
42兆9,665億円

公費負担医療給付分
31,222（7.3）

後期高齢者
医療給付分
152,868（35.6）

被用者
保険
102,934
（24.0）

協会管掌
57,040
（13.3）

組合管掌
35,259
（8.2）

船員保険
184（0.0）

医療
保険等
給付分
193,653
（45.1）

共済組合等
10,451
（2.4）

国民健康保険
87,628
（20.4）

その他
3,091
（0.7）

患者等負担分
51,922
（12.1）

財源別国民医療費
42兆9,665億円

公費
164,991
（38.4）

国庫
110,245
（25.7）

地方
54,746
（12.7）

事業主
91,483
（21.3）

保険料
212,641
（49.5）

被保険者
121,159
（28.2）

その他
52,033
（12.1）

患者負担
49,516
（11.5）

注：1）括弧なし数値は推計額（単位：億円）、括弧内の数値は構成割合（単位：％）である。
　　2）制度区分別国民医療費は令和2年度内の診療についての支払確定額を積み上げたものである（ただし、

図5-3　2020（令和2）年度　国民医療費の構造

出所：厚生労働省ウェブサイト「令和2（2020）年度　国民医療費の概況」。

に語られがちであるが、医療問題全般と医療保険の問題をむやみに混ぜないこ
とが重要だろう。

　その上で、増大する医療費と、保険料負担の増加をどうバランスさせるのか、

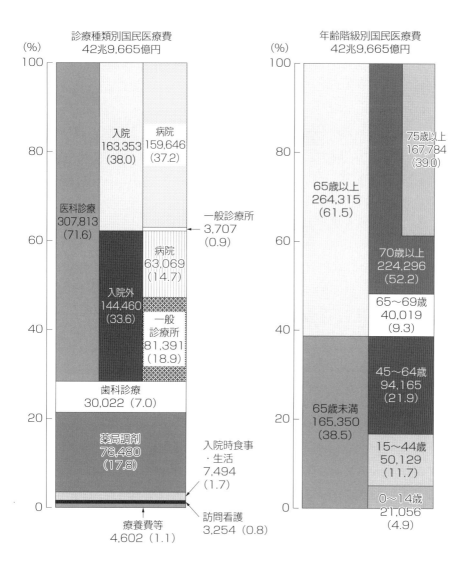

診療種類別国民医療費
42兆9,665億円

(%)
100

入院
163,353
(38.0)

病院
159,646
(37.2)

医科診療
307,813
(71.6)

一般診療所
3,707
(0.9)

病院
63,069
(14.7)

入院外
144,460
(33.6)

一般
診療所
81,391
(18.9)

歯科診療
30,022 (7.0)

薬局調剤
76,480
(17.8)

入院時食事
・生活
7,494
(1.7)

療養費等
4,602 (1.1)

訪問看護
3,254 (0.8)

年齢階級別国民医療費
42兆9,665億円

(%)
100

75歳以上
167,784
(39.0)

65歳以上
264,315
(61.5)

70歳以上
224,296
(52.2)

65〜69歳
40,019
(9.3)

45〜64歳
94,165
(21.9)

65歳未満
165,350
(38.5)

15〜44歳
50,129
(11.7)

0〜14歳
21,056
(4.9)

患者等負担分は推計値である)。

　すなわち医療保険の持続可能性というものが問われている局面である。とはい
え、増大する医療費については、診療報酬・薬価基準を切り下げ続けることで
対応してきたものの、当然限界がある。それ以外に保険側で医療費をコントロ

ールする術を持たないため、負担の問題を避けて通ることはできない。

　図5-3で示しているのは、国民医療費の構造である。これをみると、財源別では保険料が約半分と、保険料収入の重さが分かる一方、公費負担も 38.4 ％と、保険システムを採用しながら、結構な額を投入していることになる。年齢階級別では 65 歳以上の割合が 61.5 ％と、高齢化にともなう医療費の重さがうかがえる。再び財源別でみると、被用者保険は事業主と保険料を折半しており、事業主負担の割合も 21.2 ％となっている。昨今の被用者保険の適用拡大は、被用者保険の加入者を増大させることでこの部分を増加させるとともに、非正規雇用などの不安定労働者にも、被用者保険の比較的しっかりした給付体制の下に入らせ、生活安定を試みるものである。

　一方で、給付から漏れる人びとの存在をどう考えるのかも重要な問題である。「皆保険」体制であるが、保険料の滞納によって資格証明書が交付される人びとが存在する。これは滞納者に対する懲罰的な制度であり、窓口で 10 割（＝全額）負担をしなくてはならないため、事実上、保険医療が受けられず、給付から漏れる人びとが発生している[4]。生活保護の医療扶助にスムーズに繋がるのであればまだよいが、制度としては自動的にそうなる構造でない以上、いわば制度の「谷間」に陥っている人びとをどうするのかは、皆保険全体の安定性や持続可能性のためにも、極めて重要な問題である。たとえば保険料の減免・軽減制度の設計次第で緩和できるかもしれない。

　公的医療保険制度による医療を安価に提供することは、生活の不安定さをできる限りおさえる、いわば「防貧」の機能を果たす。これは医療保険に限らず社会保険の中心機能といえるが、この防貧の範囲を可能な限り拡大させることが重要である。国保運営に都道府県が加わることも含め、全体として「保険化」の傾向が強まっているが、その制度的安定性だけを議論するのではなく、どのような給付を保障するのか、どうすれば防貧機能を保持し、強化することができるのか真剣に考えなくてはならないだろう。それは、他の社会保障や雇用システムとの関係性も視野に入れて検討する必要がある。

[注]
1　ただし、生活保護の受給者は、医療扶助で対応することを念頭に、皆保険から外

れていることがほとんどである。

2　データ上の傾向を見れば、保険税を採用している市町村が約 85 ％となっている（『国民健康保険事業年報』）、おおむね、大都市では保険料を、それ以外では地方税を採用している。

3　2023 年 4 月から、マイナンバーカードによるオンライン資格確認が原則義務化された背景には、そのような差し戻しを減らし、事務手続きを高速化させる目的も含まれている。

4　ただし保険診療それ自体から排除する訳ではないため、後日、国保の窓口にいけば保険からの支払分は還すと言われるが、実際は保険料の滞納分と相殺されることがほとんどである。

[推薦図書]
○島崎謙治『日本の医療［増補改定版］』東京大学出版会、2020 年。
　　——元厚生官僚が執筆した、保険も含む日本の医療制度について体系的に述べている数少ない書籍。制度のより深い理解におすすめ。
○吉原健二・和田勝『日本医療保険制度史［第 3 版］』東洋経済新報社、2020 年。
　　——日本の医療保険制度の展開を細かく記載したもの。とても分厚いので、気になる部分を辞書的に眺めるのがよいだろう。
○久本憲夫・瀬野陸見・北井万裕子『日本の社会政策［第 3 版］』ナカニシヤ出版、2023 年。（特に第 10 章「医療保障」）
　　——労働と社会保障を一体的に捉えることを目指したテキスト。そのことによって社会保障制度がより立体的に理解できるだろう。

● 学習課題 ●
①医療保険、もしくは医療サービスは国によって異なる。たとえばアメリカ・イギリス・ドイツ・スウェーデンはどのような制度を持っているか調べ、日本の制度と比較してみよう。
②自分の住む市町村の国民健康保険について、保険料を試算してみよう。市町村のWeb サイトにおいて「試算シート」などを用意していることが多いので、それを用いてみよう。所得を変化させたり、世帯構成を変化させながら、保険料がどのように変化するかを確かめてみよう。それが生活においてどのような影響をもたらすかも考えてみよう。
③国民健康保険にはどのような保険料（保険税）軽減・減免措置があるのか、各自治体の Web サイトなどを用いて調べてみよう。

第 **6** 章
介護保険制度

山本大輔

本章のねらい

　介護保険制度がスタートし20年以上が経過した。この間、制度を利用する人は増え続け費用は増大している。なかでも認知症の人の増加にともない、介護する家族は疲弊している。

　そして近年、介護保険制度は介護予防の推進や地域包括ケアシステム構築による在宅重視の方針を打ち出している。その一方で保険料負担や自己負担金は上昇し、サービスの利用を躊躇する人もいる。加えて介護事業所での人手不足は長年にわたり深刻で解消されていない。コロナ禍による混乱も含め、介護保険制度の見通しは明るいとは言い難い。

　本章では、介護保険制度のこれまでの歩みと制度の現状を確認しながら、これらの課題を考えるきっかけにしたい。

１　介護保険制度創設の背景

1-1　人口の少子高齢化と家族による介護の限界
　1950年時点の日本の高齢化率は4.9％であり高齢者の少ない社会であった。それが医学の進歩や公衆衛生の改善などを背景に平均寿命が延伸した。その一方で少子化は進み、出生率の低下が続いている。こうした背景から日本の高齢化率は上昇し続け、2023年5月現在、29.1％となっている。

人口の少子高齢化に加え、家族形態も変容し三世帯同居は減少し核家族化がすすんだ。また高齢者のみ世帯や単独世帯が増加し家族の介護力は低下していった。このように人口の少子高齢化と家族形態の変容、長寿化による介護負担増大などの背景から、家族のみによる高齢者介護は限界を迎えていたのである。

1-2　介護保険以前の高齢者介護制度

　かつて高齢化率の低い時代には、介護の必要な高齢者は家族が支えていた。制度としての対応は生活困窮者や身寄りのない者を主な対象としていた。その後、日本国憲法の施行にともない福祉の公的責任が強調されるようになった。高齢者福祉分野では 1963 年制定の老人福祉法により、恩恵として与えられていた支援から福祉サービスとして提供されるようになった。

　老人福祉法にもとづくサービスの利用は、措置制度により行われていた。サービス利用を希望する者は市町村の窓口に利用申請し、利用の可否の審査を受ける。その後、市町村の指示する事業所を応能負担の利用料支払いのもと利用する。この措置制度によるサービス利用には、市町村が必要性を認めなければサービスを利用できないことや、所得調査がありスティグマをともなうことがあるなど、利用しづらい制度であった。また当時、介護サービスを提供できるのは自治体または社会福祉法人のみと規制されており、全体量は少なく、その内容も画一的で競争原理の働かないものであった。

　介護保険制度以前の高齢者介護は、老人福祉法による対応に加え、医療保険による対応も行われていた。当時、特別養護老人ホームは救貧的なイメージから敬遠する者も多かった。それに代わり医療制度のもと、いわゆる老人病院に入院することを選ぶ者も多かった。この老人病院は劣悪な療養環境であることが多く、寝たきりや認知症の温床として批判を受けた。

1-3　介護保険制度の創設と変遷

　人口の少子高齢化と家族による介護の困難、措置制度や医療制度による対応の難しさを背景に、高齢者の介護を社会全体で支え合う仕組みとして、1997 年12 月に介護保険法が成立し、2000 年 4 月に施行された。その基本的な考え方は、①自立支援、②利用者本位、③社会保険方式の導入である。

表 6-1　介護保険制度改正のおもなポイント

年次	主な改正のポイント
2005 年	○予防重視型システムへの転換 ○地域密着型サービスの創設 ○介護サービス情報の公表義務付け、介護支援専門員資格の更新制導入
2008 年	○介護サービス事業者の不正事案の再発防止
2011 年	○地域包括ケアシステム構築の推進 ○定期巡回・随時対応型訪問介護看護、複合型サービスの創設
2014 年	○介護予防訪問介護と介護予防通所介護を見直し、介護予防・日常生活支援総合事業へ移行 ○介護老人福祉施設（特別養護老人ホーム）への新規入所を原則として要介護3以上に限定 ○居宅介護支援事業所の指定権限を市町村に移譲 ○一定所得以上の第 1 号被保険者に対する 2 割負担の導入
2017 年	○保険者機能の強化等に向けた取り組みの推進（自立支援等施策の市町村介護保険計画への記載等） ○地域共生社会実現に向けた取り組みの推進（共生型サービスの創設） ○一定以上の高所得の第 1 号被保険者に対する 3 割負担の導入
2020 年	○地域住民の複雑化・複合化した支援ニーズに対応する市町村の包括的な支援体制の構築 ○医療・介護のデータ基盤の整備

出所：厚生労働省資料を参考に筆者作成。

　介護保険制度は、制度の持続可能性の確保、制度運営の適正化、地域包括ケアシステムの構築などの視点から、**表 6-1** のように数次にわたり改正されてきた。

2　介護保険制度のしくみ

2-1　社会保険方式での運営

　介護保険制度はそれまでの措置制度による老人福祉制度から、**図 6-1** のように社会保険方式で運営される。これは介護の必要な高齢者の増加が見込まれるなかで、公費財源のみの老人福祉制度には限界があったからである。また介護保険制度の財源における公費（税金）と保険料の割合は 50 ％ずつである。

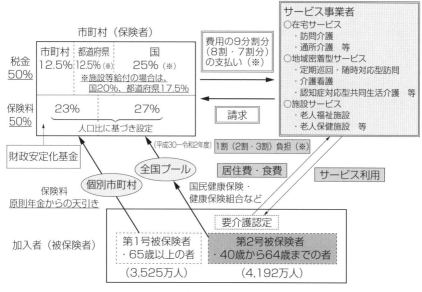

図6-1　介護保険制度のしくみ

出所：厚生労働省資料「介護保険制度の概要」より作成。

2-2　保険者・被保険者

　介護保険制度の保険者は市町村または特別区となっている。これは住民に最も身近な基礎自治体によって担われるべきという考えにもとづいている。その理由として、従来から老人福祉制度や老人保健制度の実施主体であったこと、現に国民健康保険の保険者であること、基礎自治体の役割を重視する地方分権の流れがあったことがあげられる。

　介護保険制度の被保険者は、65歳以上で市町村の区域内に住所を有する者である第1号被保険者と、40歳以上65歳未満の医療保険加入者である第2号被保険者がある。被保険者の要件に該当すれば法律により加入が義務づけられる。これを強制適用という。しかし障害者総合支援法の施設入所支援、生活保護法上の救護施設などに入所、入院している場合は、介護保険の被保険者とならない。このことを適用除外という。なお、被保険者の要件に国籍は問われない。外国籍であっても日本に在留資格があり、住民票がある場合には対象となる。

　また生活保護受給者の場合、住所要件を満たしているので、65歳以上の人は

被保険者となる。しかし40歳以上65歳未満の者で医療保険に加入していない場合、介護保険の被保険者とはならない。この場合、介護サービスの費用は全額公費から支給される（生保単独）。

　第1号被保険者は要介護認定または要支援認定を受ければ、原因を問わずサービスを利用できるのに対し、第2号被保険者は加齢にともなう16種類の特定疾病にもとづく要介護状態であることが保険給付の要件となる。

　施設入所を理由として自宅から施設に住所を移した場合、その被保険者の保険者は、入所前の市町村となる。このことを住所地特例という。この住所地特例の目的は、施設入所が集中することによる、市町村の財政負担の急増を防止することである。

2-3　サービス利用の流れ

　介護保険のサービスを利用するには、まず市町村の窓口へ要介護認定の申請を行う。この申請は被保険者本人の他、家族、成年後見人、地域包括支援センター、居宅介護支援事業所、介護保険施設、社会保険労務士、民生委員等による代行が可能である。申請が受理されると認定調査が行われる。認定調査は概況調査・基本調査・特記事項で構成される全国一律の様式・方法で実施される。また主治医意見書も作成する。

　審査・判定は認定調査結果をもとにしたコンピュータ判定（1次判定）と、市町村に設置される介護認定審査会による2次判定がある。介護認定審査会は保健・医療・福祉の学識経験者5名で構成される合議体である。介護認定審査会では、1次判定結果に主治医意見書と認定調査の特記事項を加味し、最終的な判定を行う。また介護認定審査会は市町村に対し、要介護状態の軽減、悪化の防止のために必要な、療養についての意見を付すことができる。そして判定された要介護認定には有効期間が設定される。

　要介護認定が行われると、介護保険によるサービスの利用が可能となる。このとき原則としてケアプランを作成することが必要である。ケアプランは利用者が自己作成することも可能である。居宅サービスを利用するときは、居宅介護支援事業者または地域包括支援センターにケアプラン（居宅サービス計画または介護予防サービス計画）の作成依頼をすることが可能である。また介護保

険施設に入所する場合は、その施設に配置される介護支援専門員がケアプラン（施設サービス計画）を作成する。利用者はケアプランにもとづき介護サービス事業所と契約し、サービスの利用を開始する。

2-4　保険給付の種類と内容

　介護保険の保険給付は介護給付と予防給付に大別される。さらに市町村独自の給付を位置づけた市町村特別給付を設けている市町村もある。要介護１から５の認定を受ける者は介護給付を、要支援１、２の認定を受ける者は予防給付を利用することができる。また介護給付・予防給付では、要介護・要支援認定の区分に応じて、利用できる保険給付の上限額が月ごとに設定されている。これを区分支給限度基準額という。

　介護給付は表6-2のように、「居宅サービス」「施設サービス」「地域密着型サービス」に大別され、さらにケアプラン作成を担う「居宅介護支援」がある。また予防給付はサービスの種類としては介護給付とほぼ同様であるが、施設サービスが設定されない、訪問介護と通所介護は設定されず、地域支援事業（介護予防・日常生活支援総合事業）によって行われるなどの違いがある。

2-5　サービス事業者と介護報酬

　介護保険制度では、介護サービスの事業について、人員、設備、運営に関する基準が設けられている。これらの基準を満たしていることに加え、サービス事業者・施設が法人格を有しているとき、保険給付の提供者として認められる。このことを「指定」という。この指定は都道府県によるものと市町村によるものがある。

　介護サービスの費用は、介護報酬（介護給付費）といい、「単位」という単価で全国一律に定められている。この１単位は10円を基本とし、サービスの種類や事業所・施設の所在地域により割り増しされる（地域単価）。

2-6　国、地方自治体の役割

　介護保険制度では、保険者である市町村を国や都道府県などが重層的に支える仕組みがとられている。このうち国は、「介護保険事業の運営が健全かつ円

表 6-2　介護保険サービスの種類

	都道府県・政令市・中核市が指定・監督を行うサービス	市町村が指定・監督を行うサービス
介護給付	●居宅サービス 　訪問介護 　訪問入浴介護 　訪問看護 　訪問リハビリテーション 　通所介護 　通所リハビリテーション 　短期入所生活介護 　短期入所療養介護 　居宅療養管理指導 　特定施設入居者生活介護 　福祉用具貸与 　特定福祉用具販売 　住宅改修	●地域密着型サービス 　定期巡回・随時対応型訪問介護看護 　夜間対応型訪問介護 　地域密着型通所介護 　認知症対応型通所介護 　小規模多機能型居宅介護 　認知症対応型共同生活介護 　地域密着型特定施設入居者生活介護 　地域密着型介護老人福祉施設入所者生活介護 　複合型サービス（看護小規模多機能型居宅介護）
	●施設サービス 　介護老人福祉施設 　介護老人保健施設 　介護療養型医療施設 　介護医療院	●居宅介護支援
予防給付	●介護予防サービス 　介護予防訪問入浴介護 　介護予防訪問看護 　介護予防訪問リハビリテーション 　介護予防居宅療養管理指導 　介護予防通所リハビリテーション 　介護予防短期入所生活介護 　介護予防短期入所療養介護 　介護予防特定施設入居者生活介護 　介護予防福祉用具貸与 　特定介護予防福祉用具販売 　介護予防住宅改修	●地域密着型介護予防サービス 　介護予防認知症対応型通所介護 　介護予防小規模宇田機能居宅介護 　介護予防認知症対応型共同生活介護 ●介護予防支援

注：介護療養型医療施設は 2024 年 3 月 31 日までに廃止されることになっている。
出所：厚生労働省資料を参考に筆者作成。

滑に行われるよう保険医療サービス及び福祉サービスを提供する体制の確保に関する施策その他の必要な各般の措置を講じなければならない」と規定されている（介護保険法第 5 条第 1 項）。また都道府県は、「介護保険事業の運営が健全かつ円滑に行われるように、必要な助言及び適切な援助をしなければならない」（介護保険法第 5 条第 2 項）と規定され、保険者である市町村の支援を担う。

表 6-3　介護保険制度における国、都道府県、市町村の役割

国	制度運営に必要な各種基準等の設定等に関する事務／保険給付、地域支援事業、都道府県の財政安定化基金等に対する財政負担／介護サービス基盤の整備に関する事務／介護保険事業の健全・円滑な運営のための指導・監督・助言等に関する事務
都道府県	要介護認定・要支援認定業務の支援に関する事務／財政支援に関する事務／サービス提供事業者に関する事務／介護サービス情報の公表に関する事務／介護支援専門員に関する事務／介護サービス基盤の整備に関する事務
市町村	被保険者の資格管理に関する事務／要介護認定・要支援認定に関する事務／保険給付に関する事務／サービス提供事業者に関する事務／地域支援事業および保健福祉事業に関する事務／市町村介護保険事業計画に関する事務等／保険料に関する事務／介護保険制度の運営に必要な条例・規則等の制定／改正等に関する事務／介護保険の財政運営に関する事務

出所：長寿社会開発センター『九訂　介護支援専門員基本テキスト』52-59 頁を参考に筆者作成。

そして市町村は、制度の実質的な運営のための多様な機能を果たす。具体的に国、都道府県、市町村は、それぞれ**表 6-3** のような事務を行う。

③　地域支援事業

　地域支援事業は、「被保険者が要介護状態となることを予防するとともに、要介護状態等となった場合においても、可能な限り、地域において自立した日常生活を営むことができるよう支援する」ことを目的とし、2006（平成 18）年 4 月より実施されている。この事業は市町村を実施主体とし、**表 6-4** のような事業を行う。

　地域支援事業は、市町村における介護予防に関する事業の実施状況、介護保険の運営状況、75 歳以上の被保険者数等を勘案して、政令で定める額の範囲内で行われる。そのため市町村は、政令で定める事業費の上限の範囲内で、介護保険事業計画において地域支援事業の内容、事業費を定めることとされている。

3-1　介護予防・日常生活支援総合事業

　介護予防・日常生活支援総合事業は、2015 年の介護保険制度改正により地域支援事業の一部として創設された事業であり、①介護予防・生活支援サービス事業、②一般介護予防事業から構成される。

　介護予防・生活支援サービス事業は、訪問型サービス、通所型サービス、配

表 6-4　地域支援事業の全体像

(1)　介護予防・日常生活支援総合事業（対象者：要支援1・2、それ以外の者） 　①介護予防・生活支援サービス事業 　訪問型サービス、通所型サービス、生活支援サービス（配食等）、介護予防支援事業 　②一般介護予防事業 　介護予防把握事業、介護予防普及啓発事業、地域介護予防活動支援事業、一般介護予防事業評価事業 　地域リハビリテーション活動支援事業
(2)　包括的支援事業 　①地域包括支援センターの運営（地域ケア会議の推進含む） 　②在宅医療・介護連携推進事業 　③認知症総合支援事業（認知症初期集中支援事業、認知症地域支援・ケア向上事業等） 　④生活支援体制整備事業（コーディネーターの配置、協議体の設置等）
(3)　任意事業 　介護給付費適正化事業、家族介護支援事業、その他の事業等

出所：厚生労働省参考資料「地域支援事業の推進」を参考に筆者作成。

食などの生活支援サービス、介護予防支援（ケアマネジメント）などを実施する。なお、従来、要支援1、要支援2の者が利用していた介護予防訪問介護、介護予防通所介護は介護保険給付を外れ、ここに再編されている。

　そして一般介護予防事業は、すべての第1号被保険者を対象として、支援を必要とする高齢者の把握や介護予防の普及啓発、住民主体の介護予防活動の育成支援などを目的に行われる事業である。

3-2　包括的支援事業

　包括的支援事業は、地域包括支援センター（図6-2）の運営を中心とし、在宅医療・介護連携推進事業、生活支援体制整備事業、認知症総合支援事業、地域ケア会議推進事業が位置づけられている。

　地域包括支援センターには、原則として、保健師、主任介護支援専門員、社会福祉士の3職種が配置され、各々の専門知識を活かしながら、連携・協働の体制を作り、業務全体をチームとして支える。

　地域包括支援センターは、この3職種のチームアプローチにより、住民の健康の保持および生活の安定のために必要な支援を行いながら、保健医療の向上および福祉の増進を包括的に支援することを目的とする施設である。

　その主な業務内容は第1号介護予防支援事業、総合相談支援業務、権利擁護

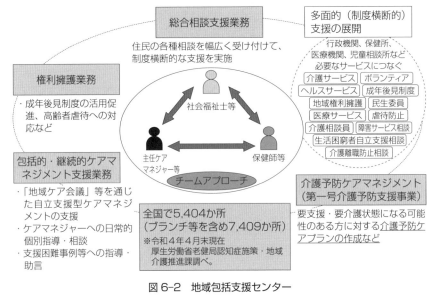

図 6-2　地域包括支援センター

出所：厚生労働省資料「地域包括支援センターの概要」を参考に筆者作成。

業務、包括的・継続的ケアマネジメント支援業務が位置づけられ、制度横断的な連携ネットワークを構築して実施する。

3-3　任意事業

　任意事業は、地域の実情に応じて市町村独自の発想・形態で企画・実施される。具体的には介護給付等費用適正化事業や家族介護支援事業などがある。

4　認知症施策

　政府は、認知症の人が住み慣れた地域で自分らしく暮らし続けることのできる社会の実現を目指し、2015 年、厚生労働省をはじめとする 12 の関係省庁の共同により「認知症施策推進総合戦略（新オレンジプラン）」を策定した。

　新オレンジプランでは、認知症への理解を深めるための啓発の推進や、適時適切な医療・介護の提供、介護者への支援など 7 つの柱を掲げている。具体的には、認知症サポーター制度の創設や認知症初期集中支援チームの設置などの

取り組みが行われている。ここでは認知症の人を単に支えられる側と考えるのではなく、認知症の人が認知症とともによりよく生きていくことができるような環境整備を目指している。

5 介護保険制度の今後の課題

5-1 給付の抑制

これまでの介護保険制度の変遷をみると、給付の抑制が重ねられてきている。主なものでも、特別養護老人ホーム新規入居の原則要介護3以上への限定や、施設入所者への補足給付の縮小ならびに対象者への資産状況の確認、そして福祉用具貸与の一部品目に対する保険給付を原則要介護2以上とすることなどがあげられる。もともと介護保険制度の特徴である要介護認定、区分支給限度基準額、ケアマネジメントは給付抑制のしくみでもある。そのうえ運用で給付に制限を加えることは、制度を複雑でわかりにくいものにするだけでなく、多くの被保険者の理解も得られないだろう。

また要支援者の訪問・通所サービスは介護予防・日常生活支援総合事業に再編された。この総合事業は「事業」ゆえに行政の予算の範囲内で行われなければならず、利用回数も通所型サービスの場合、要支援1の場合、概ね週1回、要支援2の場合、週2回など、回数が定められている。標準の回数を超えて利用することも可能であるが、実際そのように対応する事業所は少数である。

他国の介護保険制度と比較して、日本の介護保険は予防も視野に入れたフルパッケージの制度であるといわれている。しかしながら多くのサービスで利用しづらい現状となっているのである。

5-2 人材不足問題

介護現場の人手不足の問題は深刻である。多くの介護事業所で長時間労働が常態化し職員は疲弊している。政府の推計によると、2025年にはおよそ243万人の介護職員が必要となる。これは2019年の介護職員数（211万人）と比較して約32万人不足していることになる。また2021年度の介護関係職種の有効求人倍率は3.62と、依然として全職業より高水準で推移している。政府は処遇改

善や生産性向上、外国人材の受入れ環境整備など、総合的な介護人材確保対策に取り組むとしている。しかし課題は、これら採用に関わる「入り口」部分だけでなく、その後にもある。つまり採用した介護職員の定着の問題である。

　介護職の育成には時間がかかる。とくに経験の浅い職員は、入職後長期にわたる支援を必要とする。にもかかわらず、多くの介護事業所では早期の段階で「独り立ち」することを求められる。とくに最近の特別養護老人ホームをはじめとするユニット型施設の多くは、ひとつのユニットをひとりの職員が支える時間帯が長く、担当する職員の精神的重圧は計り知れない。事故やトラブルの責任も、その時間帯に勤務していたひとりの職員が背負うのである。また認知症の利用者の行動を見守りながら、その他の多くの作業をこなすことは職員の神経をすり減らすことになる。介護職員の職場への定着には、これらの点での改善も必要なのである。

　そのためには職員配置や指導プログラムの見直しはもとより、こうしたことを通じて先輩職員が心に余裕をもって新入職員に指導にあたることが第一である。そのうえで、外国人や新入職員に対し、時間をかけて育成する循環を生み出さない限りこの状況から脱却することは難しい。

5-3　認知症への理解

　平均寿命の延伸にともない、認知症高齢者の数も増えている。厚生労働省の資料によると、現在認知症の人はおよそ462万人、さらに予備軍と呼ばれる人が400万人いるといわれている。そして85歳以上の3人に1人が認知症になっているともいわれている。

　認知症の人の地域生活を支援するためには、周囲の人びとの認知症への理解が必要不可欠である。それは認知症の人の特徴である、①新しいことを覚えにくくなる、②それまで覚えていたことを忘れてしまう、③しかし覚えていること、分かっていることもたくさんあり、それゆえに失敗し混乱する、という3点を理解することである。認知症の人に接するにあたり、この3点をふまえておくことで、理解ある優しい言葉掛けが可能となるだろう。このことを一部の専門職だけでなく、家族介護者や一般の地域住民にも広まることを願う。

[引用・参考文献]

太田貞司・上原千寿子・白井孝子『介護福祉士実務者研修テキスト【第1巻】人間と社会［第3版］』中央法規、2021年。

長寿社会開発センター『九訂　介護支援専門員基本テキスト　上巻』長寿社会開発センター、2021年。

内閣府『令和4年版　高齢社会白書』日経印刷、2023年。

介護労働安定センター「令和4年度　介護労働実態調査」http://www.kaigo-center. or.jp/report/pdf/2023r01_chousa_gaiyou_0821.pdf（2023年8月30日最終閲覧）。

厚生労働省「介護保険制度の概要」https://www.mhlw.go.jp/content/000801559.pdf（2023年9月10日最終閲覧）。

厚生労働省社会保障審議会介護保険部会（第58回）参考資料1「地域支援事業の推進」https://www.mhlw.go.jp/file/05-Shingikai-12601000-Seisakutoukatsukan-Sanjikanshitsu_Shakaihoshoutantou/0000125468.pdf（2023年9月10日最終閲覧）。

厚生労働省「地域支援事業の実施について」https://www.mhlw.go.jp/content/12300000/000919491.pdf（2023年9月10日最終閲覧）。

厚生労働省「地域包括支援センターの概要」https://www.mhlw.go.jp/content/12300000/001088939.pdf（2023年9月10日最終閲覧）。

厚生労働省「認知症施策推進総合戦略（新オレンジプラン）」https://www.mhlw.go.jp/file/06-Seisakujouhou-12300000-Roukenkyoku/0000079009.pdf（2023年7月1日最終閲覧）。

[推薦図書]

○堤修三『社会保険の政策原理』（とくに「第4章　介護保険」）国際商業出版、2021年。
　　――元厚生労働官僚で介護保険制度創設に携わった筆者が、制度の基本設計、理念、今後の課題などを詳細に記述している。

○出口泰靖『あなたを「認知症」と呼ぶ前に―〈かわし合う〉私とあなたのフィールドワーク―』生活書院、2016年。
　　――認知症ケア現場での筆者のフィールドワークをもとに、認知症の人の苦悩や周囲の人々の眼差しを丁寧に描いている。

○渡辺哲弘『認知症の人は何を考えているのか？―大切な人の「ほんとうの気持ち」がわかる本―』
　　――認知症のもたらす困難のメカニズムを、わかりやすいイラストとともに解説している。そのうえで本人への適切な関わりを提案している。

● 学習課題 ●

① 「老い」のイメージをポジティブな面、ネガティブな面に分けて整理してみよう。

② 介護保険制度のように、かつては家族で担われ、現在は外部化（社会化）された家族機能にはどのようなものがあるか検討してみよう。

③ 介護サービスが必要なのにもかかわらず、利用に前向きでない人への関わり方を検討しよう。

第 7 章
労働保険［労災保険・雇用保険］

神﨑淳子

本章のねらい

　日本の社会保障制度全体の中で、労働保険（労働者災害補償保険［以下労災保険］・雇用保険）は稼働年齢層が陥る労働災害や失業によってひきおこされる貧困問題への対応策として、公的扶助制度と密接に関連して生存権を保障するものである。労働保険は、ミクロの視点からみると労働者やその家族の生活リスクへの保障制度であり、予防事業である。資本主義社会において、労働者は労働市場に参加できなければ労働の対価としての賃金が得られず、生活を維持できない。一方マクロの視点からみると国民経済の不況期に大量失業が起き、経済縮小につながることを緩和するための自動安定装置（ビルトイン・スタビライザー）機能である。たとえば、2008 年のリーマンショック時に雇用調整助成金が利用された。2011 年の東日本大震災の際には、就業時間中に職場で罹災した多くの労働者が業務災害と認められ、労災保険による給付を利用した。2020 年からの COVID19 パンデミック時には、雇用保険制度から休業支援金や雇用調整助成金が支払われた。

　エスピン-アンデルセンは、生活リスクへの備えが「国家・市場・家族の間に配分される総合的なあり方」（エスピン-アンデルセン 2000）の役割分担によって各国の「福祉レジーム」の特徴が生まれることを説明している。個人や家族の生活リスクと労働市場への参加の有無がどれだけ強く関連するかどうかは各国の社会保障制度全体の仕組みごとに異なる。従来、日本社会は、主に企業や

家族によって福祉が提供され、所属する企業や就労形態の違いにより受けられる福祉の内容に格差がある構造であった。労働保険も制度開始時は男性の大企業被用者を想定したものであり、長期雇用が補償され、家族内にケアの分担者がいる前提で生活保障機能が働く仕組みであった。しかし、世帯の主たる稼ぎ主が短期間・短時間労働の非正規であったり、世帯内にケアを担う家族がいない場合、生活保障機能は脆弱で生活リスクが各段に高くなった。前述のとおり、社会保障制度全体の中で労働保険が生存権を保障するためにどのように機能し、依然として残る課題は何かを検討するためには、その背景にある社会状況や労働市場との関係とともに検討する必要がある。

　本章では、個人の労働災害と失業のリスクに対し、社会保険制度を利用した労災保険と雇用保険の意義と課題について整理する。本章の構成は、労災保険、雇用保険の順に制度概要とその形成史、仕組みについて記述し、最後にあらためて労働保険制度の現代的課題について検討する。

1 労災保険

1-1　労災保険の概要

　労働災害にかかわる保障の給付は、労働者災害補償保険法（1947年）（以下、労災保険法）を根拠法としている。労災保険法は、労働者が業務を行うなかで起こった事柄（原因）または通勤による労働者の傷病等に対する保険給付を行うことを定めている。同時に、被災による傷病等をもとに労働市場から離れた労働者の社会復帰を促進する事業も担っている。

　労災保険は原則として労働基準法上の労働者を使用する事業所が対象となり、事業主は意思にかかわりなく、1人でも労働者を使用すれば保険料を負担する必要がある。対象となる労働者とは、「職業の種類を問わず、事業に使用される者で、賃金を支払われる者」であり、労働者であればアルバイトやパートタイムといった雇用形態、また職種や業種の規模を問わない。同様に、自営業者などは労災保険制度（図7-1）の強制的保険対象とはならないが、一定の条件を満たす場合に「特別加入制度」が認められている。

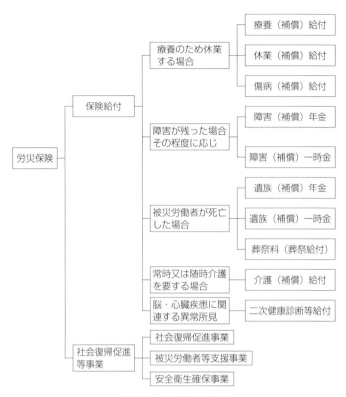

図7-1　労災保険制度

出所：厚生労働省ウェブサイト https://www.mhlw.go.jp/bunya/roudoukijun/
faq_kijyungyosei13.html。

1-2　労災保険の制度史

　働く環境の変化によって労働者が罹災する業務災害の種類やリスクが変化するため労働市場の変化を労災保険法の改正に反映させながら、補償対象の拡充や時代ごとの社会課題との対応をはかっている。労働者の業務上の死傷病にたいして保障される保険は、産業革命以降の工場法に起源があり、ドイツ（1884年）やイギリス（1897年）などで相次いで制定された。戦前の日本においても工場法（1911年）や鉱業法（1905年）、労働者災害扶助法（1931年）など、国際的な動向を踏まえて制定されたが、恩恵的あるいは救済的なものとみなされ、社会保険制度の仕組みではなかった。

　第2次大戦後、日本国憲法の個人の尊重（13条）や生活権（25条）の考え方

にもとづいて「人たるに値する生活」を労働の場でも実現するために、労働基準法（1947年）が制定された。労災保険法は労働基準法制定と同じ年に、労働基準法と並行して、業務災害時の労働者の生活を保障する給付を迅速に行うために制定された。

その後、労災保険は適用対象事業を拡大し、保障対象となる労働者の増加や、保障の給付水準の引き上げなど、制度としての発展を続けた。一方で、1961年に死亡災害件数や死傷災害件数（**図7-2**参照）がともに最大となり給付額が増大した。そのため、事故防止のインセンティブとして労災保険を使用するような事故が起きた事業者と労災事故を起こさない事業者との間で、保険料の割増や割引で差をつけるメリット制度を導入した。

1960年の労災保険法の改正では、一部任意事業所が残されたものの、全面適用の方針が示された。また、大工や左官などの「一人親方」や、中小企業事業主とその家族従業者などを対象とする「特別加入制度」が導入され、雇用関係を持たない労働者も労災保険に任意で特別加入をすることが可能になった。その後も、1973年には通勤災害も労災保険の対象となるなど、制度の拡充がはかられた。

図7-2　労働災害による死傷者数、死亡者数（1965年〜2021年）

原注：労働者死傷病報告、死亡災害報告により作成された。2011年までは、労災保険給付データ（労災非適用事業を含む）、労働者死傷病報告、死亡災害報告により作成された。

出所：労働政策研究・研修機構ウェブサイト https://www.jil.go.jp/kokunai/statistics/timeseries/html/g0801.html。厚生労働省「労働災害発生状況」をもとに作成された。

2001 年からは労災保険の中に、いわゆる「過労死ライン」と呼ばれる労働時間の評価の目安を示すなど、過労死防止に対する制度がつくられた。これは社会問題となった、労働者の長時間労働による過労死や過労自死による労災保険の予防事業である。また、副業や兼業の広がりをみせる中で、2020 年からは複数の会社等で働いている場合、すべての会社の賃金を合算した額をもとに、保険給付額が決まるよう制度が修正されている。

1-3　労災保険の財政と給付制度

　労災保険は政府が管掌しており、保険者は国である。労災保険の事業に要する費用は、原則として事業主が負担する労災保険料によってまかなわれる。事業主の労災保険にかかる保険料額は、業種（55 業種）ごとに総賃金の最低 0.25％（金融、通信業等）から最高 7.9 ％（水力発電、ずい道新設）まで異なる保険料率となっている（保険料率は 2018［平成 30］年 4 月 1 日施行）。またメリット制によって事業所ごとにも保険料率は異なる。

　労働災害であると認められた場合、受けられる給付の仕組みは以下の 7 種類である。

　「療養（補償）給付」は、労働者が、業務または通勤を原因とする負傷や病気によって治療を受けることが必要な場合の療養費に対する補償である。療養補償には、労災病院や労災指定病院で医療サービスを無料で受けられる現物給付と、現金給付による療養費用の支給の 2 つある。対象となるのは、通常療養のために必要な治療費、入院料、移送費などであり、傷病が治癒（症状固定）するまで給付を受けることができる。

　「休業（補償）給付」は、業務または通勤を原因とする負傷や疾病の療養により賃金を受けていない期間の所得を補塡するものである。休業をした日の 4 日目から最長で 1 年 6 か月保障される。また、保障される金額は当人の被災前の収入の 8 割が給付される。

　「傷病（補償）年金」と「障害（補償）年金」は負傷や傷病の治療を開始してから 1 年 6 か月が過ぎても治らず、療養を続ける必要がある場合や障害が残っている場合に支給され、罹災後の生活を保障する。傷病年金が支給される場合は、「療養（補償）給付」は支給されるが、「休業（補償）給付」の支給は終了

する。「介護（補償）給付」は、障害年金や傷病年金の受給者が介護を必要とする場合に支給される。

「遺族（補償）給付」と「葬祭料（葬祭給付）」は労働災害で死亡した場合に遺族に支給される。

2 雇用保険

2-1 雇用保険の機能

雇用保険は、労働者が失業や離職により生活の安定が損なわれた場合に、再就職や復職までの所得を保障し生活の安定を図るとともに、職業生活の継続や離職後のできるだけ速やかな就職活動を支援するなど、失業予防のための社会保険である（図7-3）。

雇用保険は、第2次世界大戦後につくられた失業保険法（1946年）、雇用保険法（1978年）を根拠法としている。「労働者の生活及び雇用の安定を図る」こと「失業の予防、雇用状態の是正及び雇用機会の増大、労働者の能力の開発及び向上その他労働者の福祉の増進を図ること」を目的とする労働市場でおきるさまざまな問題に対応する総合的な社会保険制度である。

後述するが、失業時の所得を保障する求職者給付や、子の養育や介護などのために仕事を休業する場合の休業時給付、資格取得や能力形成のための職業訓練の受講支援制度、高齢者などの継続雇用給付などを行っている。あわせて失業状態にならないための予防や雇用状態の改善、能力開発などを行う雇用保険二事業がある。

2-2 雇用保険の制度史

雇用保険の歴史は、男性正社員を対象に作られた雇用保険制度のなかで、従来適用除外とされていた労働者に参加条件を緩和するプロセスであり、一方でモラルハザードを懸念するがゆえの利用条件厳格化のプロセスでもある。

第2次大戦以前、失業者への社会保障制度は失業給付の財源を誰が負担するかという財政的課題や失業給付が高水準になると求職活動に消極的になるのではないかというモラルハザードへの批判の影響を受けながらつくられていた。

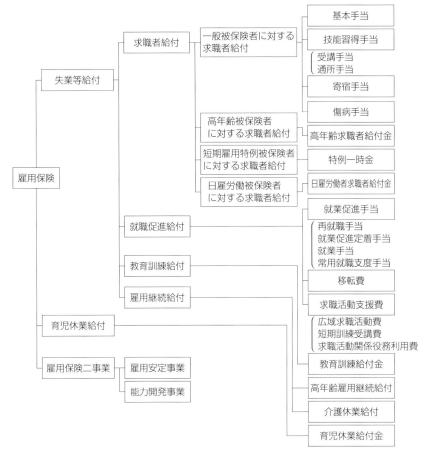

図 7-3　雇用保険制度

出所：厚生労働省ウェブサイト https://www.hellowork.mhlw.go.jp/insurance/insurance_summary. html。

1936年に退職金積み立て法が制定され、大企業は労使積み立てによる退職金制度（退職積立金及退職手当法）を持つことになった。これが実質的な失業保険の役割を担っていた。しかし、大企業に雇用される労働者以外の多くの労働者は、失業リスクの保障対象から漏れていた。

　第2次大戦後、大量の労働者が職を失い、さらに復員軍人や海外引揚者などが加わり、大量の失業者への対応が必要となった。1946年に生活保護法が制定されたが、戦後の大量失業という緊急事態には対処しきれないという問題がお

第7章　労働保険［労災保険・雇用保険］　123

きた。そこで、企業や労働者が自ら失業に備えておく社会保険方式の失業保険が検討され、1947年に失業保険法が制定された。田多（2009）は、失業保険の制定について、大量失業期の生活保護制度が課題としていた財政負担と制度の悪用問題に貢献した点、生産年齢人口を対象とし、すべての国民に普遍的に生存権を保障する点を評価している。

しかし、実際には日雇い労働など失業リスクが高いにも関わらず対象とならない労働者がいるなど、普遍的な生存権保障としての役割は不十分であり、対象や保障範囲は改正を重ねてきた。制定当時は、5人以上の事業所の男子労働者を強制被保険者とする一方で、公務員や「日々雇入れられる者」「二箇月以内の期間を定めて雇用される者」は適用外となっており、女性は任意加入であった。その後、季節労働者や女性の任意加入者が増大している。

1974年に雇用保険法が制定された。従来の失業保険法との違いは、失業時の保険給付だけでなく、企業の雇用調整助成金など失業予防や雇用調整のための事業が含まれたことである。制定当時の雇用保険法では、失業者の経済的支援や就職促進と、雇用保険二事業による事業者支援による失業予防を中心としていた。

1990年に育児休業法が施行されたのち、女性の育児休業期間の経済的支援と職場復帰を促進するため、1995年に育児休業給付が創設された。また、1998年にはIT化や長期失業などを背景に就業中の労働者も含めて利用可能な教育訓練給付が作られた。2011年には求職者支援法が成立し、雇用保険の資格を持っていない一定収入以下の労働者を特定求職者として、雇用保険財政によって職業訓練の参加を支援する「求職者給付」が創設された。雇用保険の対象は一般的な失業者以外にも広がりをみせている。

一方で、2000年以降の構造改革等による失業者の増大を理由に受給資格が厳格化された。2003年の雇用保険法改定により、基本手当の支給額の給付水準が離職前180日間の賃金の60〜80％から50〜80％に引き下げられた。また、2007年の法改正により、会社都合で離職した場合は離職日前2年間に被保険者期間が通算して12か月以上であることが求められるようになるなど、従来よりも6か月も必要期間が長くなった。基本給付の申請を出したのち、7日間の待機期間を経て基本給付は支給されるが、自己都合などの理由の場合は給付制限期間

の３か月間は支給がない。長時間労働があって離職した場合も、「正当な理由」の証明をしないと支給が得られない。この改正により受給資格から外れる結果となった労働者が多数あらわれた。後述するように、対象が拡大したにも関わらず受給者割合が低い状態にあることが現在の日本の雇用保険制度の課題の１つである。

2-3　雇用保険の財政と給付制度

　雇用保険は政府が管掌する社会保険制度であり、保険者は国である。条件を満たす労働者を雇用する事業者は、事業者や労働者の意思にかかわらず加入の義務がある。

　雇用保険は、失業等給付、育児休業給付、雇用保険二事業の３つの経費の区分整理が行われている（**図7-4**）。経費区分が分かれている理由は、給付と負担の関係を整理し、景気動向への対応を的確に行うためである。失業等給付と育児休業給付は、労働者と事業主の保険料を折半して運営されており、一部に国庫（一般財源）からの負担もある。育児休業給付は利用者拡大により、関係の明確化と財政運営の均衡のため、2022年より失業等給付から分離され1/8の国庫負担が投入される。求職者支援制度は、雇用保険の受給資格を持たない人を対象とするため、訓練の財源を労使が負担することについては、社会保険の負

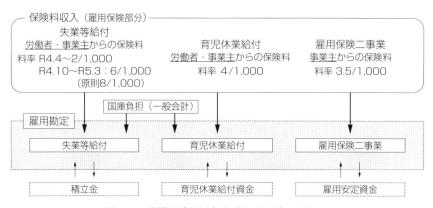

図7-4　労働保険特別会計（雇用勘定）の仕組み

出所：厚生労働省「労働政策審議会職業安定分科会雇用保険部会（第179回）」資料1「雇用保険の財政運営等について」2022（令和4）年12月19日。

担と受給の保険原則から考えると矛盾する。現在、雇用保険事業として労使折半と国庫の1/2負担で運営されている。

雇用保険二事業はすべて事業主からの保険料によって運営されている。二事業は、雇用の安定や雇用開発に取り組む事業主を支援するための事業であるため、事業主負担となっている。

給付制度には、失業等給付事業と、育児休業給付、雇用保険二事業、求職者支援制度がある。

失業等給付の内容は、求職者給付、就職促進給付、教育訓練給付、雇用継続給付である。（一般）求職者給付は、被保険者が離職し、離職の日以前2年間に被保険者期間が通算して12か月以上（離職が倒産・解雇等による場合は、離職の日以前1年間に被保険者期間が通算し6か月以上）ある場合に支給され、基本手当とも呼ばれる。失業者の生活の安定を図る基本的な給付であるが、求職活動を促進することも意図されている。基本手当を受給するためには、失業状態になった後、本人の住所を管轄する公共職業安定所（以下ハローワーク）に行き、離職票の提出と仕事探しの申し込みを行う必要がある。離職票には失業理由が書かれており、正当な理由のない自己都合による離職等の場合は受給開始が2か月（自己の責めに帰すべき重大な理由で退職した場合は3か月）後から支給になるなど、離職理由による給付制限が設けられている。離職票は、会社が作成するが、内容に異議がある場合は申し立ても可能である。受給開始後は、原則として4週間に1回、指定された失業認定日に管轄ハローワークで求職活動実績の報告と失業状態であることの認定を受ける必要がある。

就職促進基本給付は、失業者が早期に労働市場に戻ることを支援するための給付である。たとえば、再就職手当は、所定の給付日数の1/3以上を残して再就職した場合に支給される。雇用継続給付は、60〜65歳の高齢者が再契約時に給与が減額された場合に収入を保障する（高齢雇用継続給付）や介護をしながら働く労働者が休業する場合（介護休業給付）のための給付である。教育訓練給付は、主体的な能力開発の取組みを行うことを支援するための給付であり、労働者が自ら職業に関する教育訓練を受けた場合に支給される。一般教育訓練給付金は、支給要件をみたした場合、指定教育訓練を受講したさいの経費の20％相当額（10万円を上限）が支給される。これは失業状態ではない人も利用可

能である。

育児休業給付は、女性の育児休業期間中の所得を保証する給付である。近年、男性の育児休暇取得促進（産後パパ育休）のための出生時育児休業給付金としても活用されている。

雇用保険二事業は失業等給付の給付減を目指す事業として、失業の予防、雇用機会の増大、労働者の能力開発等に資する雇用対策を行う。具体的には、コロナ禍で利用者が急増した雇用調整助成金や職業能力開発施設の設置・運営、雇用就労が困難な地域への雇用開発事業等が行われている。

求職者支援制度は、雇用保険の受給対象ではない特定求職者が、1か月ごとに10万円の職業訓練受講給付金を受けとりながら無料の職業訓練を受講できる制度である。特定求職者は個人や世帯の収入要件や規定の訓練出席率所得などの要件などを満たす必要がある。2011年に制度が創設されたが、求職者支援制度の利用者は減少傾向にある。コロナ時に職業訓練受講給付金の利用の緩和措置がとられ、わずかに利用者の増加はみられたが、特定求職者の要件の厳しさなどから利用の拡大にはつながらなかった。

3 労働保険の現代的課題

これまで述べた現在の労働保険の課題を量（対象範囲）と質（内容）の側面から整理し、生活リスクの低減という視点から各保険の状況を検討する。

3-1 労働保険の対象の広がり

労災保険は非正規雇用やフリーランスの拡大といった働き方の変化に対応するために、特別加入制度や年金化などの修正を行いながら現在の形になっている。特別加入制度は、中小事業主等用、一人親方などからはじまり時代の働き方にあわせて適用範囲を広げながら、業務災害のリスクから労働者を守っている。2019年の政府審議会においても、社会経済情勢の変化にあった対象範囲や運用方法等について適切かつ現代に合ったものとなるよう必要な見直しを行うという方針が示された。2021年にはITフリーランスやフードデリバリーサービスなどの労働サービス型プラットフォーム、アニメーター、俳優や声優、制

作関係者など、芸能関係作業従事者なども労災保険への任意加入が可能となった。2023年10月にはすべてのフリーランスも任意加入制度の対象となった。

雇用保険の制度制定当初は、フルタイムで直接雇用されている無期労働者と有期（1年以上の雇用見込みがあるパートタイムと派遣）を対象としていた。その後の制度改正により雇用保険の適用対象が拡大し、2010年の改正では、週に20時間以上勤務するパートタイム労働者も6か月以上の雇用見込みがあれば雇用保険の加入対象となり、雇用期間の長さに関わらず雇用保険の加入が可能となっている。また、高齢労働者の増加を背景に、離職前1年間に6か月以上の被保険者期間があれば65歳以上であっても離職時に「高年齢求職者給付」が支給される。

女性や高齢者など、家計補助的な就労についても雇用保険者の対象領域が拡大している。

一方で、「臨時内職的」に就業する学校の学生・生徒（定時制等を除く）の雇用保険加入の問題は取り残されている。COVID19拡大期に、アルバイト学生の主要な受け入れ先であった飲食店営業自粛により、アルバイト収入によって生計や学費を得ていた学生・生徒の就学困難や生活の苦境がニュースやSNSなどで報じられた。親の世帯と同居あるいは仕送りを得て「学資の一部を補う」ことがアルバイト学生の前提であったが、アルバイト収入が生活や学資の主たる部分としている学生の存在が改めて確認された。

この問題は、学生・生徒への雇用保険支払いだけでなく、生活保護を利用した高等教育機関への進学制度の検討とあわせて検討が必要である。近年、リスキリングや学びなおしを求める文脈の中でも、フルタイムで学ぶ学生・生徒への雇用保険の適用拡大を検討することが必要と考える。

3-2　労働保険の内容

労災保険、雇用保険ともに保険対象の範囲は拡大しているが、利用状況は拡大していないことに注意が必要である。これは職場の安全が確保され罹災リスクが低減した、あるいは、経済状況が安定し失業率が低下するなどの理由も考えられるが、制度課題の側面が大きい。

たとえば、労災保険はメリット制を導入しており、労災保険を使う事故が少

ないほど保険料が安くなるので、事故予防が雇用主に強く意識される一方、保険料を引き下げるために「労災隠し」が発生する懸念が指摘されている。「労災隠し」などをさせない適切な労働基準監督行政が必要であるが、公務員定数削減のために事務的な業務など労働基準監督官が担う業務量が増加し、必ずしも本来の監督業務に専念できない状況にあることも指摘されている（池山2021）。

　雇用保険については、雇用保険の被保険者は拡大しているが、受給者実人数は減少しており雇用保険の積立残高が増大している（**図 7-5**）。積立残高が増加している要因には、2003年、2007年の雇用保険法改正による基本手当の受給資格厳格化の影響がある。離職理由によって基本手当の給付開始期間が 3 か月先になったり、給付額がかわるため、早期の就職を優先するあまり、結果として

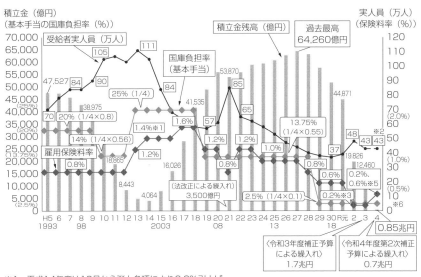

※1　平成14年度は10月から弾力条項により0.2%引上げ。
※2　令和4年度は予算上の年度月平均。
※3　令和2年度から育児休業給付費にかかる雇用保険料率（4%）を切り離している。
※4　国庫負担率は、基本手当分について掲載している。
※5　令和4年度の保険料率は、4～9月＝0.2%、10～3月＝0.6%であり、平均して0.4%としている。
※6　令和4年度以降の国庫負担割合は、雇用情勢及び雇用保険の財政状況に応じて1/4又は1/40
　　（別途一般会計からの繰入も可能）であり、令和4年度は1/40。
原注：積立金残高は、令和3年度までは決算額、令和4年度は前年度の決算及び令和4年度第2次補正予算を踏まえた見込額。

図 7-5　失業等給付に係る雇用保険料率、国庫負担率、受給者実人員及び積立金の推移
出所：同前。

長く働くことが難しい手近な職場選びをせざるを得なくなる可能性もある。失業期間の生活維持が困難なために、不合理な環境から「退出」する選択肢が持てなくなると、不合理な労働環境を拒否できなくなる。ディーセント・ワークを実現するめにも、雇用形態や就労状況にかかわらず安定した生活を送ることができる生活保障と、「失業する自由」「失業する権利」を保障する労働政策が求められる。

[引用・参考文献]

松岡三郎「労災補償の法的性格−戦前と戦後の継承と断絶」『明治大学社会科学研究所紀要』24、1986年、1-20頁。

日本弁護士連合会「雇用保険の抜本的な拡充を求める意見書」2023（令和5）年2月16日。

池山聖子「労働基準監督行政の現状と課題—労働基準監督署の視点から—」『日本労働研究雑誌』6月号（No.731）、2021年。

金井郁「雇用保険の適用拡大と求職者支援制度の創設」『日本労働研究雑誌』659号、2015年、66-78頁。

エスピン−アンデルセン、渡辺雅男・渡辺景子訳『ポスト工業経済の社会的基礎』桜井書店、2000年。

[推薦図書]

○西谷敏『人権としてのディーセント・ワーク—働きがいのある人間らしい仕事—』旬報社、2011年。
　　——労働保険は働けないリスクに備えるためのものと説明した。著者は、ディーセント・ワークを「働きがいのある人間らしい仕事」と訳し、働くことが生活の安定を補償する労働市場のあり方を示す。労働の目的や働き方（スタイル）は多様であるが、働くための条件がディーセントであることが前提となる。

○櫻井純理編著『どうする日本の労働政策』ミネルヴァ書房、2021年。
　　——教科書として書かれており、幅広く日本の労働市場の全体像をつかむことができる。労働市場と家族政策の関係や労働者協同組合、自営業、生きづらさを抱える人など、一般の労働政策にはない切り口の章も面白い。

○伍賀一道『「非正規大国」日本の雇用と労働』新日本出版社、2014年。
　　——日本の労働市場にみられる雇用身分格差の背景と現状を丁寧に分析している。COVID19のパンデミックの影響を最も強く受けたのは非正規雇用の労働者であり、非正規雇用の割合が高い女性労働者、個人事業主化した派遣労働者らであった。日

本の労働市場の矛盾を構造的に理解できる頑強な一冊である。

● 学習課題 ●

①あなたが関心のある国を選び、失業や死病傷による労働の中断による労働者の生活
　リスクに備える仕組みを調べてみましょう。同様に、他国では失業期間にどのよう
　な給付が、どれだけの期間、離職前給与のどのくらいの割合で得られるかを調べ日
　本と比べてみましょう。

②ディーセント・ワークについて、ILO（国際労働機関）などのウェブサイトを読み、
　ほかの人（たとえば、友人や家族）に説明できるようになりましょう。

③労働者の生活リスクに備えるしくみとして職業訓練を活用したアクティベーショ
　ンや最低生活を保障する一定の所得を給付するベーシックインカムの議論がある。
　双方の仕組みをしらべ、社会にあたえるインパクトについて期待される効果と懸念
　点をあげてみましょう。

第 8 章
障害者福祉

廣野俊輔

本章のねらい

　障害福祉は戦前にいくつかの源流がある。傷痍軍人に対する諸施策や石井亮一による孤女学院（後に滝乃川学園）に代表されるような知的障害児者に対する教育・福祉の諸実践、古くから発展を始めた盲の子どもやろうの子どもに対する教育実践等である。しかし、全体的にみれば障害者への対策は救貧制度と未分化の状態にあったといってよい。つまり、障害者の課題は、障害によって働けず収入がないという状態を経由して貧困問題に回収されていた。

　この状況が大きく変わるのが第 2 次世界大戦後である。戦争は大量の傷痍者を生み出し、これを貧困問題とは独立した課題として取り上げさせた。本章では、戦後の障害者福祉制度の歴史、世界的な到達点である障害者権利条約のポイント、主要なサービスを提供している障害者の日常生活及び社会生活を総合的に支援するための法律（障害者総合支援法）の制度内容を理解し、今後の課題を考える。

① 障害とは何か

　障害と聞けば、読者それぞれにイメージが湧くだろう。ある人は車いすの人を浮かべるかもしれないし、別の人は知的障害がある人を浮かべるかもしれない。では、その障害はどこにあるだろうか。多くの人は「それは障害者本人の

身体や精神（もしくは知能）の問題」と考えるのではないだろうか。このような考え方を障害の医学モデルもしくは障害の個人モデルという。この障害の医学モデルは障害が本人の医学的な課題であると考える。しかし、近年この考え方は次第に変化してきている。たとえば、知的障害がある人が目的地につけないのは本人の知能に障害があって駅などで情報をうまくつかめないからと考えることも確かにできる。しかし、他方で分かりやすい掲示物があれば、目的地にたどり着けるかもしれない。このように障害が環境によってもつくられているという考え方を、障害の社会モデルという。日本においてもさまざまな課題がありながらも、障害の社会モデルが徐々に浸透している。

　関連して障害を作り出すさまざまな障壁のことを社会的障壁と呼ぶ。重要なことは、社会的障壁の中に、物理的バリアのみならず、障害者の社会参加を妨げる観念や慣行、制度、意識等あらゆるものを含むという点である。読者の皆さんの周りにはいったいどんな社会的障壁があるだろうか。また、社会モデルは障害の見方をどう変える絵だろうか。2023（令和5）年の『障害者白書』が示しているところによれば、身体障害児・者約436万人、知的障害者109万人、精神障害者約615万人となっている。おおよそ、日本の1割の人に何らかの障害があることになる。しかし、私たちはそのような頻度で障害がある人を街で目にしているだろうか。そうでないとすればそれはなぜか。また、医学的に障害とまでは認められなくても（あるいは認められないからこそ）苦しんでいる人はいないだろうか。

2　障害者福祉制度のあゆみと到達点

2-1　戦後障害者福祉の形成

　1949年に成立した身体障害者福祉法は軍人対策に限らずに、救貧制度から独立した福祉法の出発という大きな意味をもった。ただし、経済的な自立を意味する「更生」を掲げることによって、職業的に自立できる者に対象を限定したため、重度の身体障害者はとり残された。また判定の難しさや財政的な困難を理由に知的障害者も対象とはされなかった。知的障害児は児童福祉法が、精神障害者については精神衛生法がそれぞれ対象とした。1960年に知的障害児・者

の親の訴えを受けて精神薄弱者福祉法（現・知的障害者福祉法）が成立し、身体障害者福祉法、精神衛生法、知的障害者福祉法と3つの障害に対応する体制が形成された。ただし、精神衛生法に「福祉」の文言が取り入れられるのは、1995年の改正であって、それまでは医療分野の法律という認識が強かった。

　また、施策の中心は入所施設の整備であった。とくに知的障害者の分野で顕著だが、「親亡き後」と呼ばれる親が亡くなった際の障害者の生活を考えて、入所施設が支持されていた。この方向性はノーマライゼーション理念の浸透や自立生活運動、そして1981年の国際障害者年を契機に変容していく。ノーマライゼーションとは、1950年代後半にデンマークのバンク・ミケルセンが提唱し、スウェーデンのベンクト・ニィリエ（ニルジェとも表記する）が発展させた障害者福祉の基本理念であって、その中核には障害者の置かれている環境を正常化するという意味である。この考え方は世界中に広まり、入所施設の非人間的な環境を改善するための原動力となった。

　自立生活運動とは、1970年頃から、重度の身体障害者が親元や入所施設ではない生活を求めた運動であって、とくにアメリカの自立生活運動では、介助を受けていても、自分の生活を主体的に構築していれば、その人を自立しているといってよいという主張がなされた。

　さらに、この展開を決定的にするのは、2006年に障害者権利条約が国連で発効し、その中で地域に包摂された生活が障害者の権利と明示されたことである。現在では、入所施設から地域生活への移行を意味する地域移行が大きな政策課題となっている。

2-2　障害者総合支援法の成立

　「身体障害」、「知的障害」、「精神障害」といったような障害別の制度の発展が大きく塗り替えられていくのは、1990年代後半の社会福祉基礎構造改革の影響を受けて2000年代に具体化する改革によってである。2003年、支援費制度が導入され、障害者福祉の領域に契約制度がもちこまれた。さらには、支援費制度による利用者増大・財源確保の必要性を理由に2005年10月に障害者自立支援法が成立した。この新しい法律によって、①3つに分立していた障害別制度の一元化、②応益負担の導入、③サービス実施の市町村への移管、④障害程

度区分の導入等が実施された。

　この法律については成立前から、当事者団体、関係者団体が数多くの問題点を指摘していた。とりわけ強い反発を生んだのは、応益負担の導入であった。一般的に障害が重い方が収入は低くなりやすい上に必要なサービス量が多い。したがって、障害が重い人の方が応益負担の負担は大きくなる。この問題をめぐって 2008 年 10 月以降、障害者自立支援法を違憲として、国を相手とした訴訟が全国各地で行われた。2010 年 1 月、国は、訴訟団と和解し、「基本合意」を締結し、2010 年 4 月以降、障害者の大半を占める非課税世帯のサービス利用負担を無料とした。さらに、2013 年 4 月から障害者自立支援法の改正し、障害者の日常生活及び社会生活を総合的に支援するための法律（障害者総合支援法）とした（障害者総合支援法の内容は、後で述べる）。

　さらに政府は障がい者制度改革推進会議の骨格提言を受けて、以下の改革を行った。すなわち、①障害者自立支援法を改正し、障害者総合支援法を制定、②障害者基本法を改正し、障害の社会モデルの理念を反映させたこと、③障害者虐待の防止、障害者の養護者に対する支援などに関する法律（以下、障害者虐待防止法）の成立（2011 年）、④障害を理由とする差別の解消の推進に関する法律（以下、障害者差別解消法）の成立（2013 年）、である。これらの改革の上で、日本は 2014 年に障害者権利条約に批准した[1]。

2-3　障害者権利条約の概要

　国際連合による障害に関係する取り組みの歴史は長い。1971 年、知的障害者の権利宣言、1975 年の障害者の権利宣言、1981 年の国際障害者年、1994 年の障害者の機会均等化に関する標準規則等がある。これらの蓄積の上に、障害者権利条約は 2006 年に国際連合で採択された。条約と宣言等との相違はそれがもつ各国への拘束力にある。また、たとえば知的障害者の権利の宣言がやむを得ず障害者の権利を制約することを認めている面があるのに対し、障害者権利条約は障害者の権利をより徹底して擁護している。さらに具体的には、障害者権利条約の注目すべき点としてとくに 4 つを挙げることができる。

　第 1 に、障害の考え方である。従来、障害は心身機能の異常としてとらえられがちだったが、これに社会的障壁の概念を導入した。社会的障壁とは障害の

原因となるような物理的制約、制度の不備、社会的な慣行などのすべてを含む。これにより、障害は個人の身体や精神の状態と環境的要因とのかけ算として理解されるようになる。

　第2に合理的配慮を明記した点である。合理的配慮とは、「障害者が他の者との平等を基礎として全ての人権及び基本的自由を享有し、又は行使することを確保するための必要かつ適当な変更及び調整であって、特定の場合において必要とされるものであり、かつ、均衡を失した又は過度の負担を課さないものをいう」と定義されている。

　第3に手話を言語と認めている点である。音声による日本語を理解できないろう者にとって、手話は重要なコミュニケーション手段であるにもかかわらず、劣ったコミュニケーション手段として、時には禁止さえされてきた歴史をがある。条約がこの点に関して手話を言語と明言している影響は大きく、これを確認・推進すべく手話言語条例が各地で制定されている。

　第4に障害者の権利擁護に関する徹底した姿勢である。たとえば、障害者権利委員会から日本政府に出された総括所見（2022年9月12日）では、第12条（法の前に等しく認められる権利）に関係して、「代替的な意思決定の体制の廃止を視野に入れる」ように勧告している。これは、日本の成年後見制度に根本的な見直しを迫るものである。さらに、第19条（自立した生活及び地域生活への包容）に関連して、「精神科病院に入院している障害者のすべてのケースを見直し、無期限の入院をやめ、インフォームド・コンセントを確保し、地域社会で必要な精神保健支援とともに自立した生活を育むこと」を勧告している。日本の精神保健システムに抜本的な見直しを求める内容となっている。

③　障害者総合支援法のサービス体系

3-1　障害者総合支援法のサービス体系

　本節では、現在の障害者への福祉サービスの大部分を供給している障害者総合支援法についてその全体像を示す。

　障害者総合支援法にもとづくサービスは大きくわけると、自立支援給付と地域生活支援事業によって構成されている。自立支援給付とは、障害者の障害程

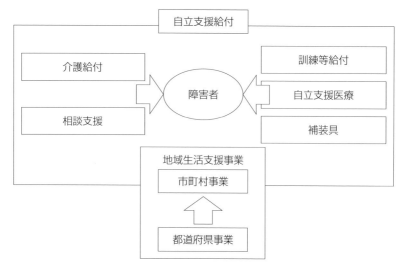

図 8-1　障害者総合支援法のサービス体系

出所：筆者作成。

度や勘案すべき事項を踏まえて支給決定されるサービスであり、介護給付・訓
練等給付等から構成される。これに対し、地域生活支援事業は、市町村・都道
府県が裁量的経費で地域の実情に応じて提供するサービスであって、都道府県
事業が市町村事業を支援する意味合いをもっている（図 8-1）。

　サービス利用にあたって身体障害者以外は、手帳の所持が必要条件とはなっ
ていない。障害者総合支援法と障害者自立支援法の大きな相違点として、難病
の者も対象となるように改正された点がある。したがって、従来の「三障害」
と呼ばれた身体障害者、知的障害者、精神障害者（発達障害を含む）に加えて、
難病患者もサービスを利用できるようになった。ただし、障害者総合支援法が
対象としている難病は、2021 年 11 月以降、366 疾病である。少しずつ増えてい
る点は評価されるべきだが、同時に対象となっていない難病が多いことも事実
である。

3-1-1　介護給付

　図 8-1 に沿って、障害者総合支援法のサービスについて説明しよう。最初に
取り上げるのは、介護給付である。介護給付には以下のサービスが含まれる。
なお、障害者のみ利用できるものは、サービス名の後に〈者〉のみ、障害児も

利用可能なものについては〈者〉〈児〉と表記する。

3-1-2　訓練給付

　訓練給付は、リハビリテーション・生活訓練や就労継続、一般就労への移行を支援するなど介護保険にはないサービスで構成されている。共同生活援助における入浴や排せつ、食事等の介護をともなうものを除き、障害支援区分による利用制限がない。

3-1-3　相談支援事業

　相談支援事業は、①一般的な相談支援、②地域相談支援、③計画相談支援の3つに区分される。一般的な相談支援は名前の通り多様な相談を受け、必要な機関に接続する役割を担う。地域生活支援事業（後述）の障害者相談支援事業として実施される。②地域相談支援は、さらに「地域移行支援」と「地域定着支援」に区分される。前者は精神科病院等からの地域への移行を支援するもので、後者は地域に移行した者の緊急時の対応等を行う。③計画相談支援は、「サービス利用支援」と「継続サービス利用支援」に分けられる。前者は、障害者総合支援法のサービスを受給する際にサービス等利用計画を作成する。後者はこのサービス等利用計画を必要に応じて検証し、見直す。いわゆるモニタリ

表8-1　介護給付の内容（一部のみ掲載）

---

①　居宅介護（ホームヘルプ）〈者〉〈児〉
自宅で、入浴、排せつ、食事の介護等を行う。
②　重度訪問介護〈者〉
重度の肢体不自由者又は重度の知的障害若しくは精神障害により、行動上著しい困難を有する人で常に介護を必要とする人に、自宅で、入浴、排せつ、食事の介護、外出時における移動支援などを総合的に行う。2018年4月より、入院時も一定の支援が可能となった。
③　行動援護〈者〉〈児〉
自己判断能力が制限されている人が行動するときに、危険を回避するために必要な支援や外出支援を行う。
④　短期入所（ショートステイ）〈者〉〈児〉
自宅で介護する人が病気の場合などに、短期間、夜間も含め施設で、入浴、排せつ、食事の介護等を行う。
⑤　生活介護〈者〉
常に介護を必要とする人に、昼間、入浴、排せつ、食事の介護等を行うとともに、創作的活動又は生産活動の機会を提供する。
⑥　施設入所支援（障害者支援施設での夜間ケア等）〈者〉
施設に入所する人に、夜間や休日に、入浴、排せつ、食事の介護等を行う。

出所：全国社会福祉協議会パンフレットを参照して筆者作成。

ングを行うものである。

3-1-4　自立支援医療

　自立支援医療とは、障害に関わる医療費の負担を軽減するための制度である。本人の所得に合わせて月の負担上限額が設定されている。たとえば、生活保護世帯ならば負担金額は0円、市町村民税非課税で本人収入が80万円以下の場合、2500円が負担上限額となる（市町村民税非課税で、本人収入が80万円を超えると5000円）。この制度は、3つに分かれており、18歳以上の身体障害者を対象とした更生医療、身体に障害のある児童を対象とした育成医療、18歳以上の精神障害者を対象にした精神通院医療がある。実施主体は更生医療と育成医療が市町村、精神通院医療が都道府県もしくは政令市となる（ただし精神通院医療も窓口は市町村もしくは政令市である）。

3-1-5　補装具

　補装具とは、障害者等の身体機能を補完し、または代替し、かつ、長期間にわたり継続して使用されるものであって、具体的には、義肢、装具、車いす等を指す。障害者総合支援法では、障害に関連して必要な補装具を一定の上限を設けた利用者負担で購入できる。また、2018年には、購入に加えて利用者の成長に合わせた柔軟な対応ができるように補装具の借り受けができるようになった。

3-1-6　地域生活支援事業

　地域生活支援事業は、これまで解説した介護給付等と異なり、都道府県もしくは市町村によって主体的に行われる事業である。実施主体としての市町村と都道府県それぞれに必須事業と人事業の区別があり、合計4パターンのサービスが存在する。

　紙数の関係ですべてを紹介することはできないが、いくつか重要なものを取り上げよう。市町村の必須事業では、相談支援事業、移動支援事業、成年後見制度支援事業等がある。都道府県の必須事業としては、障害者就業・生活支援センター事業、発達障害者支援センター運営事業、高次脳機能障害及びその関連障害に対する支援普及事業、専門性の高い意志疎通支援を行う者の養成研修事業等がある。都道府県は広域的もしくは専門性の高い事業を行って、市町村をバックアップすることが期待されている。

表8-2　訓練給付の内容（一部のみ掲載）

① 自立訓練〈者〉
自立した日常生活又は社会生活ができるよう、一定期間、身体機能又は生活能力の向上の
ために必要な訓練を行う。機能訓練と生活訓練がある。
② 就労移行支援〈者〉
一般企業等への就労を希望する人に、一定期間、就労に必要な知識及び能力の向上のため
に必要な訓練を行う。
③ 就労継続支援（A型＝雇用型、B型＝非雇用型）〈者〉
一般企業等での就労が困難な者に、働く場を提供するとともに、知識及び能力の向上のた
めに必要な訓練を実施する。雇用契約を結ぶA型と、雇用契約を結ばないB型がある。
④ 共同生活援助（グループホーム）〈者〉
共同生活を行う住居で、相談や日常生活上の援助を行う。また、入浴、排せつ、食事の介
護等の必要性が認定されている者には介護サービスも提供する。

出所：同前。

3-2　障害者総合支援法の受給プロセス

　障害者総合支援法上のサービスを利用したい場合、窓口は市町村となる。申
請を受けた市町村は、対象となる障害者の障害支援区分の認定を行う。障害支
援区分は、1～6まであり、1が最も軽く、6が最も重い。介護給付のサービス
では支援区分による制限がある。先に述べたように、訓練給付の場合、障害支
援区分の認定は原則として必要ないが、共同生活援助で身体介護がともなう場
合、障害支援区分の認定が必要である。

　障害支援区分の認定の後、サービス等利用計画案を作成する。これは暫定的
なサービスの利用計画である。多くの場合、指定特定相談支援事業所に依頼し
て相談支援専門員が作成する。このサービス等利用計画案を勘案し、市町村は、
サービス支給決定を行う。支給決定がなされると、指定特定相談支援事業所を
中心にサービス調整会議が行われる。この過程を経て実際のサービス等利用計
画が作成され、サービス利用が開始される。なお、相談支援の解説で述べたよ
うに、継続サービス利用支援によってサービス等利用計画は見直される。

3-3　障害者総合支援法の利用者負担

　障害者総合支援法の費用負担は、利用したサービス費用の1割の上限を設定
した応能負担となっている。具体的には表8-3の通りである。

　このように障害者総合支援法では、障害者を含む世帯の所得に応じた上限負

表 8-3　障害者総合支援法の利用者負担

生活保護世帯	低所得	一般 1	一般 2
収入状況：生活保護	世帯の収入状況：市町村民税非課税世帯＊1	世帯の収入状況：市町村民税課税世帯（所得割16万円未満）＊2・3	生活保護、低所得、一般1以外の世帯
負担上限月額：0 円	負担上限月額：0 円	負担上限月額：9,300 円	負担上限月額：37,200 円

注1：3 人世帯で障害基礎年金1級受給の場合、収入が概ね300万円以下の世帯が対象となる。
注2：収入が概ね600万円以下の世帯が対象となる。
注3：入所施設利用者（20歳以上）、グループホーム利用者は、市町村民税課税世帯の場合、「一般2」となる。
出所：同前。

担金額を設定することで、利用する世帯の負担が大きくなりすぎないようにしている。この他にも負担を軽減する仕組みがあるが、これを調べることは章末の課題としたい。

4　障害者総合支援法以外の障害関係法

4-1　障害を理由とする差別の解消の推進に関する法律（障害者差別解消法）

　障害者権利条約の批准のための国内法の整備の一環として、2013年6月に成立し、2016年4月に施行された。同法の中心は、不当な差別的取り扱いの禁止や障害者権利条約の項目で解説した合理的配慮の提供を義務づけている点が注目される。不当な差別的取り扱いとは、障害者であることを理由にサービス等の提供を拒否することであって、当然、行政機関、民間事業者ともに禁止されている。他方で、合理的配慮を提供する義務については、行政機関には義務が民間事業者には努力義務が課せられている。ただし、改正によって2024年4月1日から、民間事業者にも合理的配慮提供の義務が課される予定である。

4-2　障害者虐待の防止、障害者の養護者に対する支援等に関する法律（障害者虐待防止法）

　児童虐待防止法、高齢者虐待防止法に続く形で、2011年に成立し、2012年10月に施行された。その中心的な内容は、障害者虐待を発見した者に通報の義務を課し、虐待を防止もしくは早期発見しようとする点である。通報の対象と

なる虐待は、虐待を行った者と虐待の種類によって規定されている。虐待を行った者としては、①養護者（家庭等で障害者の世話をしている者）、②障害者施設従事者等（障害者総合支援法の施設、事業の従事者等）、③使用者（障害者を雇用している者等）である。虐待の種類は、身体的虐待（殴る・蹴る等）、心理的虐待（暴言を吐く、脅す）、ネグレクト（必要な世話を怠る）、経済的虐待（本人の年金を取り上げる、不当に安い賃金で働かせる）が規定されている。したがって、3主体×5種類の15パターンの虐待が通報対象として規定されている。この他、通報義務対象となっていないが、学校、保育所、認定こども園、医療機関の長もしくは管理者には、障害者および障害に関する理解を深めるための研修や普及啓発、虐待に関する相談体制の整備、虐待に対処するための措置を講ずるように求めている。

4-3 障害者の雇用の促進等に関する法律（障害者雇用促進法）

障害者雇用促進法は、もともと身体障害者のみを対象として、1960年に成立しているが、現在では知的障害者や精神障害者も対象となっている。この法律の重要なしくみは障害者雇用率制度である。障害者雇用率制度とは、一定の人数の障害者の雇用を事業主に対して義務づけるもので、現行の制度では、民間企業2.3％、国・地方自治体2.6％、都道府県の教育委員会2.5％となっている。精神障害者を除くが、重度障害者は2人としてカウントできる。20時間以上30時間未満の短時間労働に関しては、0.5人（重度の場合1人）にカウントできる。雇用率が未達成の場合、雇用率達成のための指導や勧告がなされることがあり、改善がみられない場合、企業名の公表といった措置がとられる。また、雇用率未達成の事業所から障害者雇用納付金を徴収し、達成している企業に障害者雇用調整金を給付する。

5 障害者福祉の課題

本章の最後に障害者福祉の課題をいくつか挙げておく。障害者福祉のサービス供給量は、かなり増えたといってよい。しかし、たとえば移動系のサービスは就学や就労には使えない。また重度訪問介護のような障害者の地域生活を支

えるサービスの供給について地域による格差が大きいと指摘されている。国際的な流れの中で課題と設定されている地域移行もスムーズには進んでいない。この課題には2つの面があり、大規模な入所施設から障害者がなかなか出られていないという側面と、たとえグループホームに住んでいたとしても地域との交流がなければ結局それは小さな施設ではないかという側面である。この点は、障害者の高齢化といった点とも関連してくる論点である。

　さらに、合理的配慮をいかに具体化していくかといった課題もある。障害者からの申し出をわがままと決めつける意見もまだまだ多い。そうした中で1人でも多くの人が社会参加できるように申し出を拾っていき、何ができそうかを前向きに提案していく姿勢が求められる。

[注]
1　署名は条約に加盟する意思を示し、批准は実際に条約のルールを遵守始めることを示す。

[引用・参考文献]
一般財団法人日本ソーシャルワーク教育学校連盟編『最新社会福祉士養成講座精神保健福祉士養成講座　8　障害者福祉』中央法規、2021年。
全国社会福祉協議会『障害福祉サービスの利用について（2021年4月版）』https://www.shakyo.or.jp/download/shougai_pamph/date.pdf 最終閲覧日2023年9月23日。
DPI日本会議「障害者権利委員会から日本政府へ勧告（総括所見）が出されました！～90項目以上改善するよう勧告されています～」https://www.dpi-japan.org/blog/workinggroup/crpd/recommendations-for-japan/最終閲覧日2023年9月23日。
「障害者の日常生活及び社会生活を総合的に支援するための法律等の一部を改正する法律案の概要」https://www.mhlw.go.jp/content/001000995.pdf 最終閲覧日9月23日。
内閣府『令和5年度版　障害者白書』https://www.cao.go.jp/shougai/whitepaper/r05hakusho/zenbun/index-pdf.html 最終閲覧日2023年9月23日。

[推薦図書]
○二本柳覚・鈴木裕介『これならわかる〈スッキリ図解〉障害者総合支援法［第3版]』翔泳社、2023年。
　——障害者総合支援法について包括的かつ簡潔にまとめた本である。より詳しく学習したい人に読んでほしい。

○川島聡・長瀬修編『障害者権利条約の実施―批准後の日本の課題―』信山社、2018年。
　——障害者権利条約批准後の日本の課題を第一線の研究者が考察している。大著だがぜひ挑戦してほしい一冊。
○西田武志・福島龍三郎編著『強度行動障害のある人を支えるヒントとアイデア―本人の「困った！」、支援者の「どうしよう……」を軽くする―』中央法規、2023年。
　——具体的な支援をしりたい人にぜひ手に取ってほしい。行動障害がある人にどうやって穏やかに過ごしてもらえるか一緒に考えながら読みたい本。

● 学習課題 ●
①障害者総合支援法における利用者負担軽減の仕組みにはどんなものがあるか。たとえば、グループホーム入居者への仕組みや生活保護の対象となることを防ぐための仕組みがあるので調べてみよう。
②障害児の福祉サービスは障害者総合支援法の一部が対応するだけではなく児童福祉法が対応している。どんなサービスがあるのか調べてまとめてみよう。
③合理的配慮の提供にはどんな方法があるのか障害種別に分けて考察してみよう。また合理的配慮の提供方法が複数ある場合にはどうすべきかを話し合ってみよう。

第9章
子ども家庭福祉

石田賀奈子

本章のねらい

　「子ども」という存在、または「子ども時代」へのまなざしは、社会の変化とともに大きく変わってきた。中世ヨーロッパにおいては、「子ども期」を特別視する概念はなかったという。長らく「小さな大人」とみなされてきた「子ども」であるが、その後、社会の発展の中で「発見」された概念であるといえる。この章では、これまでの社会の中で、「子ども」がどのように位置づけられてきたのか、まずその歴史についてみていきたい。そのうえで、「子ども」へのまなざしの変化とともに、子ども期固有の権利が確立してきた経緯についてみていく。読者の皆さんは、「子ども期」と聞くと「純粋な」「純真無垢な」といった言葉を連想するかもしれない。しかし、実際のところ、子ども期は比較的新しい概念で、さらに近代社会の中で富国強兵に貢献する存在とみられてきた側面も強い。

　大きな転換期となったのは、第2次世界大戦である。戦火は多くの子どもたちが家族と離れ、衣食住の維持すら困難な状況を生んだ。1947年に制定された児童福祉法は、子どもを、「保護を必要とする存在」と規定し、国民や国・地方公共団体の責任を明確に示したのである。

　しかし、それでもなお、現代の日本社会で子どもや子どもを育てる家族が置かれている状況には、虐待や貧困など、さまざまな問題がある。ここでは子どもの育ちや子育てを支える社会保障の仕組みについて学ぶ。

１ 子どもとは何か

1-1 「子どもとは何か」

　「子どもとは何か」という問いに的確にこたえることは、実はとても難しい。

　たとえば、「児童福祉法」（1947年）においては、第4条で児童とは「18歳に満たないもの」としている。また、1922年に制定された「未成年者飲酒禁止法」では第1条で「満20年に至らさる者は酒類を飲用することを得す」としており、20歳未満を子どもと規定し、飲酒を禁止している。このように、法律的には子どもを定義する場合には、年齢によって定義している場合が多いが、その法律における「子ども期の終了年齢」を示しているにすぎない。子ども期とはどのようなもので、いつから私たちは子どもとなるのか、そういったことについて触れられているものは見当たらないのである。

　なお、子ども家庭福祉の領域においては、山縣（2016）[1]は次のように定義している。

　「①一個の独立した人格であること

　　②受動的権利（保護される権利）と同時に、能動的権利（個性を発揮する権利）も有する存在であること

　　③成長発達する存在であり、それを家族や社会から適切に保障されるべきこと」。

1-2 「子ども」誕生以前の「子ども観」

　日本においては、古くから、「子は宝」、「子はかすがい」といわれてきたが、いずれもイエの存続においての宝としての子どもであったり、夫婦や家族のきずなを維持するための子どもという存在を指している意味合いが強いとされている。また、「7歳までは神のうち」、「神様からの授かりもの」というような民俗学的な子ども観も存在する。日本においてはイエ制度の存続と民俗学的な意味づけの2つの柱で子どもはとらえられてきたといえよう。

　これは日本社会に限ったことではない。長らく子ども時代という概念が希薄だったことは、マルクスによる『資本論』の以下の記述からもよみとることが

できる。

「9歳のウィリアム・ウッドが『働き始めたのは7歳と10か月の時だった』
（中略）平日には毎朝6時にやってきて仕事が終わるのは夜の9時頃だった
（以下略）

12歳の少年J.マーレーはこう証言している。『僕は型運びとろくろ回しを
している。ぼくは朝6時、ときには朝4時に来る。昨晩は徹夜で今朝は6時
まで働いた。昨日の夜からベッドに入っていない』[2]。

　ここからは1800年代後半のヨーロッパ社会において児童が安い労働力とし
て搾取されていたことがうかがえる。その後、イギリス社会では、工場法の制
定（1833年）で、女性や子どもは保護の対象になっていく。しかしこれも、子
どもの人権といった視点への言及はないことから、あくまで富国強兵のための
子どもであったといえるだろう。

1-3 「子ども」時代の誕生

　「子ども時代」という概念の誕生自体は、工場法制定よりはるか前、フラン
ス革命前後に源流をみることができる。アリエスはその著書『こどもの誕生』
（1960）の中で、中世のヨーロッパには「子ども期」を特別視する感覚がなかっ
たと指摘する。幼児が体格的に「小さな大人」とみなされるようになるころに
は、大人たちとともに仕事をしていたのである。

　しかし、17世紀ごろには、幼児と成年の間に幼児と成人の間に1つの年齢層
が生まれ、認識されていく。

　ルソー（Jean-Jacques Rousseau、1712-78）はその著書『エミール』（1762）の
中で子どもも主体的な生活者であること、そして人間的権利を有することを明
言している。子どもをありのままに受け止め、今を生きる主体としてとらえる
教育のあり方や社会における子どものとらえ方を提示し、その成長のプロセス
を通じて有徳の市民を形成しようとする考え方は子どもの権利を考えるうえで
重要な視点とされた。

　1900年には、スウェーデンの思想家エレン・ケイ（E. K. S. Key, 1849-1926）
は以下のように「児童中心主義」を訴え、20世紀を「児童の世紀」とすること
を提唱した。

「わたしの夢みる学校は、国家が軍国主義の最大の犠牲になっている限り，実現する状態ではない。軍国主義が克服されたとき初めて、人々は長足の進歩を遂げ、最も高価な学校計画が最も安価につくことを理解するであろう。なぜなら、そのとき人々は、強い人間の脳と心は社会にとって最高の価値があることを理解しはじめるからである」（『児童の世紀』より）。

1909 年には、当時のアメリカ大統領セオドア・ルーズベルト（Roosevelt, T. 1858-1919）が白亜館会議（ホワイトハウス会議）を招集する。第 1 回のこの会議では「家庭生活は、文明の所産のうち最も高い、もっとも美しいものである。児童は緊急なやむを得ない理由がない限り、家庭生活から引き離されてはならない」[3] ことが確認された。子どもにとっての家庭生活の重要性が確認されている。その理念の具体化の 1 つとして 1912 年には連邦児童局が設置されている。このように、私たちの人生には「子ども期」という時期があり、保護されなければならない存在であるという概念が生まれたのはごく近代になってからのことであり、さらにその後の国際社会の歴史をみても、「児童の世紀」の実現とは対極であったことが分かる。この後世界は 2 つの大戦の時代に突入していくことになるからである。

2 子どもの権利概念の発達

2-1 第 1 次世界大戦とジュネーブ宣言

第 1 次世界大戦（1914-1919 年）では、ヨーロッパを中心にたくさんの子どもが犠牲となった。子どもの権利の制度化はこの戦争の反省から急速に進展した。イギリスの国際児童救済基金連合による「世界児童憲章」（1922 年）である。翌 1923 年には、「児童の権利宣言」が発表される。これは 1924 年に国際連盟により「ジュネーブ宣言」として採択される[4]。これは子どもの権利が国際的規模で考えられた最初のものである。

ジュネーブ宣言では、「人類が児童に対して最善の努力を尽くさなければならない義務」として、①心身の正常な発達保障、②要保護児童への援助、③危機時の児童最優先援助、④自立支援、搾取からの保護、⑤児童の育成目標という 5 点を掲げている。

2-2 第2次世界大戦と児童の権利宣言

　国際社会は、子どもたちを含む多大な犠牲を出したにもかかわらず、その後第2次世界大戦（1939-1945年）へと突き進み、1945年に終戦を迎える。

　戦後発足した国際連合は、国際的な子どもの人権宣言として「児童の権利に関する宣言」を世界に呼びかける。「児童の権利に関する宣言」は「人類は児童に対し、最善のものを与える義務を負うものである」としている。

　「前文(一部)『人類は児童に対し、最善のものを与える義務を負うものである』
　　一条：児童は、この宣言に掲げるすべての権利5を有する。すべての児童は、
　　いかなる例外もなく、自己またはその家庭のいずれについても、その人種、
　　皮膚の色、性、言語、宗教、政治上その他の意見、国民的若しくは社会的出
　　身、財産、門地その他の地位のため差別を受けることなく、これらの権利
　　を与えられなければならない」6。

　この「児童の権利」は、1966年に制定された国際人権規約において法的な力を持つものとなっていく。同規約のB規約7には第24条で「児童の権利」が組み込まれている。

2-3 児童の権利に関する条約の成立

　国際連合は1979年を「児童の権利宣言」の20周年記念として「国際児童年」とした。この前年1978年、ポーランドは国連人権委員会に「子どもの権利条約草案」を提出していた。

　1989年11月20日、「児童の権利に関する条約」が第44回国連総会において採択された。合わせて、1994年を「国際家族年」とすることが決められた。「家庭から始まる小さなデモクラシー」をスローガンに家族が社会生活の基礎的な単位であることを確認し、家族が家庭生活の中でその責任を果たすことができるよう社会的支援を行うことが各国に求められたのである。

3　日本における子どもの権利の発達

3-1 児童福祉法制定までの日本社会

　1872（明治5）年の「太政官布告」において「学制」が発布された。しかし、

子どもたちへの教育が普及したわけではない。すべての子どもに教育が行き渡り、近代国家の市民を育成していくという理念とは裏腹に、包摂されえない貧困層の子どもたちが存在した。

　その背景には、まず、当時の多くの農村地域において、子どもは1人の労働者としてみなされていたことがある。深谷（1996）[8] によると1873年の就学率は28.1％、1897年には66.7％まで伸びている。しかし、学校から帰っても、子どもの余暇は「遊び」よりも「家の手伝い」を求められる時代であった。このような状況の中で、家庭の中に何らかの生活上の困難が生じてしまうと、たちまち家族全体が機能不全に陥り、生活困難となってしまったであろう。その後も明治以来の「富国強兵」「殖産興業」のスローガンのもと、日本は資本主義化を目指していく。しかし人びとの生活は、戦争による生活費の圧迫、恐慌による財政破綻などによって、農村の困窮化や都市下層社会の深刻化が進んでいった。恤 救 規則（1874年）や感化法（1900年）など、保護を必要とする孤児や非行をなす子どもへの支援を規定した法律はできたものの、政府による子どもへの支援策はほぼなく、石井十次（1865-1914）の「岡山孤児院」（1820年）や留岡幸助（1864-193）の「家庭学校」（1899年）など、民間の篤志家がそうした制度の欠陥を補う形で社会事業を発展させた時代でもあった。

3-2　児童福祉法の制定

　第2次世界大戦は、多くの子どもが生活の基盤である家庭や家族を失う状況を生んだ。戦後、厚生省（現在の厚生労働省）児童局は、「孤児調査」を実施している。1948年2月1日時点の孤児、つまり養育者のいない子どもたちの実態を把握するためのものである。その結果、孤児総数は、12万3511人であった。そのうち、戦災孤児が2万8248人、植民地・占領地から帰国してきた孤児が1万1351人であったとされている。この調査は終戦から2年以上たってからの調査である。おそらく終戦直後の戦災孤児数はもっと多かったと推察される。

　1947年に施行された児童福祉法はこうした社会状況を受けて戦後処理施策の一環としていち早く整備された法律の1つである。

　児童福祉法[9] の理念は次のとおりである。

「第1条　　すべて国民は、児童が心身ともに健やかに生まれ、且つ、育成さ

れるよう努めなければならない。すべて児童は、ひとしくその生活を保障
され、愛護されなければならない。(児童福祉の理念)

第2条　　国及び地方公共団体は、児童の保護者とともに、児童を心身とも
に健やかに育成する責任を負う。(児童育成の責任)」。

児童福祉の理念をうたう第1条からは、封建的な児童観から脱却し、子ども
一人ひとりの人権を尊重し、健全な育成を目的としていることが読み取れる。

また、1951年には児童憲章[10]が制定される。

「・児童は、人として尊ばれる

　・児童は、社会の一員として重んぜられる

　・児童は、よい環境の中で育てられる」。

戦後の子どもたちの生活も困難な状況であった。1950年の小中学生1500万
人のうち、30日以上の欠席者が100万人、児童憲章が制定された1951年は50
日以上の長期欠席児が25万人いたとされている[11]。農村や漁村では、親の仕事
の手伝いや兄弟の子守など、子どもはやはり小さな労働力としての役割を期待
されていたためである。

3-3　児童の権利に関する条約の批准と児童福祉法改正

1994年4月、日本は「児童の権利に関する条約」[12]の158番目の批准国とな
った。ここまでの宣言や条約において、子どもは、社会的弱者として保護され
る存在であった。この条約は、子どもの保護される権利に加えて、意見を表明
する権利を認める画期的なものであった。「子どもには大人と同じ市民的自由
があり、主体者として人権を保障される存在であるという」ことを、法的拘束
力を持って認めるものである。子どもは1つの固有の人格を持った存在である
こと、受動的権利に加えて能動的権利を持った存在であること、子どもへのか
かわりにおいては常に「最善の利益 (the best interest)」が考慮されるべきであ
ることなどがうたわれている。

その後、国連は2009年11月の総会において「児童の代替的養護に関する指
針」[13]を採択した。この指針は「児童の権利に関する条約、ならびに親の養護を
奪われ、または奪われる危険にさらされている児童の保護及び福祉に関するそ
の他の国際文書の関連規定の実施を強化する」(厚生労働省訳)ことを目的と

したものである。とくに、社会的養護、つまり保護者のいない児童や被虐待児など、家庭的環境上養護を必要とする児童などに対し、公的な責任として、社会的に養護を行う場合における家庭を基盤とした環境の重視と脱施設化の方向性を示している。なかでも3歳未満の乳幼児については家庭を基盤とした環境で提供されなければならないとしている。施設養育については、子どもの最善の利益に沿う場合に限られるべきと施設養育を認めつつも「大型の施設が残っているところでは、脱施設化という方針のもと、いずれは施設の廃止を可能とするような、明確な目標と目的をもって、代替案を発展させなければならない」としている。

1994年に児童の権利に関する条約を批准して以降、第3回目にあたる日本に対する国連子どもの権利委員会の総括所見が出されたのは2010年のことである。その中でわが国の代替的養護について改善勧告が行われた[14]。

これに対応するため、2015年の「新たな子ども家庭福祉のあり方に関する専門委員会」の提言を経て、2016年に児童福祉法の改正が行われた。児童の権利に関する条約を批准してから実に20年以上の歳月を要して、ようやく条約の理念が法の理念に位置づけられることにつながったのである（表9-1 参照）。

1947年に児童福祉法が制定された当時、戦災孤児等衣食住の確保が必要な子

表9-1　児童福祉法の改正要点

第一条 　全て児童は、児童の権利に関する条約の精神にのつとり、適切に養育されること、その生活を保障されること、愛され、保護されること、その心身の健やかな成長及び発達並びにその自立が図られることその他の福祉を等しく保障される権利を有する。（児童福祉の理念） 第二条 　全て国民は、児童が良好な環境において生まれ、かつ、社会のあらゆる分野において、児童の年齢及び発達の程度に応じて、その意見が尊重され、その最善の利益が優先して考慮され、心身ともに健やかに育成されるよう努めなければならない。 　○2　児童の保護者は、児童を心身ともに健やかに育成することについて第一義的責任を負う。 　○3　国及び地方公共団体は、児童の保護者とともに、児童を心身ともに健やかに育成する責任を負う。（児童育成の責任）

出所：衆議院ウェブサイト https://www.shugiin.go.jp/internet/itdb_housei.nsf/html/housei/19020160603063.htm より筆者作成。

どもを保護し、「生きる権利」を保障することが喫緊の課題であった。しかし、改正された児童福祉法では、子どもは成長発達し、自立に向けた支援を必要とすること、年齢や発達の程度に応じて意見をいう権利があることを明文化している。親子関係の中に生じるさまざまな課題について、子どもにいかに支援するかに加えて、「家族の中で子どもが育つ」ことをどう支援するかを視野に入れた支援が求められる。このように、児童福祉は単に児童の育ちを支援するという視点から、子どもを権利行使の主体としてみなすとともに、家庭も支援の対象とした子ども家庭福祉へと発展してきたのである。

4 子ども家庭福祉の体系

4-1 児童福祉6法

　子ども家庭福祉に関する施策の実施は、児童福祉法を中心とした児童福祉6法と呼ばれる関係法の中で具体的に規定されている。具体的には「児童福祉法」のほか、「児童扶養手当法」「特別児童扶養手当等の支給に関する法律」「母子及び父子並びに寡婦福祉法」「母子保健法」「児童手当法」がある。

　そのほかにも、さまざまな関連する法律にもとづいて子ども家庭福祉は実施されている。その他、関連する法律の体系は**表9-2**にて示す。これらの法律は、児童福祉法を中心に、法の理念にも明記されている「子どもの最善の利益」のために相互に関連しながら運用されている。

4-2 児童福祉6法における所得保障

　子どもとその保護者を対象とした所得保障は、すでに発生している生活上の困難や貧困問題に対応する性格を持つ。各法律が規定する金銭給付の内容は**表9-3**のとおりである。

4-3 社会的養護

　社会的養護とは、「保護者のいない児童や被虐待児など、家庭的環境上養護を必要とする児童などに対し、公的な責任として、社会的に養護を行う」制度である。2012年に出された社会的養護運営指針[15]には、社会的養護の理念とし

表 9-2　子ども家庭福祉に関連する法律の一覧

[児童福祉 6 法]
児童福祉法、児童扶養手当法、特別児童扶養手当等の支給に関する法律、母子及び父子並びに寡婦福祉法、母子保健法、児童手当法

主な関係法律	総合的な子ども施策に関する法律	こども基本法
	児童の保護等に関する法律	児童買春、児童ポルノに係る行為等の処罰及び児童の保護等に関する法律、児童虐待の防止等に関する法律、配偶者からの暴力の防止及び被害者の保護等に関する法律
	障害児福祉に関する法律	身体障害者福祉法、精神保健及び精神障害者福祉に関する法律、知的障害者福祉法、障害者基本法、発達障害者支援法、障害者の日常生活及び社会生活を総合的に支援するための法律、障害者虐待の防止、障害者の養護者に対する支援等に関する法律、障害を理由とする差別の解消の推進に関する法律
	非行少年に関する法律	少年法、更生保護法、更生保護事業法、保護司法
	次世代育成支援に関する法律	介護休業等育児又は家族介護を行う労働者の福祉に関する法律、次世代育成支援対策推進法、少子化社会対策基本法、就学前の子どもに関する教育、保育等の総合的な提供の推進に関する法律、子ども・若者育成支援推進法、子ども・子育て支援法、子どもの貧困対策の巣遺品に関する法律
	教育に関する法律	教育基本法、学校教育法、社会教育法、特別支援学校への就学奨励に関する法律、いじめ防止対策推進法、義務教育の段階における普通教育に相当する教育の機会の確保等に関する法律

出所：筆者作成。

て「①子どもの最善の利益のために」、「②すべての子どもを社会全体で育む」の 2 点が明記されている。子どもは権利の主体として「社会的養護を受ける権利」を有している。国は「すべての子どもを社会全体で育む」ということが、社会的養護の基本理念である。そして社会的養護関係者（施設職員や里親など）だけが担うものではなく、地域住民を含めて社会全体が社会的養護を必要とする子どもたちの育ち・生活・発達を保障していくことが求められていることが読み取れる。

　社会的養護を必要とする子どもの措置に関しては、児童相談所が中心となって行われる。児童相談所は、「市町村と適切な役割分担・連携を図りつつ、子どもに関する家庭その他からの相談に応じ、子どもが有する問題又は子どもの真のニーズ、子どもの置かれた環境の状況等を的確に捉え、個々の子どもや家庭に最も効果的な援助を行い、もって子どもの福祉を図るとともに、その権利を

擁護すること（以下「相談援助活動」）を主たる目的として都道府県、指定都市及び児童相談所設置市に設置される行政機関」（児童相談所運営指針第一章第一節1の(1)）[16] である。児童福祉法の理念にもとづき、常に子どもの最善の利益を考慮し、援助活動を展開していくことが求められている。2016年の児童福祉法改正では、社会的養護については、第3条で、児童が家庭における養育環境と同様の養育環境において継続的に養育されるべきであること、またそれが適当でない場合もできる限り良好な家庭的環境において養育されるよう、必要な措置を講じなければならないと方向性が示されている（図9-1参照）。

2011年の「社会的養護の課題と将来像」を全面的に見直し、この改正法の理念を具体化するために2017年に提示されたのが、「新しい社会的養育ビジョン」[17] である。ビジョンの中では①市町村におけるソーシャルワーク体制の構築と支援メニューの充実、②代替養育のすべての段階において、子どものニーズに合った養育の保障という2つの基本的骨格が示されている。国および地方公共団体には、まずは、児童が家庭において健やかに養育されるよう、保護者を支援することが求められる。しかし、家庭における養育が適当でない場合、「代替養育」として社会的養護が実施される。原則として家庭養護が優先され、高度なケアを必要とする場合などに施設でのケアが提供されるという方向が示されている。施設と里親の連携、児童相談所をはじめとする関係機関とのネットワークの中で、社会的養護を必要とする子どもと親が支援を受けながら自立を目指そうとする方向性が示されている。

5 子ども家庭福祉をめぐる課題と展望

ここまで子どもと家族を支える制度について大まかに概観してきた。最後にいくつか課題を述べ、今後の展望について触れたい。

「子どもの貧困」という言葉は、2008年頃より取り上げられるようになり、今や子どもをめぐる重要な社会課題の1つとして注目されている。この章で触れてきた所得保障の制度は、物価の上昇とそれに伴う実質賃金の低下の中で、子育て世帯の生活を十分に支えるものであるとはいえない現状がある。

2014年1月に施行された「子供の貧困対策の推進に関する法律」第8条にも

表 9-3　児童福祉 6 法に関連する金銭給付の一覧

金銭給付	規定する法律	対象
児童扶養手当	児童扶養手当法	18 歳以下（一部障害がある場合は 20 歳未満）の児童が対象となる。父母が婚姻を解消した児童等を監護している母、児童を監護し、生計を同じくする父又は父母以外で児童を養育）している養育者に対して支給される。＊所得制限あり
特別児童扶養手当	特別児童扶養手当等の支給に関する法律	20 歳未満で、身体又は精神に障害のある児童を監護する家庭に対して支給される。＊所得制限あり
障害児福祉手当	特別児童扶養手当等の支給に関する法律	精神または身体に重度の障害を有するため、日常生活において常時の介護を必要とする状態にある在宅の 20 歳未満のものに対して支給される。＊所得制限あり
児童手当	児童手当法	0 歳から中学校卒業まで（15 歳の誕生日後の最初の 3 月 31 日まで）の児童を養育している家庭に支給される。＊所得制限あり
母子家庭自立支援給付金および父子家庭自立支援給付金	母子及び父子並びに寡婦福祉法	20 歳未満の児童を扶養しているひとり親家庭の父または母に支給される。

出所：筆者作成。

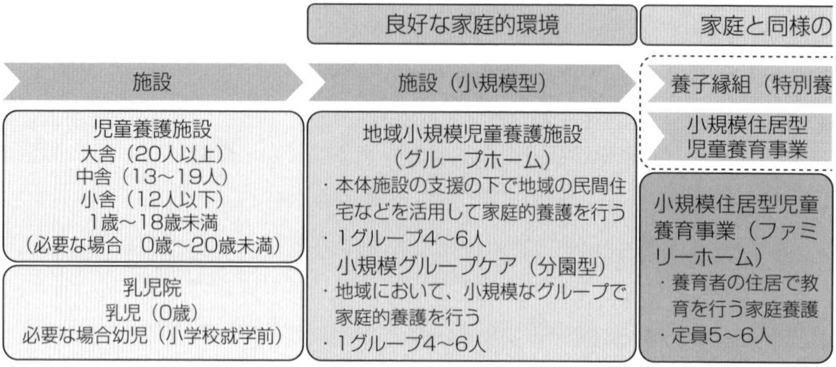

図 9-1　社会的養護の実施体系

出所：こども家庭庁「社会的養育の推進に向けて」2023（令和 5）年 4 月 5 日より。

金　　額	給付時期
全額支給 月額　43,070円 加算額（児童2人目）10,170円 （児童3人目以降一人につき） 6,100円 一部支給 月額　43,060円～10,160円 加算額（児童2人目）10,160円 ～5,090円 （児童3人目以降一人につき） 6,090円～3,050円	年6回（奇数月）に支給
1級　52,400円 2級　34,900円	4月、8月、12月の年3回、前月分までを支給
15,220円	2月、5月、8月、11月の年4回、前月分までを支給
月額 3歳未満　：15,000円 3歳～小学校修了前： 10,000円 （第3子以降は15,000円） 中学生：10,000円	2月、6月、10月の年3回支給
雇用保険の教育訓練給付指定講座等の受講費用の約60％。ただし、上限と下限が設定されている。	

養育環境 ｜ 家庭

子縁組を含む。）

里親

実親による養育

里親
・家庭における養育を里親に委託する家庭養護
・児童4人まで

とづいて、国は同年8月には「子供の貧困対策に関する大綱について」[18]を閣議決定した。「日本の将来を担う子供たちを誰一人取り残すことがない社会に向けて」、「子育てや貧困を家庭のみの責任とするのではなく、地域や社会全体で課題を解決するという意識を強く持ち、子供のことを第一に考えた適切な支援を包括的かつ早期に講じていく必要がある」としている。

　本来であれば、高等教育の無償化等の学費負担軽減や若者、子育て中の世代の雇用環境・労働環境の整備に向けた手立てが講じられる必要があるだろう。しかし実際のところは、フードバンクを活用しての子ども食堂の応援や「居場所」支援といった、善意の市民の手によるボランタリーな活動に依存している現状がある。さらに、近年注目されている新しいキーワードとして「ヤングケアラー」がある。本来大人が担うと想定されている家事や

家族の世話などを日常的に行っている子どものことをいい、責任や負担の重さにより、学業や友人関係などに影響が出てしまうことが指摘されている。ヤングケアラーとされる子ども・若者についても、国はヤングケアラーの理解や相談窓口の充実等の必要性を説きつつ、「家族を支えているヤングケアラーは、かっこいい」と家族のケアを担うことを肯定するともとれる啓発ポスターが作られ、ケアが家庭の中で閉じていることは理解不足とつながり不足であるかのようなメッセージが発せられる現状にある。

　子どもの養育の第一義的責任は保護者にある。しかし、国や地方公共団体についても、保護者とともに子どもの健やかな育ちを支える責任を負っていることが児童福祉法には明記されている。

　子どもの育ちを支えるとは、市民の善意や子ども自身の努力によって成り立つものではない。今一度、子ども期の安定した生活をすべての子どもに保障するための所得保障の充実など、公的責任のあり方を検討する必要がある。

[注]

1　山縣文治「子どもとは何か」『よくわかる子ども家庭福祉』第9版、ミネルヴァ書房、2016年、12-13頁。

2　カール・マルクス、今村仁司他訳『資本論』筑摩書房、2005年、第8章第3節、358－359頁。

3　米村佳樹「20世紀初頭における家庭保育原則と乳幼児の保育」『教育学研究』58（4）、日本教育学会、1991年、22-30頁参照。

4　金子光一「イギリスの児童福祉領域における国家責任主義への移行過程—福祉サービスの多元化の理論的背景—」『東洋大学社会福祉研究』第2号、2009年、42-53頁参照。

5　この宣言で規定した権利：「特別の保護」「最善の配慮」を受ける権利、「社会保障、医療への権利」、「障害のある児童への特別の治療教育保護権」、「教育権」、「放任、虐待、搾取、売買、労働からの保護」など10か条。

6　厚生労働省ウェブサイト https://www.mhlw.go.jp/web/t_doc?dataId=00ta1620&dataType=1&pageNo=1（2023年11月6日最終閲覧）。

7　「世界人権規約」（国際権利章典規約）：「世界人権宣言」の内容を基礎として条約化されたものである。人権諸条約の中で最も基本的かつ包括的であるとされている。社会権規約と自由権規約は1966年の第21回国連総会において採択され、1976年に発効した。社会権規約をA規約、自由権規約をB規約と呼ぶ。日本は1979年に批

准した。B 規約第 24 条「児童の保護規定」は以下の通り。

1. すべての児童は、人種、皮膚の色、性、言語、宗教、国民的若しくは社会的
   出身、財産又は出生によるいかなる差別もなしに、未成年者としての地位に必
   要とされる保護の措置であって家族、社会及び国による措置についての権利を
   有する。
2. すべての児童は、出生の後直ちに登録され、かつ、氏名を有する。
3. すべての児童は、国籍を取得する権利を有する。

8　深谷昌志『子どもの生活史』黎明書房、1996 年。

9　愛知大学六法ウェブサイト http://roppou.aichi-u.ac.jp/joubun/s22-164.htm（2023
　年 11 月 6 日最終閲覧）。

10　文部科学省ウェブサイト https://www.mext.go.jp/b_menu/shingi/chukyo/chu
　kyo3/004/siryo/attach/1298450.htm（2023 年 11 月 6 日最終閲覧）。

11　深谷、前掲書、234–235 頁。

12　外務省ウェブサイト https://www.mofa.go.jp/mofaj/gaiko/jido/zenbun.html
　（2023 年 11 月 6 日最終閲覧）。

13　厚生労働省ウェブサイト https://www.mhlw.go.jp/stf/shingi/2r98520000018h6g-
　att/2r98520000018hly.pdf（2023 年 11 月 6 日最終閲覧）。

14　委員会は、第 18 条に照らし、締約国が以下の措置をとるよう勧告する。（a）子
　どもの養護を、里親家庭、または居住型養護における小集団編成のような家庭的環
　境のもとで提供すること。（b）里親養護を含む代替的養護現場の質を定期的に監視
　し、かつ、あらゆる養護現場による適切な最低基準の遵守を確保するための措置を
　とること。（c）代替的養護現場における児童虐待を調査し、かつその責任者を訴追
　するとともに、虐待の被害者が苦情申立て手続、カウンセリング、医療的ケアその
　他の適切な回復援助にアクセスできることを確保すること。（d）金銭的支援がすべ
　ての里親に提供されるようにすること。（e）「子どもの代替的養護に関する国連指
　針」（国連総会決議 A/RES/64/142 参照）を考慮すること。

15　厚生労働省ウェブサイト https://www.mhlw.go.jp/bunya/kodomo/syakaiteki_
　yougo/dl/yougo_genjou_04.pdf（2023 年 11 月 6 日最終閲覧）。

16　厚生労働省ウェブサイト https://www.mhlw.go.jp/bunya/kodomo/dv11/01-01.
　html（2023 年 11 月 6 日最終閲覧）。

17　厚生労働省ウェブサイト https://www.mhlw.go.jp/file/05-Shingikai-11901000-
　Koyoukintoujidoukateikyoku-Soumuka/0000173888.pdf（2023 年 11 月 6 日最終閲覧）。

18　内閣府ウェブサイト https://www8.cao.go.jp/kodomonohinkon/pdf/r01-taikou.
　pdf（2023 年 11 月 6 日最終閲覧）。

[引用・参考文献]

カール・マルクス、今村仁司他訳『資本論』筑摩書房、2005 年。

フィリップ・アリエス、杉山光信・杉山恵美子訳『〈子供〉の誕生—アンシァン・レ
　ジーム期の子供と家族生活—』みすず書房、1980 年。

エレン・ケイ、小野寺信・小野寺百合子訳『児童の世紀』冨山房百科文庫 24、1979 年。

深谷昌志『子どもの生活史』黎明書房、1996 年。

内閣府「生活困窮世帯を含む子育て世帯に必要な支援を届ける方策に関する事例集」
　2023 年。

山縣文治「子どもとは何か」『よくわかる子ども家庭福祉』第 9 版、ミネルヴァ書房、
　2016 年。

[推薦図書]

○和田一郎・鈴木勲編『児童相談所一時保護所の子どもと支援—子どもへのケアから
　行政評価まで—［第 2 版]』明石書店、2023 年。

　　——近年の児童福祉法改正の流れや児童相談所に求められる役割、一時保護所にお
　ける支援内容を理解するのに最適な一冊。

○桜井智恵子『教育は社会をどう変えたのか—個人化をもたらすリベラリズムの暴力—』
　明石書店、2021 年。

　　——社会福祉の近接領域である教育は、私たちを社会にどのように紐づけようとし
　てきたのか。現代日本社会における子どもや若者の位置づけを理解する一冊、ぜひ
　挑戦していただきたい。

○土屋敦・藤間公太『社会的養護の社会学』青弓社、2023 年。

　　——施設や里親によって提供される社会的養護について、社会学・教育社会学的な
　視点からまとめられた一冊。ぜひ「児童福祉論」等のテキストと内容を比較検討し
　ながら多角的視点を深めるのに役立ててほしい。

● 学習課題 ●

①児童の権利に関する条約が生まれる背景となった第 2 次世界大戦における子どもた
　ちの置かれていた状況について調べてみよう。

②子育て世帯が経済的に困難を抱える背景にはどのような原因が考えられるだろうか、
　調べてみよう。

③社会的養護を必要とする子どもの背景にはどのような家族の課題があるだろうか。
　調べてみよう。

第 10 章
生活保護と低所得者施策

三和直人

本章のねらい

　「貧困」という言葉にどのようなイメージを抱くだろうか。飢餓や困窮を想像する人、他人事のように捉える人などさまざまであろう。貧困の形は見えにくく、その概念についても一言で表すのは容易ではないが、敢えて平たく言えば「あってはならない生活状態」[1]と表現できる。貧困の定義は時代によってその範囲や程度が異なり、そのつど見直されてきた。単に「食うに困る」状態を指す「絶対的貧困」から、他者と比較して標準的な生活が送れない状態を指す「相対的貧困」へ、そして近年では社会参加や権利・自由が制限され、排除された状態を指す「社会的排除」へと変化し、拡大している。

　現代の資本主義経済では、資本家と労働者の階級間において不平等や所得格差を必然的に生じさせてしまうため、誰もが貧困に陥る可能性がある。かつて湯浅（2008）が「すべり台社会」[2]と称したように、失業や病気、離別などのアクシデントを機に一気に困窮が露呈される事例が貧困支援の現場で未だに散見され続けている。

　本章では「最後のセーフティネット」である生活保護制度のほか、その周辺に位置づけられる関連諸制度として生活困窮者自立支援制度や低所得者への支援施策を学ぶ。制度の意義や課題についてもともに考えたい。

⓵　公的扶助のあゆみ

1-1　明治期以前の救済制度

　わが国の公的扶助制度は、「大宝律令」（701 年）に原型をみることができる。戸令に規定される救済制度では、自存することができない貧民については親族での扶養を、それが困難な場合は村落共同体での保護が要請され、貧困が本人と親族、村落共同体の課題として扱われてきた。それは今日の社会福祉思想にも影響を与えている。時々の政治権力者による貧民救助は、総体として円滑な支配や秩序維持のためになされるにすぎなかった。

1-2　明治期以降の救済制度

1-2-1　恤救規則

　1874 年に日本初の国家的救済制度といえる「恤救規則」が制定された。「無告の窮民」（労働能力がない極貧の単身者など）を対象に、「人民相互の情誼」（親族や地域の相互扶助）が期待できない場合、一定限度の米代を国庫で支給するものである。貧困の社会性や国家責任は否定され、強い制限扶助主義（困窮の原因などに制限を設けて救済の対象としない考え方）をとったため、実際の救済人員は極めて少なかった。

1-2-2　救護法

　関東大震災や世界恐慌の発生で、社会不安や要援護者の増大に恤救規則が対応できなくなったことから、1929 年に「救護法」が制定された（ただし財政上の理由により 1932 年から実施）。対象は、①65 歳以上の老衰者、②13 歳以下の幼者、③妊産婦、④傷病・心身障害のため労務に支障がある者で、救護の種類は、生活扶助、医療、助産、生業扶助の 4 種類のほか埋葬費が支給された。居宅保護を原則とし、適当でない場合は救護施設（養老院、孤児院、病院など）で救護された。救護法は、救護を国の義務とする建前をとった点で評価できる一方、扶養義務者が扶養できないときに限定されたこと、保護請求権はなく、選挙権・被選挙権が剥奪されるなど多くの課題が残された。

1-2-3 旧生活保護法

　1945 年 8 月、第 2 次世界大戦の終結にともない、多くの国民は餓死寸前の「総スラム化現象」に陥った。同年に連合国軍最高司令官総司令部（以下、GHQとする）は、「救済並びに福祉計画に関する件（SCAPIN404）」を発し、政府に貧困者に対する新たな包括的計画の提出を求めた。結果、政府は緊急援護対策として「生活困窮者緊急生活援護要綱」を閣議決定し、翌年から実施した。続けて GHQ が「社会救済（SCAPIN775）」を発し、国家の責任において実施する「国家責任」、救済に関して差別的・優先的な取扱いをしない「無差別平等」、必要な救済費用に制限を加えない「必要充足」などの原則の確立を求めた。政府は三原則を取り入れ、1946 年に「旧生活保護法」を制定した。

　同法はこれまでの制限扶助主義を脱却し、無差別平等によって扶助を行う一般扶助主義を初めて採用した。保護の種類は、生活扶助、医療、助産、生業扶助、葬祭扶助の 5 種類で、8 割の国庫負担となった。一方、怠惰や素行不良者には保護を行わない「欠格条項」の存在や、保護請求権、不服申立権などの権利性の否定（ただし不服申立権は 1949 年から認められた）、扶養能力を有する扶養義務者がある者を除外、名誉職の民生委員を市町村長の補助機関とした点など制度的な矛盾と救貧的かつ差別的な取扱いを残した。

1-2-4 生活保護法

　1947 年 5 月に施行された日本国憲法では、全国民に生存権（健康で文化的な最低限度の生活を営む権利）があり、その権利を保障する義務が国家にあると明示された。旧生活保護法もこれに沿った形にするため、1950 年に現在の「生活保護法」が制定された。現行法では欠格条項の廃止や無差別平等の原理の徹底、保護請求権の明記、不服申立制度の創設など公的扶助の権利性を明らかにした。さらに、制度運用にあたり、民生委員が個人の思想にもとづき活動したことで統一的な生活保護行政が実現できなかったことを省みて、専門職である社会福祉主事を補助機関とし、民生委員を協力機関に位置づけた。費用負担について、当初は 8 割の国庫負担であったが、1985〜1988 年度の 7 割を経て 1989年度以降、現在の国 7.5 割・地方 2.5 割の割合に至った。

2 生活保護制度の仕組み

2-1 生活保護法の目的

　生活保護法は第1条から第86条の全13章で構成され、日本国憲法第25条に規定する生存権を具体化するための法として制定された。法の目的は「最低限度の生活を保障するとともに、その自立を助長する（1条）」として、最低生活保障と自立助長の2つを掲げている。これらの達成に向け、前者には経済給付（公的扶助）が、後者にはケースワーク（社会福祉）が手段として用いられる。自立とは、保護の脱却を指す「経済的自立（就労自立）」と長らく見なされてきたが、2004年の社会保障審議会福祉部会「生活保護制度の在り方に関する専門委員会」の報告以降は、身体や精神の健康を回復・維持しながら自立した日常生活を送る「日常生活自立」や、社会的なつながりを回復・維持する「社会生活自立」を含めた広い概念として理解されるようになった。

2-2 生活保護の原理・原則

　4原理・4原則が制度の根幹とされる。原理とは揺るぎない考え方で一切の例外を認めない一方、原則は基本的な決まりで例外が存在する。

　4原理とは、①国家責任の原理（1条）、②無差別平等の原理（2条）、③最低生活保障の原理（3条）、④補足性の原理（4条）である。①から③はいわば国が遵守すべき事項で、④は保護を受ける側の国民に要請される。①は国の責任で生活保護が行われ、②は生活保護の利用が全国民に保障され、③は単なる生存ではなく「健康で文化的な最低限度の生活」水準を保持しなければならないことを示す。④は困窮者自身の資産や稼働能力などを活用した上で生活保護が「足りないところを補う」形で実施されることを示す。留意すべきは「資産、能力その他あらゆるもの」の活用を「要件」と定める一方、「民法に定める扶養義務者（配偶者、直系血族、兄弟姉妹、家庭裁判所の審判により扶養義務を負う3親等内の親族）の扶養及び他の法律に定める扶助」は保護に「優先」される点である。ここでの「資産」には現金や預貯金、不動産、自動車、貯蓄性の高い保険、貴金属、株などが含まれ、換価し生活費に充てるよう求められる。「能

力」とは稼働能力を指し、「その他あらゆるもの」は、現時点で未活用の社会保険給付や交通事故等の損害賠償などがあたる。補足性の原理は、丸裸にならなければ制度が利用できないような印象を与えかねないが、居住用不動産、自動車、生命保険などは保有が認められる余地がある[3]。稼働能力の活用も単に稼働年齢層（15〜64歳）であることや診断書のみで安易に判断してはならず、機械的な運用にならないよう注意が必要である。

　次に4原則として、①申請保護の原則（7条）、②基準及び程度の原則（8条）、③必要即応の原則（9条）、④世帯単位の原則（10条）がある。①は要保護者（生活保護の受給に関わらず保護が必要な状態にある者）、扶養義務者、その他の同居の親族からの申請で保護が開始され、例外として急迫した状況にあれば職権保護ができる。②は厚生労働大臣が保護基準（生活保護で保障すべき最低生活の水準を金額で示したもの）を定め、要保護者の需要をもとに金銭または物品で不足分を補う。③は年齢、性別、健康状態などを考慮し保護の内容や方法が決められなければならない。④は世帯単位で保護が実施されるが、例外として一部の世帯員のみ保護する世帯分離も可能である。

2-3　生活保護の種類・方法

　生活保護は8つの扶助から構成される。世帯の基本的な生活費として支給される「生活扶助（各種加算を含む）」、義務教育に関する費用として支給される「教育扶助」、住居費が支給される「住宅扶助」、医療費が支給される「医療扶助」、介護保険制度の自己負担分が支給される「介護扶助」、出産費用が支給される「出産扶助」、就労に向けた費用や高校就学に係る費用が支給される「生業扶助」、葬祭費用が支給される「葬祭扶助」があり、「揺りかごから墓場まで」をカバーする保障体系となっている。医療扶助と介護扶助は主に「現物給付」（給付が現物・サービスで提供）、その他の扶助は「金銭給付」が原則で、1種類の扶助が支給される場合は「単給」、2種類以上は「併給」と呼ぶ。

　保護の方法として、「居宅保護」を原則とするが、困難な場合は救護施設などの保護施設で衣食住を提供し、最低生活を保障する方法もある。

2-4　保護基準

2-4-1　保護基準の特徴

　最低生活保障の原理（3条）が抽象的なため、具体化したものが「保護基準」である。要保護者の年齢別、世帯構成別、所在地域別などに区分し厚生労働大臣が定めるが、告示の形で提示しているため国会審議の対象にはならない。保護基準は、「ナショナルミニマム」（国家が国民に最低限度の生活を保障すべきという理念）として存在するほか、公的な貧困線（貧困把握や測定に用いる基準で一定水準以下は貧困とみなす）の役割を持つ。保護基準の底上げに繋がった契機として朝日訴訟（1957年）がある。結核のため岡山療養所に入院していた朝日茂氏が、当時の保護基準をめぐって厚生大臣を提訴したことに始まる。形式的には原告敗訴で終結したが、わが国の貧困理論の発展に寄与した。

2-4-2　保護基準の内容・実際

　保護基準の中で基本となるのが生活扶助基準である。日常生活に必要な「経常的最低生活費（基準生活費・加算）」と、臨時的に必要な「臨時的最低生活費

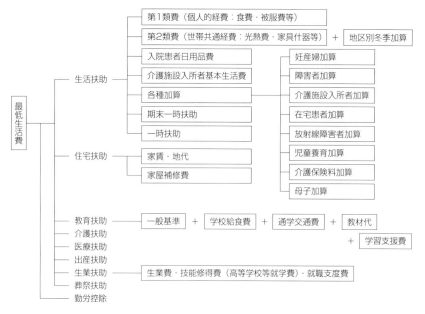

図 10-1　最低生活費の体系

出所：厚生労働省「生活保護制度の概要等について（第38回社会保障審議会生活保護基準部会参考資料）」2021年4月27日、4頁。

（一時扶助費）」に分けられる。基準生活費は、個人単位で年齢別に計上される「第1類費」（飲食物費、被服費などの個人的経費）、世帯単位で人員別に計上される「第2類費」（光熱水費、家具什器費などの世帯共通的経費）の合計で算定されるほか、特別な需要が必要な者がいる場合、加算が計上される。臨時的最低生活費は、保護開始時や出産、入退院、入学のほか、最低生活に不可欠な物資を欠く場合一時的に支給される。保護開始時の敷金、家具什器費、布団、おむつの被服費、入学準備金などがある。これらの生活扶助基準のほか、必要に応じて7つの扶助基準を積み上げ、「最低生活費」が算定される（**図10-1**）。

保護基準における級地区分として、地域の生活様式や物価差に応じ全国の市町村を6区分に分類していたが、3区分への半減が検討されている[4]。仮に現在の級地より基準額の低い区分になれば、受給額の減少が懸念される。具体的な世帯類型に応じた級地別の生活扶助基準額を**表10-1**で示す。

2-4-3　保護の要否と程度

最低生活費と世帯の収入（勤労収入、年金、児童手当、親族からの援助、預貯金など）の対比によって、保護が必要かどうか「要否判定」を行う。保護が必要な場合、月々どの程度の保護が必要なのか「程度決定」を行い、収入の不

表10-1　各世帯の生活扶助基準額（2021年4月現在）

月額（単位：円）

	1級地-1	1級地-2	2級地-1	2級地-2	3級地-1	3級地-2
3人世帯（33歳、29歳、4歳）	158,760	153,890	149,130	149,130	142,760	139,630
母子3人世帯（30歳、4歳、2歳）	190,550	185,750	179,270	179,270	171,430	168,360
高齢者単身世帯（68歳）	77,980	74,690	70,630	70,630	67,740	66,300

注1：児童養育加算、母子加算、冬季加算を含む。
出所：厚生労働省「生活保護制度の概要等について（第38回社会保障審議会生活保護基準部会参考資料）」2021年4月27日、11頁より筆者作成。

収入としては、就労による収入、年金等社会保障給付、親族による援助等を認定します。

図10-2　支給される保護費
出所：厚生労働省ウェブサイト「生活保護制度」。

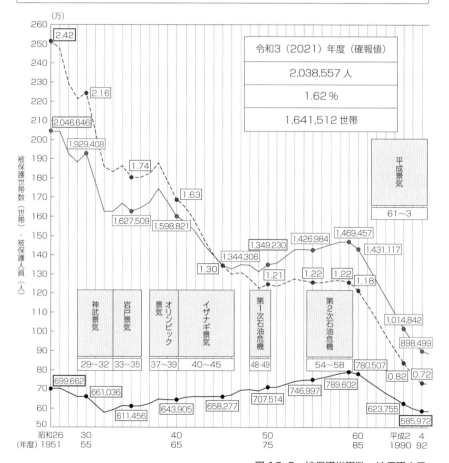

○生活保護受給者数は約203万人。平成27（2015）年3月をピークに減少に転じた。
○生活保護受給世帯数は約165万世帯。高齢者世帯が増加をしている一方、母子世帯は減少傾向が続いている。

令和3（2021）年度（確報値）

2,038,557人

1.62％

1,641,512世帯

平成景気

61～3

神武景気　　29～32
岩戸景気　　33～35
オリンピック景気　　37～39
イザナギ景気　　40～45
第1次石油危機　　48・49
第2次石油危機　　54～58

被保護世帯数（世帯）・被保護人員（人）

2.42
2.16
1.74
1.63
1.30
1.21
1.22　1.22
1.18
0.82　0.72

2,046,646
1,929,408
1,627,509
1,598,821
1,344,306
1,349,230
1,426,984
1,469,457
1,431,117
1,014,842
898,499

699,662
661,036
611,456
643,905
658,277
707,514
746,997
789,602
780,507
623,755
585,972

昭和26　30　　　40　　　50　　　60　　平成2　4
（年度）1951　55　　65　　75　　85　　1990　92

図10-3　被保護世帯数、被保護人員、

原注：資料は被保護者調査（月次調査）（厚生労働者）（平成23年度以前の数値は福祉行政報告例）。
出所：厚生労働省「社会・援護局関係主管課長会議資料（資料2）」2023年3月17日、98頁。

足分が保護費として支給される（**図10-2**）。

2-4-4　生活扶助基準の算定方式

「標準生計費方式」（1946～1947年）は、当時の経済安定本部が定めた世帯人員別の標準生計費をもとに生活扶助基準を算定する方式で、不完全なものだった。「マーケット・バスケット方式」（1948～1960年）は、最低生活維持に必要

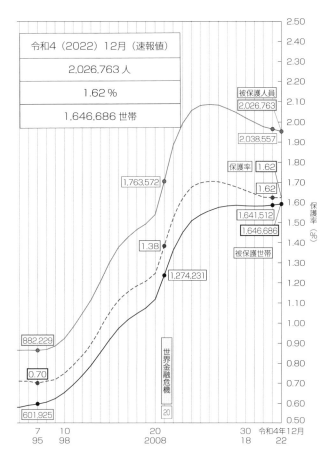

令和4（2022）12月（速報値）

2,026,763 人

1.62 ％

1,646,686 世帯

被保護人員
2,026,763

2,038,557

保護率 1.62

1.62

1,763,572

保護率（％）

1.38

1,641,512

1,646,686

被保護世帯

1,274,231

882,229

世界金融危機
20

0.70

601,925

| | 7 95 | 10 98 | | 20 2008 | | 30 18 | 令和4年12月 22 |

保護率の年次推移

な食費、被服費、光熱水費などの費目を買い物かごに入れるよう積み上げ最低生活費を算定する方式である。「エンゲル方式」（1961〜1964年）は、家計に占める飲食物費の割合（エンゲル係数）をもとに最低生活費を算定する方式で、「格差縮小方式」（1965〜1983年）は、一般世帯と被保護世帯の生活水準の格差を縮小する観点から生活扶助基準の改定率を決定する。この方式で格差が是正

されたとし、「水準均衡方式」(1984 年～) が採用された。当該年度の民間最終消費支出の伸び率をもとに、前年度までの一般世帯の消費支出水準や社会経済情勢を勘案して生活扶助基準の改定率を算出する方式である。

2-5　生活保護の動向

　2021 年度 1 か月平均の被保護世帯数 (生活保護を受給している世帯数) は164 万 1512 世帯、被保護人員 (生活保護受給者の人数) は 203 万 8557 人、人口に対する被保護人員の比率である保護率は 1.62 ％である (**図 10-3**)。リーマンショックで 2009 年度以降被保護世帯・人員の増加が目立ったが、2015 年をピークに減少に転じた。コロナ禍でも伸びは見られず、むしろ被保護人員は減少している。世帯類型別では、高齢者世帯 (55.6 ％) が半数を超え、障害者・傷病者世帯 (24.8 ％)、母子世帯 (4.4 ％)、その他の世帯 (15.2 ％) となっている。保護開始の理由は「貯金等の減少・喪失」(44.1 ％) と最も多く、「傷病による」(19.2 ％)、「働きによる収入の減少・喪失」(18.9 ％) が続く。保護廃止の理由は「死亡」(47.8 ％) が最多で「働きによる収入の増加・取得・働き手の転入」(14.5 ％) を上回る[5]。

3　生活保護の実施体制

3-1　福祉事務所

　生活保護は実施機関たる「福祉事務所」によって行われる。1951 年の社会福祉事業法 (2000 年に社会福祉法に改正) が設置根拠で、2023 (令和 5) 年 4 月時点で全国に 1251 か所 (都道府県 205 か所、市に 999 か所、町村に 47 か所) 存在する。町村は任意設置で、未設置の場合は都道府県が郡部に設置する。保護の決定・実施を国が地方自治体に委託 (法定受託事務) するが、相談・助言は地方自治体の固有業務 (自治事務) とされる。所長、査察指導員、現業員 (ケースワーカー。以下、CW とする)、事務職員が配置される。

3-2　生活保護利用の流れ

　生活保護を利用する場合の一般的な手続きは**図 10-4** のとおりである。

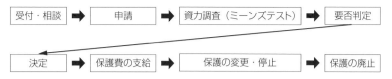

図10-4　生活保護利用の流れ

出所：筆者作成。

受付および相談は、福祉事務所の生活保護担当窓口などで行われ、相談者の状況を把握するインテークとして重要な意味を持つ。他法の利用が望ましい場合はそれを紹介し、保護を希望する場合は保護開始の申請を行う。非要式行為（定められた方式でなくても効力をもつ法律行為）のため、手紙などでの申請も認められると解される[6]。申請後は「資力調査（ミーンズテスト）」として預貯金や資産、収入、稼働能力、親族扶養の可能性を調査する。要否判定を経て申請から14日以内（特別な理由があれば30日以内）に保護開始決定または申請却下決定を書面で申請者に通知する。保護開始決定された世帯には、収入の不足分が保護費として支給される。給与や年金額などの収入変動や1か月を超える入院、介護保険施設の入所などがあれば、保護の変更を行う。最低生活費を上回る臨時収入など一時的に保護を要しない状態になれば保護の停止を、最低生活費を上回る収入が継続的に得られる場合や死亡時には保護の廃止に至る。

福祉事務所では稼働能力がある被保護者（既に保護を受けている者）に対し、自立支援に向けた就労支援が展開されているが、機械的またはワークファースト（就労を最優先する考え）的な指導が懸念される。生活保護を受けながら働く「半福祉・半就労」をゴールとした「中間的就労」を含め、個人に応じた柔軟な自立支援が必要と考える。

3-3　法改正に伴う自立支援

近年の生活保護法改正でさまざまな自立支援施策が登場した。たとえば、2013年の改正では「就労自立給付金」が創設された。保護脱却のインセンティブ強化と脱却後の生活を支えるものであり、就労自立による保護廃止時に仮想的積立金（単身世帯2～10万円、複数世帯3～15万円）を支給するものである。2018年の改正では「進学準備給付金」が創設された。生活保護世帯の子が大

学・短期大学・専修学校等（以下、大学等とする）の進学時に一時金（自宅生10万円、自宅外生30万円）を支給するものである。現行の運用では大学等に通学しながらの生活保護受給が原則認められず、子は奨学金やアルバイトで学費や生活費を賄う課題が存在する。2021年1月からは「被保護者健康管理支援事業」が必須事業化された。これは福祉事務所がデータに基づき、被保護者の生活習慣病の発症予防や重度化予防等を推進する事業である。

4 「第2のセーフティネット」の仕組み

2008年末のリーマンショックは、多くの失業者を発生させたが、その生活保障として雇用保険が十分に機能せず、生活保護制度を利用せざるを得なかった。そこで政府は、社会保険と公的扶助の狭間を埋めるべく、「第2のセーフティネット」として求職者支援制度と生活困窮者自立支援制度を創設した。

4-1 求職者支援制度の概要

ハローワークの支援により早期就職を目指す「求職者支援制度」が2011年から実施されている。雇用保険制度を受給できない求職者に対し、訓練受講の機会を提供し、受講などの一定要件を満たすと職業訓練受講給付金として職業訓練受講手当（月10万円）、通所手当、寄宿手当が支給される。

対象者は「特定求職者」として、①ハローワークに求職申込みをしている、②雇用保険被保険者や雇用保険受給資格者でない、③労働の意思と能力がある、④職業訓練などの支援を行う必要があるとハローワークが認めること、のすべてを満たす必要があり、雇用保険受給終了者や自営廃業者、学卒未就職者も含まれる（学卒未就職者は職業訓練のみ受講可）。職業訓練は基礎的能力を習得する「基礎コース」と、介護、IT、医療事務など実践的能力を習得する「実践コース」があり、終了後の就職率は50〜60％台で実績は**表10-2**で示す。

雇用状況の改善などにより、2012年度をピークに受講者数は減少していたが、コロナ禍の不況で2020年度以降増加に転じた。さらに、2023年4月からは給付金の要件緩和（世帯収入が月30万円以下）、通所手当の支給対象拡大、訓練対象者の拡大（働きながらスキルアップを目指す者）が図られた。

表 10-2 求職者支援訓練の実施状況

(単位：人)

	2016 年度	2017 年度	2018 年度	2019 年度	2020 年度	2021 年度	2022 年度
基礎コース	10,447	8,126	6,739	5,753	5,838	5,217	6,230
実践コース	21,859	18,696	16,645	15,267	17,896	23,043	34,059
合計	32,306	26,822	23,384	21,020	23,734	28,260	40,289

出所：厚生労働省ウェブサイト「ハロートレーニング（求職者支援訓練）の受講者数・就職率」より筆者作成。

4-2 生活困窮者自立支援制度

「生活困窮者自立支援法」が 2015 年 4 月から実施された。生活困窮者とは、「就労の状況、心身の状況、地域社会との関係性その他の事情により、現に経済的に困窮し、最低限度の生活を維持することができなくなるおそれのある者」（3 条 1 項）とされ、要保護者は含まない。早期就職を目指す求職者支援制度に対し、早期就職が難しい者への生活・就労支援に重点が置かれる。

この制度では、必須事業として「自立相談支援事業」、「住宅確保給付金」、任意事業で努力義務の「就労準備支援事業」、「家計改善支援事業」、そのほか「一時生活支援事業」、「子どもの学習・生活支援事業」などが行われる。実施主体は福祉事務所設置自治体で、社会福祉法人や NPO 法人への委託も可能である。

制度の利用実績は**表 10-3**のとおりである。新規相談件数が年々増加し、コロナ禍の 2020 年度には約 78 万件の相談を受付した。2021 年に相談件数は減少したが、プラン作成件数は着実に増加している。同制度の相談では、ニーズの表出が困難など社会的に孤立した場合もあるため、アウトリーチ（積極的に地域に出向き相談やサービスを提供する活動）が必要である。さらに支援対象者が支援中に要保護状態に至った場合は、速やかに生活保護制度の利用につなげてい

表 10-3 生活困窮者自立支援制度の実施状況

	新規相談受付件数	プラン作成件数	就労支援対象者数	就労者数	増収者数
2019 年度	248,398 件	79,429 件	35,431 人	25,212 人	8,650 人
2020 年度	786,163 件	139,060 件	76,100 人	20,659 人	11,902 人
2021 年度	555,779 件	146,719 件	79,365 人	23,100 人	18,052 人

出所：厚生労働省ウェブサイト「生活困窮者自立支援制度支援状況調査の結果について」より筆者作成。

くなど制度間の連携が求められる。

　制度の課題として、任意事業の実施に自治体間差が大きいこと、生活保護制度との線引きが曖昧なため、つなぎやフォローアップが不十分であること、生活保護制度から遠ざける新たな水際作戦として機能する懸念などがある。

5　その他の低所得者施策

5-1　生活福祉資金貸付制度

　1955年に創設された「世帯更生資金貸付制度」が貸付対象を拡大し、1990年に「生活福祉資金貸付制度」と改称された。低所得者、障害者、高齢者の各世帯に「無利子又は低利で資金を融通する事業」で第1種社会福祉事業とされる。都道府県社会福祉協議会が実施主体で、相談窓口は市区町村社会福祉協議会に委託される。民生委員も借受世帯の生活実態把握や相談支援に協力する。表10-4に詳細を示す。コロナ禍では生活保護受給の伸びはみられなかった一方、生活福祉資金の特例貸付が実施され、2020年4月から2022年9月までの貸付決定件数は約380万件（金額で約1兆4000億円）と大きく伸びた[7]。岩永（2023）は「『生活保護制度はいつも通り、生活困窮者自立支援制度はいつも以上』に機能」したと評価している[8]。

5-2　無料低額診療事業

　「無料低額診療事業」は、経済的な理由で必要な医療サービスが制限されることのないよう、社会福祉法に基づき「無料又は低額な料金で診察を行う事業」（2条3項9号）で、第2種社会福祉事業に位置づけられる。バブル経済以降、同事業の新規設置が抑制されるも、リーマンショック以降は新規設置を認める方針に転換され、2021年度時点で733か所存在する[9]。施設ごとに窓口負担の減免方法や対象基準が決められるが、非課税世帯など医療費の支払いが困難な低所得者が条件となる。また、医療・福祉の相談に応じる医療ソーシャルワーカーの配置が必須とされる点に特徴がある。

5-3　ホームレスに対する支援

　「ホームレス」[10] は住居喪失により社会関係や人間関係まで喪失するため、貧困の最も極限的な状態といえる[11]。2002 年に制定された「ホームレスの自立の支援等に関する特別措置法」では、ホームレスの自立支援と予防を目的とし、それらの支援に関して国や地方公共団体の責務を明記している。この法律ではホームレスを路上生活者のみに限定しており、その数はピーク時（2003 年）の約 2 万 5000 人から直近の約 3000 人まで減少している[12]。しかし、寝泊まりでネットカフェ等を常連的に利用する人たちも少なくない[13]。国際的にみれば路上生活者に限らず、一時的な宿泊所に滞在する人たち、病院・施設・刑務所などで戻る住居がない人たち、知人・親族宅で居候する人たちなどを含め、「広義」のホームレス概念が採用されている。

　福祉事務所では、ホームレスに住所がないことや稼働能力があることを理由に、生活保護の適用を抑制・制限してきたほか、仮に申請が受け付けられても居宅保護ではなく施設保護が優先されてきた。ホームレスの中には精神障害や知的障害がある人たちが少なくなく、施設の自己退所や集団生活への忌避がみられる。さらに劣悪な居住環境と処遇の中で、保護費から不透明に施設利用料を徴収される「貧困ビジネス」の被害に遭うケースも少なくない。

　現行の支援施策の限界を克服すべく、注目されるのが「ハウジングファースト」である。本人のニーズに応じて、安定した住まいの確保と継続的な支援を行うというアプローチで、欧米をはじめ、さまざまな国で実践され成果を上げている[14]。「日本の社会保障制度の中でハウジングファーストを実践するためには、生活保護を基盤として考えていくことが現実的」[15] である。福祉事務所をはじめ支援者間で「住まいは人権」という理念を共有しつつ、実践を通じて効果や有効性の検証を積み重ねていくことが期待される。

6　生活保護制度を取り巻く課題と展望

6-1　貧困の自己責任化とスティグマ

　生活保護制度は恩恵や施しではなく、全国民の権利である。しかし一方的に貧困に至った原因を自己責任化し、自助努力を求める風潮が絶えない。さらに

表 10-4　生活福祉資金貸付制度の種類・貸付限度額等

資金の種類		
総合支援資金	生活支援費	生活再建までの間に必要な生活費用（貸付期間：原則 3 月・最長 12 月）
	住宅入居費	敷金・礼金等住宅の賃貸契約を結ぶために必要な費用
	一時生活再建費	生活を再建するために一時的に必要かつ日常生活費で賄うことが困難な費用など
福祉資金	福祉費	生業を営むための費用、技能習得に必要な費用、障害者用自動車の購入費用など
	緊急小口資金	緊急かつ一時的に生計の維持が困難となった場合に貸し付ける少額の費用
教育支援資金	教育支援費	低所得世帯に属する者が高等学校、大学又は高等専門学校に修学するのに必要な経費
	就学支度費	低所得世帯に属する者が高等学校、大学又は高等専門学校への入学に際し必要な経費
不動産担保型生活資金	不動産担保型生活資金	低所得の高齢者世帯に対し、一定の居住用不動産を担保として生活資金を貸し付ける資金（貸付期間：借受人の死亡時または貸付限度額に達するまでの期間）
	要保護世帯向け不動産担保型生活資金	要保護の高齢者世帯に対し、一定の居住用不動産を担保として生活資金を貸し付ける資金（貸付期間：借受人の死亡時または貸付限度額に達するまでの期間）

出所：厚生労働省ウェブサイト「生活福祉資金貸付条件等一覧」を参考に筆者

親族への扶養照会を含め、制度利用にともなうスティグマ（恥辱感）により利用しづらいものと化している。経験則上、逼迫した困窮状況に置かれていても「福祉の世話になりたくない」や「親族に知られたくない」といった声はよく耳にする。生活困窮者支援にあたっては、否定的・消極的にならざるを得ない感情や葛藤が利用者にともなうことを支援者側は常に念頭に置く必要があるほか、貧困を個人の問題に矮小化せず、社会問題として捉える視点が不可欠である。

貸付限度額	貸付利子
（二人以上） 月 20 万円以内 （単身） 月 15 万円以内	（保証人あり） 無利子 （保証人なし） 年 1.5%
40 万円以内	
60 万円以内	
580 万円以内 ※用途に応じ上限目安 　額設定	
10 万円以内	無利子
（高校） 月 3.5 万円以内 （大学） 月 6.5 万円以内	
50 万円以内	
土地評価額の 70 ％程 度、月 30 万円以内	年 3 ％または長 期プライムレー トのいずれか低 い利率
土地建物評価額の 70 ％程度（集合住宅は 50 ％）、生活扶助額の 1.5 倍以内	

作成。

6-2　福祉事務所が抱える課題

　厚生労働省の調査結果[15]から福祉事務所が抱える課題がみえてくる。1つ目は職員の不足である。公務員の定数削減によって本来あるべき職員数が確保されず、多忙となっている。2つ目は専門性の乏しさであり、国家資格の社会福祉士資格をもった福祉職を配置する自治体がまだ少ない。3つ目は経験が蓄積されにくいことである。一般的に不人気職場とされる福祉事務所では、新卒職員の配置に偏り 2〜3 年での異動も珍しくない。こうした状況では、さまざまな生活課題を抱える被保護者への支援が難しい。

　CW はときに、被保護者の人生の重要な局面に関わり、その支援の善し悪しが彼らのその後の人生を左右する。筆者の実践を振り返れば、長い求職活動の後に就職が決まった方と手を取り合って喜んだこと、不安な表情で初めて学習支援教室に参加した子が満面の笑みで教室から出てきたことなど、かけがえのない経験をさせてもらった。責任の重さはある一方で、被保護者の変化や成長を傍で実感できるやりがいもある。被保護者のエンパワメント（本来持っている力を引き出すこと）と併せて柔軟な自立支援を展開していくためにも、まずは職員らをエンパワーできるような組織づくりが必要であろう。

6-3 保護基準の低さ

　被保護者の暮らしぶりをみると、生活保護基準は「健康で文化的」とは言い難い。食事の回数を減らす、冷暖房の使用やバス移動を控える、光熱水費の支払いが滞るといった「切り詰め」や「滞り」は珍しくない。さらには、友人との外出や外食、冠婚葬祭のつきあいも控えざるを得ず、人や社会とのつながりからの排除・孤立が懸念される。政府が2013年から3年間にかけて行った最大規模の生活扶助基準引き下げ（平均6.5%・最大10%）の取り消しを求め、全国で1000人以上が訴訟を起こしている（いのちのとりで裁判）。

　保護基準は、最低賃金をはじめ就学援助、国民健康保険料や公営住宅の減免基準などさまざまな制度と連動するため、被保護者のみならず国民生活に直結する重大な問題である。かつての朝日訴訟が「健康で文化的な生活」の実現に向けた力になったように、民主的な立場で保護基準が妥当か評価し、改善に向けて当事者や支援者によるソーシャルアクション（当事者の立場や利害を代弁する権利擁護活動）など社会運動が果たす意義や役割は大きいと考える。

［注］

1　志賀信夫『貧困理論の再検討―相対的貧困から社会的排除へ―』法律文化社、2016年、8頁。

2　湯浅誠『反貧困―「すべり台社会」からの脱出―』岩波新書、2008年、30頁。

3　詳細は運用マニュアルである「保護の実施要領」等を参照されたい。

4　厚生労働省「生活保護基準における級地区分の検討について（第2回生活保護制度に関する国と地方の実務者協議・資料3）」2021年。

5　いずれも厚生労働省「被保護者調査（令和3年度確定値)」2023年。

6　小山進次郎『改訂増補　生活保護法の解釈と運用』全国社会福祉協議会、1951年、166頁。

7　『月刊福祉』第106巻第7号、全国社会福祉協議会、2023年、12頁。

8　同前7、13頁。

9　厚生労働省「無料低額診療事業等の実施状況の概要（令和3年度実績)」。

10　本来「ホームレス」とは状態を表す言葉であるが、「ホームレスの自立の支援等に関する特別措置法」では路上生活者と定義した経緯から、本章では人を指す言葉として表す。

11　中野加奈子「ホームレスの対策」吉永純・布川日佐史・加美嘉史編『現代の貧困と公的扶助―低所得者に対する支援と生活保護制度―』高菅出版、2016年、323頁。

12　厚生労働省「ホームレスの実態に関する全国調査（概数調査）」2023 年。

13　住居喪失不安定就労者は 2007 年に全国で約 5400 人存在。2018 年の東京都の調査と比べれば、都内では約 2000 人から約 4000 人に倍増している。

14　詳細は稲葉剛・小川義範・森川すいめい編『ハウジングファースト―住まいからはじまる支援の可能性―』山吹書店、2018 年を参照されたい。

15　同前 14、45 頁。

16　厚生労働省「平成 28 年福祉事務所人員体制調査」では、法律の標準数に対し、実際の配置を示す CW の充足率は、全国で 90.4 ％。資格の保有率は、社会福祉主事資格が 82.0 ％、社会福祉士資格が 13.5 ％。経験年数は、1 年以上 3 年未満が 38.0 ％と最多だった。

[引用・参考文献]

岩永理恵・卯月由佳・木下武徳『生活保護と貧困対策―その可能性と未来を拓く―』有斐閣ストゥディア、2018 年。

金澤誠一編『公的扶助論』高菅出版、2004 年。

志賀信夫『貧困理論入門―連帯による自由の平等―』堀之内出版、2022 年。

芝田英昭・鶴田禎人・村田隆史編『新版　基礎から学ぶ社会保障』自治体研究社、2019 年。

増田雅暢・脇野幸太郎編『よくわかる公的扶助論―低所得者に対する支援と生活保護制度―』法律文化社、2020 年。

『社会福祉学習双書』編集委員会編『公的扶助論―貧困に対する支援―』全国社会福祉協議会、2021 年。

吉永純・布川日佐史・加美嘉史編『現代の貧困と公的扶助―低所得者に対する支援と生活保護制度―』高菅出版、2016 年。

[推薦図書]

○村田隆史『生活保護法成立過程の研究』自治体研究社、2018 年。

　　――生活保護法の基本原理を成立過程から分析している。生活保護制度の基本原理ができた背景を学びたい人にとっては必読。

○浜岡政好・唐鎌直義・河合克義編著『「健康で文化的な生活」をすべての人に―憲法 25 条の探求―』自治体研究社、2022 年。

　　――「文化的生活」のあり方について考えるきっかけになる一冊。

○柏木ハルコ『健康で文化的な最低限度の生活』小学館、2014〜。

　　――生活保護をテーマにした漫画で過去に TV ドラマ化もされた。福祉事務所や CW の具体的業務、生活保護の実情を知るのに役立つ。

● 学習課題 ●

①低所得者を専門職として支援する時に、支援者として求められる基本的態度につい
　てまとめてみよう。

②人間が暮らす上で貧困に陥る原因について、「自己責任」という考え方や「社会構
　造の問題」という考え方が存在する。どちらかの立場に立ち、貧困問題が発生する
　要因に関するあなたの考えをまとめてみよう。

③生活保護制度を利用することが恥ずかしいと感じる人は多い。スティグマの問題を
　解決するために、あなたが必要だと考えることをまとめてみよう。

第3部
諸外国の社会保障

第 11 章
アメリカの社会保障

木下武徳

本章のねらい

　本章では、アメリカの社会保障制度の概要を紹介しながら、そのアメリカ的な特徴を提示することを目的とする。アメリカは、いうまでもなく世界で最も経済力がある経済大国であり、資本主義国家の代表国として、世界の政治や経済、社会、文化に大きな影響をおよぼし、覇権国として位置づく。他方、アメリカ国内をみると、多くの貧困層を抱えた大きな貧富の格差があり、ひどい人種差別があり、殺人等の凶悪な犯罪も多く、社会問題が深刻な国でもある。

　そうした世界的、国内的な状況のなかで、アメリカの社会保障は、連邦主義に基づいた地方分権型・民間活用型の社会保障システムをとっている。社会保障税で実施されている基礎的な生活を保障する公的年金と医療があるが、それでは不十分なために、それを補完する企業年金や民間医療保険が広まっている。また、州政府が公的扶助を中心とした制度の実施主体となっている。とくに、貧困対策でも、就労に重きをおいたワークフェア型の公的扶助、税額控除が制度の基調となっている。こうしたアメリカ社会保障の特徴を提示していきたい。

1　アメリカの経済と社会

　最初に、アメリカの経済と社会について 3 つの点から確認しておこう。第 1 に、アメリカの経済力の強さである。アメリカの人口は、2023 年 10 月現在、約

3億3500万人である。アメリカの経済力を示すGDPは25兆4627億ドル（名目、2022年）であり、第2位の中国、第3位の日本をおさえ、世界で最も高い経済力を持つ[1]。第2次大戦後、アメリカは自動車や電化製品、製鉄等の巨大産業により世界の経済大国になったが、1980年代にかけて日本製品などに圧されて経済が低迷してきた。その後、1990年代に入ると、マイクロソフトやアップルなどコンピューターや情報技術を活用した世界的巨大企業がいくつも出現した。2009年にリーマンブラザーズに端を発した世界恐慌、2020年に新型コロナウィルスで混乱が生じたが、引き続き世界一の経済力を持っている[2]。

　他方、2021年のアメリカの貧困者は約3790万人（人口の11.6％）におよぶ[3]。2022年のホームレスの現状については路上にいる人が23万3832人、ホームレスシェルターに入る人が34万8630人、計58万2462人に及ぶ[4]。つまり、富裕層が多い一方、貧困層も多く貧富の格差が大きい国でもある。

　第2の特徴は連邦制国家である。アメリカは政治・行政システムとして、連邦制をとっている。アメリカ合衆国（United States of America）は、アメリカの州政府（States）が集まって（United）作られた国である。アメリカの各州はState（国）であり、国家として独自の憲法や政府を持つ。つまり、アメリカは連邦政府と50の州政府、3000程のカウンティ政府や2万程の市町村など多くの地方政府を持つ国家である。連邦政府の役割は合衆国憲法第8条で規定され、条約の締結、貨幣の鋳造、軍隊の保持、郵便などが規定されているが、規定されていない教育や医療、福祉などは州政府の役割とされている。そのため、連邦政府は補助金を出して、教育や医療、福祉などの州政府の役割を促している。したがって、アメリカは非常に分権的な国家であるといえる[5]。

　第3の特徴は、移民によって作られてきた国だということである。アメリカには元々先住民が住んでいたが、ヨーロッパなどの植民地となり、移民を受け入れて大きくなってきた。移民の受け入れ時期には2つのピークがあり、1900年前後に年間150〜200万人ほど、また2000年前後に年間250〜300万人の移民がアメリカにやって来た。2017年の外国生まれの人口は合法的滞在移民が3520万人、非正規滞在移民が1050万人であった[6]。現在、移民は農業や建設業、サービス業などで重要な労働力となっている。そこには言語や文化を共有する移民のコミュニティがあり、アメリカでの生活に必要な助け合いの場になって

いる。しかし、移民の受け入れが既存のアメリカ人の仕事を奪っていると批判され、外国生まれの者が排除され、その生活困難などの要因にもなっている。移民への社会保障も否定されがちであり、自己責任や就労を強いられる。その意味で移民のあり方自体がアメリカの社会保障にも大きく影響をしているといえよう。

2　アメリカの社会保障の歴史と体系

2-1　社会保障の歴史的概観

　ここでアメリカの社会保障の歴史的な概要をみておきたい[7]。17世紀の植民地時代にイギリス植民地が多かったため、アメリカでもイギリスの救貧法が主に使われていた。ただし、人口が少ない植民地時代には、貧困にある子どもや高齢者などのケアをしてくれる人に公費を支払い、預ける方法がとられていた。19世紀に入ると、世界中から多くの移民が来て、都市部を中心に大きな貧困層を形成した。19世紀後半にはニューヨークの慈善組織化協会（COS）がケースワークをはじめ、シカゴのジェーン・アダムスがセツルメントであるハルハウスを開設するなど、民間慈善活動が隆盛した。一方で、公的助成金を出して民間施設に子どもや障害者などを預けてケアをする対応も広まった[8]。

　1929年の世界恐慌による大量失業に対し、フランクリン・ルーズベルト大統領によるニューディール改革と呼ばれる公共事業を通して失業者の救済策がとられた。1935年に社会保障法が成立し、①連邦政府直営の老齢年金制度、②州政府の失業保険への連邦補助金、③州政府の老人扶助、母子扶助、視覚障害者扶助、社会福祉サービスへの連邦補助金が創設された。こうして連邦政府ではじめて社会保険や公的扶助の制度がつくられた。なお、この法律によって「社会保障」（Social Security）という用語が世界で初めて使われた。

　第2次世界大戦後、1950年代後半から60年代にかけて公民権運動や女性解放運動などが展開され、また、ハリントンの著書『もう一つのアメリカ』（1962年）を契機とした「貧困の再発見」があった。1963年に大統領になったリンドン・ジョンソン大統領は「偉大な社会」（Great Society）や「貧困との闘い」（War on Poverty）をキャッチフレーズに社会保障を拡充した。1964年に人種差

別撤廃のための「公民権法」（Civil Rights Act）、貧困対策を推進する「経済機会法」（Economic Opportunity Act）、食料配布のための食料扶助法（Food Stamp Act）が成立した。1965年に高齢者・障害者の公的医療保険であるメディケア、医療扶助であるメディケイド、高齢者福祉サービスを提供する「高齢アメリカ人法」（Older Americans Act）が成立した。1972年に高齢者や障害者の扶助を統合した「補足的保障所得」（SSI）が創設され、社会保障法の「タイトルXX」で福祉サービスの所得要件が緩和され、福祉サービスが中流層にまで普及した。こうして現在の社会保障の基本的な体系ができあがってきた。

　1981年以降、レーガン政権による福祉抑制が進められ、1996年には後述するように、子育て世帯への公的扶助が貧困家族一時扶助（TANF）に変革され、ワークフェア政策が進められた。その後、2009年の世界恐慌（いわゆるリーマンショック）、2020年の新型コロナウィルスによるパンデミックが生じたが、基本的な社会保障制度の設計に大きな変更はなされず、現在にいたっている。

2-2　社会保障の体系

　現在のアメリカの社会保障制度の基幹的な役割を果たしている主な社会保障の体系を示すと次のとおりである。第1に、公的年金制度として、「老齢・遺族・障害年金」（Old-Age, Survivors and Disability Insurance：OASDI）がある。

　第2に、公的医療制度として、高齢者や障害者の医療保障「メディケア」（Medicare）、低所得者への医療扶助「メディケイド」（Medicaid）および児童医療保険プログラム（Children's Health Insurance Program：CHIP）がある。

　第3に、公的扶助として、高齢者と障害者への所得保障である「補足的保障所得」（Supplement Security Income：SSI）、子どものいる貧困世帯への公的扶助「貧困家庭一時扶助」（Temporary Assistance for Needy Families：TANF）、低所得層への食料支援である「補足的栄養支援プログラム」（Supplemental Nutrition Assistance Program：SNAP）、「勤労所得税額控除」（Earned Income Tax Credit：EITC）、「児童税額控除」（Child Tax Credit）などがある。

3 公的年金制度とそれを補完する私的年金

3-1 公的年金制度

　まず、アメリカの公的年金制度である老齢・遺族・障害年金（OASDI）がある[9]。この公的年金制度は連邦政府の社会保障庁（Social Security Administration）で運用されている。アメリカで「Social Security」というと一般的にはこのOASDIをさすことが多い。公的年金制度には4つの基本原則がある。それは①年金額は就労履歴に基づくこと、②受給にあたって資力調査をしないこと、③年金受給は拠出に基づくこと、④普遍的・強制的に年金加入がなされること、⑤年金受給は法に基づく権利であることである[10]。この原則の下、OASDI は以下のような制度内容になっている。

　被保険者は会社などで雇われる被用者と、年間所得 400 ドル以上の自営業者である。ただし、一部の州・地方公務員や鉄道職員は対象外である。2022 年の人口割合をみると、男性で 91 ％、女性で 80 ％が被保険者となっている[11]。保険料は、徴税機関である内国歳入庁（Internal Revenue Service：IRS）で「社会保障税」（Social Security Tax）として徴収される。2023 年の保険料率は、年 16 万 200 ドルまでの所得に対して、被用者では 12.4 ％となっており、それを事業主と労働者で 6.2 ％ずつ折半する。自営業者では折半はなく 12.4 ％である。財政的に国庫負担は原則ない。

　年金給付については、稼得収入の喪失に対応する「基礎的保障」を前提に所得比例であるが、全国平均賃金指数で賃金スライドの調整がなされる。また、その給付額については、生活費調整の仕組みを通じて物価スライドも行われている。それを踏まえたうえで 3 つの年金給付について見てみよう。

　第 1 に、老齢年金について、老齢年金が給付されるための最低加入期間は 10 年（40 四半期）である。老齢年金の支給開始年齢は 66 歳 2 か月であり、2027 年までに段階的に 67 歳に引き上げられる。なお、62 歳以降であれば繰上げ支給ができ、70 歳までの繰下げ支給も可能である。第 2 に、障害年金については、障害発生時の年齢に応じて、社会保障税を支払い、かつ直近でも社会保障税を支払っていれば給付される。第 3 に、遺族年金については、一定の期間、本人

が社会保障税を支払っている場合、その遺族に対して年金が給付される。

　これら3つの実際の年金支給状況についてみてみよう。第1に、2022年12月現在の受給者数をみると老齢年金では5129万人、遺族年金では586万人、障害年金では884万人、合計6599万人であった[12]。第2に、2022年の主な平均給付月額をみると、老齢年金で1825ドル、遺族年金でたとえば未亡人で1705ドル、障害年金は1483ドル（本人）であった[13]。第3に、2022年の年金支給総額は老齢・遺族年金で1兆881億ドル、障害年金1436億ドル、計1兆2317億ドルであった[14]。このように公的年金制度は受給者数、支出額からみても、アメリカ社会保障において最大の制度になっている。

3-2　企業年金

　アメリカの公的年金は生活の「基礎的保障」をする水準のもので、生活するのに十分な金額にはないといわれている。そのため、多くの被用者は私的年金である雇用主提供年金、つまり企業年金に加入している。企業年金には給付が確約された「確定給付年金」と、保険料を株式等に投資し、その相場によって給付額が変動する「確定拠出年金」がある。「確定拠出年金」はアメリカの企業年金に関する条項から「401（k）プラン」として知られている。

　企業年金で重要なことは、1974年の「被用者退職所得保障法」（Employee Retirement Income Security Act：ERISA Act［エリサ法と呼ばれる]）により、企業年金の給付に対しても「受給権保護」が確立していることである。これにより転職したり、企業が倒産したりした場合等でも、企業年金を受け取ることができる[15]。企業年金は公的年金ではないが、その受給権が公的に保護されているので、企業年金が大きく発展したのである。

4　公的医療制度

　アメリカの公的医療制度では国民全体を対象にした制度はなく、65歳以上の高齢者や障害者を対象としたメディケア、低所得層を対象としたメディケイド、児童医療保険プログラムぐらいしかない。そのため、高齢者や障害者ではない、また、低所得ではない人々の多くは民間医療保険に加入しなければならない。

以下、公的医療制度について具体的にみてみよう[16]。

4-1　メディケア

　まず、メディケアについてみてみよう。メディケアの受給資格がある被保険者は、10 年分の社会保障税を納付した 65 歳以上の高齢者、65 歳以下の（特定の障害を持つ）障害者、また、末期腎不全または筋萎縮性側索硬化症（ALS）患者である。メディケアは連邦政府の保健福祉省のメディケア・メディケイド・サービスセンター（Center for Medicare & Medicaid. Services：CMS）が運営しているが、民間保険会社も一部運営に関わっている。メディケアは次のように 4 つのパートに分かれている。

　第 1 に、「パート A」の「病院保険」（Hospital Insurance）であり、入院医療、在宅医療、専門介護サービス、ホスピスの医療費を給付する。パート A のみ強制保険である。保険料は社会保障税で 2.9 ％分となっており、被用者はこれを労使折半し、自営業者は全額負担となる。ただし、65 歳になると保険料負担は求められない。第 2 に、「パート B」の「補足的医療保険」（Medical Insurance）は、通院医療費など、パート A の給付対象とならない医療費を給付する。パート B は任意加入であり、パート A の加入者が加入できる。パート A の約 9 割がパート B に加入している。第 3 に、「パート C」の「メディケア・アドバンテージ」（Medicare Advantage）は、パート A と B の両方に加入している人に対して、任意加入として、政府に代わって民間医療保険を通じてパート A とパート B と同等以上の給付を提供するものである。第 4 に、「パート D」の「メディケア処方箋薬プラン」（Medicare Prescription Drug Plans）は、任意加入で民間医療保険を通じて、外来患者に係る処方せん薬代を給付する。この説明からもわかるように、パート C と D については民間保険会社が運用している。つまり、民間保険会社によって公的医療保険が運営される仕組みとなっている。

4-2　メディケイドと児童医療保険プログラム

　次にメディケイドについてみてみよう。メディケイドは低所得者向けの医療扶助である。メディケイドは連邦政府の保健福祉省が必要額の半分以上を財源提供・監督し、州政府により実施されている。2021 年度の負担額は、連邦政府

が5130億ドル、州政府が2210億ドルを負担し、計7340億ドルである[17]。

　メディケイドは連邦政府の設定したルールの範囲内で州政府が利用条件を設定するため、州によって利用条件が異なる。ただし、連邦政府からメディケイドの補助金を州政府が受けるためには次の者を対象者としなければならない。①子とどものいる低所得者の家庭、②世帯所得が連邦貧困ガイドラインの133％未満の6歳未満の子ども、100％未満の6歳から19歳の子ども、③補足的保障所得（SSI）の受給者などである。さらに、後述のオバマケアによる2014年以降のメディケイド拡大によって、39州とワシントンDCでは、④世帯所得が貧困ガイドラインの133％未満の成人、⑤100％以上133％未満の6歳以上19歳未満の子どもも対象になっている[18]。

　メディケイドの受給要件に満たないが、民間医療保険の保険料も支払うことが困難な低所得世帯の子どもに民間医療保険に入れるよう支援する児童医療保険プログラム（CHIP）がある[19]。メディケイド同様、CHIPも連邦政府の財源提供と監督の下で州政府が実施するため、州により利用条件が異なっている。

4-3　雇用主提供医療保険とオバマケア

　アメリカには全国民を対象とした公的医療制度がない。そのため、高齢者や障害者、貧困者を除く多くの人は民間医療保険に加入しなければならない。その多くは雇われた会社が提供する雇用主提供医療保険に加入する。こうしたことが許容されるのは連邦政府の1996年「医療保険携行・執行責任法」（Health Insurance Portability and Accountability Act of 1996）により、民間医療保険であっても、保険の契約更新保証や保険料増大を防ぐ「料率規制」などを通して、州政府が民間医療保険に社会的な役割を担うように働きかけてきたことにある[20]。しかし、それでも多くの無保険者がいて、大きな社会問題となっていた。2010年にオバマ政権は、「患者保護・医療費負担適正化法」（Patient Protection and Affordable Care Act）、通称「オバマケア」を成立させた。そして、民間医療保険加入の義務化、医療保険取引所の設置、保険購入助成金、メディケイドの適用拡大などを進めた。オバマケアについては違憲訴訟が行われるなど反対意見も強かったが、最高裁で合憲判決も出され、定着してきているようだ。

　図11-1は、2021年のアメリカの医療保険の加入状況をみたものである。こ

所得

高

総人口　3億2807万人

民間保険・メディケア
両方の加入者

民間保険 2億1637万人（66.0%）
うち雇用主提供医療保険 1億7829万人（54.3%）

メディケア
(Medicare)
6023万人
(18.4%)

児童医療保険プログラム
(CHIP) 906万人

民間保険・メディケイド
両方の加入者

メディケイド (Medicaid) 6194万人（18.9%）

メディケア・メディケイド
両方の加入者

低

低　　　　　　　　　　　　　　　　　　　　　　　　　高　年齢

無保険者 2719万人（8.3%）

図 11-1　アメリカの医療制度の加入状況（2021 年）

出所：厚生労働省『2022 年 海外情勢報告』2022 年、7 頁を一部修正。

れによると、アメリカの総人口のうち、民間保険に加入している人が 2 億 1637
人（66 %）、そのうち雇用主提供医療保険が 1 億 7829 万人（全体の 54.3 %）、メ
ディケアが 6023 万人（18.4 %）、メディケイドが 6194 万人（18.9 %）、児童医
療保険プログラムが 906 万人（2.7 %）、無保険者が 2719 万人（8.3 %）であっ
た。アメリカの医療制度は民間保険が主流であり、公的医療制度を拡大するこ
とは、経済力を持つ民間医療保険会社からの大きな反発にあい、困難を伴う。
そのため、メディケアやメディケイド、子どもの医療を充実させるために、民
間医療保険を活用する方向で拡大されてきた。他方、医療費や保険料の統制な
どがうまくいかず、アメリカの医療費は世界一である。それでも、オバマケア
以前からは半減したとはいえ、いまだに多くの無保険者を抱えている。

5　公的扶助

　最後にアメリカの公的扶助についてみてみよう。すべての国民のあらゆる生
活課題に対応した日本の生活保護と異なり、アメリカの公的扶助は複数の省庁
にまたがる多様な制度に分立している。アメリカには多くの貧困対策があるが、

ここでは主要な公的扶助制度をとりあげてみておきたい[21]。

5-1 貧困家庭一時扶助（TANF）

　まず、子どものいる貧困世帯を対象とした「貧困家庭一時扶助」（Temporary Assistance for Needy Families：TANF［タンフと呼ばれる］）である[22]。この TANF は稼働年齢層を対象にしているため「就労のための福祉」（Welfare to Work）を標榜し、次のような特徴がある。第1に、扶助は一時的で、生涯で60か月（5年分）しか受給できない「期間制限」（time limit）がある。第2に、受給条件として就労や就職活動、職業訓練などの「労働要件」（work requirement）が課される。第3に、その労働要件が達成できない場合、扶助を減額または廃止する「制裁措置」（Sanction）がある。このように TANF は、扶助の引き換えに労働を要求する典型的な「ワークフェア」の制度であった。

　TANF は州政府の事業であり、連邦政府のルールの枠内で実施する州政府に対して、連邦政府から包括補助金の形で財源の一定割合を一括して提供する。そのため、実施主体である州政府の裁量は大きく、期間制限も州によってはより短い期間を設定したり、給付額も州政府によって大きく異なる。この改革により、TANF の受給者は大幅に減少したが、貧困問題そのものは解消されず、その評価は割れている。TANF 受給者は、制度開始当初から大きく減り続け、2023年6月現在、196万4221万人、82万3040世帯となっている[23]。

5-2 補足的保障所得（SSI）

　次に、無年金や低年金の高齢者や障害者に対する、連邦政府の社会保障庁が運営する所得保障である「補足的保障所得」（Supplementary Security Income：SSI［エセサイと呼ばれる］）がある。つまり、アメリカでは最低保障年金が制度化されている。多くの州政府は、連邦政府の監督の下、連邦政府の給付に対して州政府独自の追加支給をしている。その州政府の給付を含めた SSI の受給状況をみると、2022年12月時点の受給者数は約750万人であり、平均給付額は622ドルであった[24]。

5-3 補足的栄養支援（SNAP）など

　さらに、農業省が管轄する食料支援である「補足的栄養支援プログラム」（Supplemental Nutrition Assistance Program：SNAP［スナップと呼ばれる］）がある。2008年までは「フードスタンプ」（Food Stamp）と知られていたものである。これは食料の購入に限定された給付であり、現物給付とされる。SNAPの磁気式カードの利用が承認された店舗で食料を購入することができる。ただし、1996年の法改正で18歳から50歳までの人で、子どもの扶養等をしていない人には週20時間以上の就労または職業訓練が課された。ただし、2023年の財政責任法（The Fiscal Responsibility Act）により、2024年10月までにその年齢は54歳まで引き上げられることになった[25]。2022年の利用状況をみると、受給者は多く4120万人だが、1人当たりの平均給付月額は約230ドルと少ない[26]。

　農業省の食料支援には妊産婦や乳幼児向けの「女性・乳幼児・児童特別栄養補助事業」（The Special Supplemental Nutrition Program for Women, Infants, and Children：WIC［ウィックと呼ばれる］）や学校給食、緊急食料支援事業（The Emergency Food Assistance Program：TEFAP［ティファップと呼ばれる］）などもある。TEFAPは農業省が購入した食料を各地の無料で食料支援をしているチャリティ団体などに配布する事業である[27]。このように、チャリティで行われているようにみえる支援が政府の資金により実施されていることもある。

5-4 勤労所得税額控除（EITC）など

　最後に、厳密には公的扶助ではないが、実質的に公的扶助と同様の働きをしている制度として、連邦政府の徴税など所管する「内国歳入庁」（Internal Revenue Service：IRS）により実施される「勤労所得税額控除」（Earned Income Tax Credit：EITC）がある[28]。EITCは勤労所得のある世帯に税額控除（減税）、もしくは税の還付（給付）を行う。控除額は、所得や子どもの人数等によって変わるが、たとえば、2023年では子どもが1人の場合、最大で年3995ドル、子どもが2人いる場合は年6604ドルであった[29]。EITCは勤労所得のある低所得者、いわゆるワーキングプア対策として大きな影響を持つ。ただし、EITCは勤労所得のある人に限定され、失業者や無職の人、公的扶助のみの所得しかない人には給付はなされない。また、子どものいる世帯への税額控除である「追

加的児童税額控除」（Additional Child Tax Credit）もある。これら EITC と児童税額控除はコロナ禍でその対象や還付金が拡大され、迅速な経済給付が行われた。コロナ禍後も有効な貧困対策としてこれらの拡大が期待されている。

　なお、2020 年度の連邦支出額をみると、SNAP が 789 億 7100 万ドル、SSI が 633 億 200 万ドル、EITC が 575 億 7700 万ドル、追加的児童税額控除が 277 億 7900 万ドル、TANF が 53 億 9400 万ドルとなっている[30]。公的扶助といえば、TANF が想定されていたが、いまやその面影はなくなり、EITC や追加的児童税額控除がその何倍もの低所得者に支援をしているのである。

6　隠れた福祉国家

　アメリカの社会保障の全体像をみると、社会保険も公的扶助も原則的に働くことをベースに制度設計がなされており、働いて自立していくことが重要視されている。特に、公的年金制度は基礎的な給付としてそれを補完する企業年金が発達し、医療制度としても民間医療保険が活用されている。他方で、企業年金のために受給権保護がなされ、民間医療保険も料率規制や購入助成などの公的支援が行われている。また、貧困者への給付も EITC のような税額控除が大きな影響力を持つようになってきている。

　アメリカの社会保障は表だって見える民間企業や就労自立のインパクトが強いために、公的な役割が軽視されがちである。しかし、「隠れた福祉国家」（Hidden Welfare State）[31] と呼ばれるように、公的な役割は想像以上に複雑に入り組んで果たされているように思われる。ただし、こうした民間や税制を通じた社会保障は見えにくいために、社会保障の評価を困難にし、表だって社会保障財源を獲得することを難しくしている側面もある。だからこそ、自己責任の国民的な信念を維持しつつ、すべてを自己責任に帰することのない社会保障の展開を可能にしているとも言えるのではないだろうか。

[注]
1　外務省、2023 年。
2　山縣、2021 年、50–64 頁。

3 U.S. Census Bureau, 2023.

4 U.S. Department of Housing and Urban Development, 2022, p.10.

5 橋都、2006 年、65–69 頁。

6 中島、2021 年、179–181 頁。

7 トラットナー、1978 年、ジャンソン、1997 年などを参照。

8 木下、2000 年、25–35 頁。

9 渋谷、2023 年、134–139 頁、藤本、2022 年、230–233 頁、厚生労働省、2022 年、
   Social Security Administration, 2023a を参照。

10 Social Security Administration, 1997, p.10.

11 Social Security Administration, 2023b, p.7.

12 Social Security Administration, 2023b, p.10.

13 Social Security Administration, "Fast Facts & Figures About Social Security, 2023", 2023, p.11.

14 Social Security Administration, 2023a, p.2.

15 吉田、2012 年、1–3 頁。

16 渋谷、2023 年、140–151 頁、厚生労働省、2022 年、長谷川、2021 年、126–145 頁、
   加藤、2021 年、223–325 頁を参照。

17 厚生労働省、2022 年、11 頁。

18 厚生労働省、2022 年、9–10 頁。

19 詳しくは、中浜、2009 年、49–98 頁を参照。

20 中浜、2006 年。

21 渋谷、2023 年、151–157 頁、厚生労働省、2022 年、木下、2022 年、45–61 頁を参照。

22 木下、2007 年。

23 U.S. Department of Health & Human Services, 2023.

24 Social Security Administration, 2023a, p.4.

25 Center on Budget and Policy Priorities, 2023b.

26 U.S. Department of Agriculture, 2023.

27 根岸、2015 年。

28 根岸、2006 年。

29 Center on Budget and Policy Priorities, 2023a.

30 Congressional Research Service, 2021.

31 Howard, 1997.

[引用・参考文献]

外務省「アメリカ合衆国：基礎データ」2023 年、https://www.mofa.go.jp/mofaj/area/usa/data.html（2023 年 11 月 30 日最終閲覧）。

加藤美穂子『アメリカの連邦補助金』東京大学出版会、2021 年。

河崎信樹・河音琢郎・藤木剛康編『現代アメリカ政治経済入門』ミネルヴァ書房、2021 年。

木下武徳「アメリカ社会改良期における『ニューヨーク・システム』の発展—民間福祉施設への公的補助金はいかに増大したのか—」『福祉社会研究』1 号、2000 年、25-35 頁。

木下武徳『アメリカ福祉の民間化』日本経済評論社、2007 年。

木下武徳「アメリカにおけるコロナ禍の低所得層への経済給付—公的扶助を中心に—」『コミュニティ福祉研究所紀要』立教大学、10、2022 年、45-61 頁。

厚生労働省『2022 年 海外情勢報告』2022 年、https://www.mhlw.go.jp/content/001184852.pdf（2023 年 11 月 1 日最終閲覧）。

渋谷博史『トランプ財政とアメリカ第一主義』東京大学出版会、2023 年。

トラットナー、ウォルター著、古川孝順訳『アメリカ社会福祉の歴史—救貧法から福祉国家へ—』川島書店、1978 年。

中島譲「移民政策」河崎信樹ら編、2021 年、179-196 頁。

中浜隆『アメリカの民間医療保険』日本経済評論社、2006 年。

中浜隆「アメリカの児童医療保険プログラム」『損害保険研究』小樽商科大学、71（3）、2009 年、49-98 頁を参照。

根岸毅宏『アメリカの福祉改革』日本経済評論社、2006 年。

根岸毅宏「アメリカ福祉国家の緊急食料支援における民間主導の構造—FA ネットワークとその北バージニア地域の事例—」『国学院経済学』63 巻 2 号、2015 年、193-240 頁。

橋都由加子「アメリカにおける連邦・州・地方の役割分担」財務省財務総合政策研究所『「主要諸外国における国と地方の財政役割の状況」報告書』2006 年、https://www.mof.go.jp/pri/research/conference/zk079/zk079_02.pdf（2023 年 10 月 1 日最終閲覧）。

長谷川千春「医療保障政策—"オバマケア"による変化と限界—」河崎信樹ら編、2021 年、126-145 頁。

藤本健太郎「アメリカの年金制度」『年金と経済』年金シニアプラン総合研究機構、41（2）、2022 年、230-233 頁。

ジャンソン、ブルース『アメリカ社会福祉政策史』相川書房、1997 年。

山縣宏之「産業構造の変化」河崎信樹ら編、2021 年、50-66 頁。

吉田健三『アメリカの年金システム』日本経済評論社、2012 年。

Howard Christopher, *The Hidden Welfare State*, Princeton University Press, 1997.

Congressional Research Service, "Federal Spending on Benefits and Services for People with Low Income: FY2008–FY2020", 2021, https://crsreports.congress.gov/product/pdf/R/R46986 (2023 年 11 月 31 日最終閲覧)。

Center on Budget and Policy Priorities, "A Quick Guide to SNAP Eligibility and Benefits", 2023a, https://www.cbpp.org/research/food-assistance/a-quick-guide-to-snap-eligibility-and-benefits (2023 年 11 月 1 日最終閲覧)。

Center on Budget and Policy Priorities, "Policy Basics: The Earned Income Tax Credit", 2023b, https://www.cbpp.org/research/policy-basics-the-earned-income-tax-credit (2023 年 11 月 31 日最終閲覧)。

Social Security Administration "Social Security Programs in the United States", 1997, https://www.ssa.gov/policy/docs/progdesc/sspus/sspus.pdf (2023 年 11 月 4 日最終閲覧)。

Social Security Administration, "Annual Statistical Supplement 2023", https://www.ssa.gov/policy/docs/statcomps/supplement/(2023 年 11 月 4 日最終閲覧)。

Social Security Administration, "Fast Facts & Figures About Social Security, 2023", https://www.ssa.gov/policy/docs/chartbooks/fast_facts/index.html (2023 年 11 月 4 日最終閲覧)。

U.S. Census Bureau, "National Poverty in America Awareness Month: January 2023", https://www.census.gov/content/dam/Census/library/visualizations/2022/demo/p60-277/figure1.pdf (2023 年 10 月 4 日最終閲覧)。

U.S. Department of Agriculture, "Supplemental Nutrition Assistance Program Participation and Costs", 2023, https://fns-prod.azureedge.us/sites/default/files/resource-files/snap-annualsummary-12.pdf (2023 年 11 月 31 日最終閲覧)。

U.S. Department of Health & Human Services, "TANF Caseload Data 2023", 2023, https://www.acf.hhs.gov/ofa/data/tanf-caseload-data-2023 (2023 年 10 月 1 日最終閲覧)。

U.S. Department of Housing and Urban Development, "The 2022 Annual Homelessness Assessment Report (AHAR) to Congress", https://www.huduser.gov/portal/sites/default/files/pdf/2022-AHAR-Part-1.pdf (2023 年 10 月 4 日最終閲覧)。

[推薦図書]
○加藤美穂子『アメリカの連邦補助金：医療・教育・道路』東京大学出版会、2021 年。

——医療、教育、道路への連邦補助金がどのように提供されているのかをみることで、連邦政府と州・地方政府の関係、公的責任のあり方が見えてくる。

○川﨑信樹・河音琢郎・藤木剛康編（2021）『現代アメリカ政治経済入門』ミネルヴァ書房、2021年。

　　——アメリカの政治経済を多角的に分析した入門書である。アメリカの社会保障を理解するために不可欠な政治システム、産業・雇用構造、医療政策、移民政策などを理解することができる。

○渋谷博史『トランプ財政とアメリカ第一主義』東京大学出版会、2023年。

　　——保守的なトランプ大統領の下でどのような政策が取られたのかを財政の視点から分析した専門書である。就労を基盤にした改革が行われるが、その就労のために様々な手立てが念入りに企てられていることわかる。

第 12 章
韓国の社会保障

松江暁子

本章のねらい

韓国は、社会保険、公的扶助、社会サービスによって社会保障を構成している。このようなかたちとして社会保障が整備されたのは、1997年末に韓国を襲ったアジア通貨危機を契機としている。この危機で大量に生み出された失業・貧困の問題に対応するために、すでに導入されていた社会保険の拡充とともに、以前の公的扶助を廃止し新たな公的扶助の導入を行った。

その韓国の社会保障を構成する各制度は一見すると日本と類似しているように見えるものの、その中身は経済・社会・政治状況を反映した韓国特有の特徴をもった仕組みとなっている。本章では、そのような韓国の社会保障の全体像をつかむことをねらいとする。そしてその韓国のみならず多くの国々が直面する少子高齢化や雇用の不安定化といういわゆる新しい社会リスクに対し社会保障でどのように対応しようとしているのか触れてみたい。

1 韓国の社会の状況

1-1 韓国の基本情報

韓国の本情報について確認してみよう。国土面積は約10万平方キロメートルで日本の約4分の1であり、総人口は、2022年現在、約5163万人（韓国統計庁）である。

高齢化の状況についてみてみると、1995 年に高齢化率が 5.9 ％であったが、その後上昇し続け、2000 年に 7.2 ％、2005 年に 9 ％、2010 年に 10.8、2020 年には 15.7 ％、2022 年には 17.5 ％となっている。また、少子化の状況をみてみると、1995 年に 1.63 であった合計特殊出生率は、2000 年に 1.48、2005 年に 1.09、2010 年に 1.23、2020 年に 0.83 と減少傾向は進み、2022 年には 0.78（暫定値）に至っている。韓国の少子高齢化の進展スピードは速く、重要な政策課題となっている。

1-2　韓国の社会経済

　韓国は、1945 年に日本の植民地支配から解放されたのち、アメリカ軍による統治を受け、1948 年に大韓民国としてスタートした。その後、朝鮮戦争（1951 –53 年）を経験し、国土は荒廃した状況が続き、国民の貧困は深刻であった。1960 年代に入って、貧困からの脱却を目指し政府主導による経済開発計画（5 か年計画）を進め[1]、「漢江の奇跡」と呼ばれる高度経済成長を経験するなかで、国民の生活水準は急速に向上していった。この高度経済成長期の韓国政府は、「最善の福祉は経済成長であり、最善のセーフティネットは家族である」[2]とする「先成長・後分配」を政策基調とし、経済成長を最優先し失業問題や貧困問題を含む社会的リスクへの対応は、経済成長のなかで解決するか、それでも解決できない場合は家族の責任としていた。そのため、この間に社会保険が徐々に導入されていったものの不十分な状況が続き、公的扶助は不稼働年齢層のみを対象としていた。

　1990 年代後半、韓国を強打したアジア通貨危機をきっかけに、大量の失業・貧困者が発生した。それまで、経済成長を第一に政策を進め、社会保険や公的扶助の整備が不十分であったために、稼働年齢層にある人々の失業・貧困問題に対応できなかった。その状況は重大な社会問題となり、働く年齢層の人々も対象に含む公的扶助の導入、雇用保険の拡大や他の社会保険の整備が急速に進められ、現在の社会保障のかたちが形成されたのである。アジア通貨危機が韓国の社会保障を整備する契機となったといえよう。しかし、現在、従来の社会保険と公的扶助による社会保障では対応することができない就労困難な若年層や不安定就労層が幅広く存在している。

2 韓国における社会保障体系

　韓国では、社会保障立法の指針となる「社会保障基本法」（1995 年）があり、社会保障の理念および基本原則、社会保障の範囲等を規定している。

　社会保障基本法では、社会保障について、「出産、養育、失業、老齢、障害、疾病、貧困および死亡などの社会的リスクからすべての国民を保護し、国民の生活の質の向上のために必要な所得およびサービスを保障する社会保険、公的扶助、社会サービス」（第 3 条第 1 項）と定義している。韓国では社会保険、公的扶助、社会サービスによって社会保障を構成しているといえる（**表 12-1**）。

表 12-1　韓国における社会保障の種類の例

	社会保険	公的扶助	社会サービス
対　象	すべての国民	低所得層	要保護者
財　源	加入者と使用者が納付する保険料	租税	国家補助金および後援金
種　類	国民年金、雇用保険・産業災害補償保険、医療保険、老人長期療養保険、特殊職域年金	国民基礎生活保障基礎年金、障害年金、障害手当、児童　手当	（狭義）児童・青少年・高齢者・障害者福祉サービス、ひとり親家族支援など

出所：国会予算政策署（2019：xiv）をもとに作成。

3 社会保険

3-1　医療保険

　韓国の公的医療保険において、すべての国民は「国民健康保険」というひとつの制度に加入するシステムとなっている。かつては勤め人かそうでないかによって保険者が異なる公的医療保険制度となっていたが、一元化され現在に至っている。

　国民健康保険の保険者は、国民健康保険公団が担っている。被保険者は、職場加入者と地域加入者に区分される。職場加入者とは、被雇用者と使用者、公務員、私立学校教職員およびそれらの被扶養者である。地域加入者は、職場加

入者とその被扶養者以外の人々であり、そこには失業者や非正規労働者、フリーランサー、学生、農漁業従事者、退職高齢者、小商工業者、専門職、芸能人などの人々もこの地域加入者に含まれる。2023年6月現在、職場加入者が38.6％、被扶養者が33.0％、地域加入者が28.4％となっている[3]。また、保険料率については、職場加入者と地域加入者で異なっている。職場加入者の場合は、賃金（報酬月額）に保険料率（7.09％［2023年］）をかけて算出し、保険料負担については、被雇用者の場合、算出された保険料を使用者と被雇用者で2分の1ずつ負担し、公務員の場合は、国と加入者で2分の1ずつ負担する。私立学校教職員の場合は、加入者が50％、学校が30％、国家が20％を負担することとなっている。地域加入者の場合は、自営業などの所得把握の難しさがあることから、世帯の所得や財産、自動車や生活水準および経済活動参加率などを反映して算出された保険料賦課点数に点数当りの金額（208.4ウォン）をかけて算出することとなっている。

　保険給付のあり方についてみてみると、入院、外来、薬局別で保険給付（療養給付）で行う割合が異なっている。たとえば、入院の場合は保険給付が80％（自己負担20％）であり、外来の場合は医療機関の種別によって異なり40〜70％（自己負担60〜30％）と幅がある。薬局については70％（自己負担30％）となっている。また、日本の高額療養費に類似した本人負担上限制が設けられている。

　財源は保険料と国庫補助、その他収入からなる。このうち国庫補助は予想保険料収入の20％（国庫支援金14％＋国民健康増進基金6％）となっている。

　韓国では公的医療保険の療養の給付範囲となる項目が日本に比べると狭く、保険給付の対象とならない非給付項目が多い。また、混合診療が認められていることから、医療費の自己負担が高額になりやすい傾向がある。たとえば、MRIの場合、保険適用は8つの疾患に制限され、その8つの疾患以外でのMRI利用の場合には、保険外となり全額自己負担になる。これはひとつの例であるが、このような高額になりやすい自己負担の軽減のために、民間の医療保険に加入する人々が多い。

　なお、低所得者の医療については、医療給付法にもとづく医療給付がある。医療給付は、公的扶助である国民基礎生活保障の給付のひとつである。ただし、

その具体的な給付方法は医療給付法に定めており、国民基礎生活保障受給者以外の同法に定める低所得者もこの医療給付の対象となっている。

3-2　年金保険

　韓国における公的年金は、一般の国民を対象とする国民年金および特殊職域年金（公務員年金、軍人年金、私立学校教職員年金、別定郵便局職員年金）で構成されている。特殊職域以外の国民は国民年金に加入する。2021 年の公的年金加入者数を見てみると、国民年金が最も多く 2234 万 7586 人、公務員年金が126 万 1421 人、私立学校教職員年金が 33 万 0322 人、軍人年金が 19 万 2199 人、別定郵便局年金は 3336 人となっている[4]。ここでは、公的年金の主軸となっている国民年金に焦点をあててみていきたい。

　国民年金の加入者は、国内に居住する 18 歳以上 60 歳の国民であり、特殊職域年金に加入する者は除外される。その加入者は、事業所加入者、地域加入者に区分される。

　まず、事業所加入者は、一人以上の労働者を使用する事業所の労働者と使用者が該当する。ただし、日雇い労働者、1 か月未満の期限付き労働者、1 か月の所定労働時間が 60 時間未満の短時間労働者、所在地が一定ではない事業所に従事する労働者などは事業所加入者とはならない。次に、地域加入者は、18 歳以上 60 歳未満で、特殊職域年金加入者および国民年金の事業所加入者ではない者が対象である。ただし、18 歳以上 27 歳未満で学生や軍服務などのために所得がない者や公的扶助である国民基礎生活保障の生計給付と医療給付対象者であるなどの状況にある者は除外される。このような状況にあり、所得がない人々を納付例外者と位置づけている。2023 年 5 月現在、加入者全体（2225 万4964 人）のうち、事業所加入者が 66.48 %（1479 万 5930 人）、地域加入者が29.65 %（659 万 9592 人）を占めている[5]。本稿では詳細には触れていないが、任意加入者・任意継続加入者が残りの 3.86 %（85 万 9442 人）を占めている[6]。

　保険料は、事業所加入者、地域加入者にかかわらず、所得をもととした基準所得月額に 9 %の保険料率（2023 年現在）をかけて算出する。それによって算出された保険料について、事業所加入者は労使折半して負担し、地域加入者については全額自己負担することとなる。

国民年金の財源は、保険料収入と国民年金基金の運用収益である。

給付の種類は、老齢年金（支給開始年齢は 2012 年まで 60 歳であったが、2013 年から 5 年に 1 歳ずつ引き上げ、2033 年に 65 歳まで引き上げることとなっている）、障害年金、遺族年金がある（表 12-2）。なお、一時金として返還一時金、死亡一時金がある。

国民年金は、基本年金額と扶養家族年金額（加給年金部分）から構成される。軸となる基本年金額の支給額は、加入期間と加入期間中の所得によって異なる。所得代替率（国民年金加入期間の全加入者の平均所得を現在価値に換算した金額と比較してどれくらいの割合か）が適用されている。国民年金導入時（1988年）～1998 年には、所得代替率は 70 ％であったが、引き下げられる改革が続き、2008 年には 50 ％となり、それ以降毎年 0.5 ％ずつ引き下げられていき、2028 年に 40 ％とすることとなっている。

表 12-2　国民年金の給付内容

老齢年金	老齢年金	加入期間が 10 年以上。受給開始年齢に到達したときに受給。
	所得活動による老齢年金額	老齢年金受給権者が受給年齢に到達した後 5 年以内に所得がある業務に従事する場合。
	早期老齢年金	加入期間 10 年以上。支給開始と年齢到達 5 年前から受給可能
	分割年金	加入期間中の婚姻期間が 5 年以上である老齢年金受給権者の離婚した配偶者が受給開始年齢に到達した場合に受給。配偶者の基本年金額のうち婚姻期間に該当する年金額の 2 分の 1。
障害年金		加入中に発生した疾病または負傷で完治後にも身体または精神上の障害が残った場合。 1～3 級：基本年金額の 100、80、60 ％＋扶養家族年金。4 級の場合は一時金。
遺族年金		加入期間の 3 分の 1 以上の保険料を納付した加入者または加入者であった者、加入期間に 10 年以上である者または加入者であったもの、老齢年金受給者、障害 2 級以上の障害年金受給権者などが死亡時、その者により生計を維持していた者が対象。

出所：筆者作成。

3-3　老人長期療養保険

　老人長期療養保険は、日本の介護保険に相当するもので、2008年に導入された。高齢や老人性疾患などが原因で日常生活を一人で営むことが難しい高齢者等に、身体活動または家事活動支援などの長期療養給付を提供し、老後の健康増進及び生活の安定を図り、家族の負担を軽減することで、国民の生活の質を向上させることを目的としており、介護サービスの提供および介護者に対する現金給付も行う仕組みとなっている。

　加入者は、公的医療保険の加入者すべてであり、保険料は、国民健康保険料に一定率をかけて算出する。

　提供されるサービスには、在宅サービスと施設サービスがある。まず在宅サービスには、訪問療養、認知活動型訪問療養、訪問入浴、訪問看護、デイ・ナイトサービス、ショートステイ、その他在宅給付（福祉用具）がある。施設サービスには、高齢者療養施設と高齢者グループホームがある。サービスを利用するにあたっては、老人長期療養保険の等級（1～5級）の判定を受けることになる。また、サービスを利用した場合の本人自己負担があり、在宅サービスについては15％、施設サービスについては20％となっている[7]。またこれらに加え、受給者が島・僻地に居住していたり、災害、身体・精神的などの理由で長期療養給付を指定された場で受け取ることができず、その家族等から訪問療養に相当する長期療養給付を受けたりするときに、現金給付を行う「特別現金給付（家族療養費）」がある。

3-4　産業災害補償保険

　産業災害補償保険は、1964年に導入された、韓国で最初の社会保険である。産業災害補償事業を行い、労働者の業務上の災害に対し迅速かつ公正に補償するとともに、災害予防およびその他の労働者の福祉増進のための事業を行うことにより、労働者保護に資することを目的としている。

　災害補償の責任を保障するために国が事業主から保険料を徴収し、その基金によって事業主の代わりに労働災害にみまわれた労働者に対して補償する。同制度の対象者は、すべての事業所の従業員である。韓国で近年増加している特殊形態労働従事者（契約の形式に関係なく労働者と類似の労務を提供している

表 12-3　労働者災害補償保険の主な給付内容

種　類	内　容
療養給付	業務上の災害により療養機関が4日以上である場合、国民健康保険の診療報酬の範囲内で療養費の全額を支給
休業給付	療養により就労できない期間1日につき平均賃金の70％相当額を支給
傷病補償給付	当該負傷または疾病が2年経過しても治癒せず障害等級1〜3級に該当する長期患者に対して支給
障害給付	業務上の災害の治癒後、それが原因で障害が残った場合に支給
看病給付	療養給付を受ける者が治癒後、医学的に看病が必要であり実際に看病を受ける者に支給
遺族給付	業務上の災害により死亡した遺族の生活保障のために支給
葬祭費	労働災害により死亡した場合などに葬祭を行うものに支給

出所：筆者作成。

にもかかわらず勤労基準法等が適用されない者）や中小企業主などの加入については特例制度がある。主な給付内容は、以下のとおりである（表12-3）。

3-5　雇用保険

　雇用保険は、失業者に失業給付を支給する事業の他に、積極的な就業あっせんによる再就職の促進や、労働者の雇用安定のための雇用安定事業、労働者の職業能力開発事業などを相互連携して行う社会保険である。「失業者の生計を支援する事後的・消極的な社会保障制度としての失業保険とは異なり、雇用保険は、失業者に対する生計の支援とともに、再就職を促進し、さらに失業の予防及び雇用安定、労働市場の構造改編、職業能力開発を強化するための事前的・積極的」[8] な側面をもつ社会保険として機能している。

　1人以上の被雇用者がいる事業所は、雇用保険に加入する義務がある。くわえて、2020年以降には、芸術従事者や特殊形態労働従事者の一部（保険外交員、学習誌教師[9]、宅配運転手、代理運転手など）も雇用保険の適用対象者となった。

　ただし、農業、林業および漁業のうち法人ではないものが常時4人以下の労働者を使う事業や家事サービス業などは、当然適用事業所からは除外されている。また、セーフティネットから漏れやすいとされる任期付で採用される公務員やひとり自営業者または50人未満の労働者を雇用する自営業者などが任意

表 12-4　雇用保険の給付の種類と内容

種　類	内　容
失業給付	求職給付、傷病給付、訓練延長給付、個別延長給付、特別延長給付、就業促進手当（早期最終行手当、職業能力開発手当、広域求職活動費、移住費）
母性保護	出産前後休暇給付、育児休職給付、雇用保険未適用者出産給付、配偶者出産休暇など
雇用安定・職業能力開発	雇用創出奨励金、雇用維持支援金、雇用安定奨励金、在職者職業能力開発事業、事業主の職業能力開発事業への支援など

出所：筆者作成。

加入者として認められている。

　雇用保険によって行われる事業は大きく失業給付、母性保護、雇用安定・職業能力開発に区分される。それぞれで行われる給付内容は**表 12-4** のとおりである。

4　公的扶助

4-1　国民基礎生活保障

　国民基礎生活保障は、韓国の公的扶助の主軸となる制度である。その目的として、最低生活保障と自立助長を掲げ、生計を維持することができない貧困状態にある国民に対し、生計、医療、住居、教育などの給付を通じて基本的な生活を国家が保障するとともに、労働能力がある者には体系的な就労支援を提供し自立を図ることを支援する制度である。

　給付の対象については、労働能力の有無を問わず、貧困の状況にあれば誰でも最低生活を保障されることとなっている。その貧困を判断する基準として、「所得認定額基準」と「扶養義務者基準」を設け、それを満たした者が受給権者となる。「所得認定額」とは、国または自治体が給付の決定および実施などに使用するために算出した世帯別の所得評価額と財産の所得換算額を合算した金額である。「扶養義務者」とは、受給権者の1親等の直系血族およびその配偶者（親、子、妻や夫）である。扶養義務者に対し、その扶養能力に応じた扶養を厳しく求めるために受給できない人々を生んでいることが制度導入直後から指摘

されてきた。それを受けて、段階的に廃止・緩和が進められ、現在、生計給付、住居給付、教育給付（表12-5）について扶養義務者基準は廃止されている[10]。

　給付の種類には、生計給付、住居給付、医療給付、教育給付、自活給付、出産給付、葬祭給付の7つがある。給付ごとにそれぞれ選定基準を定め、所得認定額がその選定基準以下となる世帯に対して給付を行う仕組みとなっている（表12-5）。ただし、生計給付については労働能力のある者の場合、自活事業に参加することを条件にして給付を行うこととしている。労働能力のある者で、この受給の対象となる者を「条件付き受給者」として位置づけ、就労支援プログラムといえる自活事業への参加を条件付けて、給付を行う。また、自治体（市・郡・区）では、その対象者に自立支援計画を立て参加する自活事業を提示することとなっている。

表12-5　国民基礎生活保障の給付の種類と内容および選定基準

給付の種類	内　容	選定基準
生計給付	衣服、飲食物および燃料費、その他日常生活に基本的に必要となる金品を支給する。	基準中位所得 30％以下
医療給付	受給者の健康な生活に必要な各種検査および治療などを支給する。医療給付法にもとづき行われる	基準中位所得 40％以下
住宅給付	賃貸料や住宅の修繕費用、その他の受給品を支給。住居給付法にもとづき行われる	基準中位所得 46％以下
教育給付	小学校と中学校については教育活動支援費を、高等学校については入学金、授業料、教科書代を支援	中位所得 50％以下
自活給付	就労自立などに向けて必要な費用やサービスを支給	
出産給付	分娩前後の必要な措置と保護。生計、医療、住居のうち一つ以上の給付を受けている受給者を対象とする。	
葬祭給付	生計、医療、住居給付のうち一つ以上の給付を受けている受給者が亡くなった場合の遺体の検案・運搬・火葬または埋葬、その他葬祭に関するもの	

出所：筆者作成。

4-2 基礎年金、障害者年金

　基礎年金とは高齢者に対する税を財源とする年金制度である。2023年現在、65歳以上で所得と財産が少ない下位70％以下の人々を対象に支給する。2023年は最大支給額が約32万ウォンとなっている。

　障害者年金とは、18歳以上の重度障害者のうち、所得認定額が選定基準額以下である場合に支給するものである。2023年は最大支給額が約32万ウォンとなっている。

5　社会サービス

　社会サービスの概念については、国ごと、また学者ごとに多様に定義される。韓国の保健福祉部（日本の厚生労働省にあたる）は、社会サービスについて狭義と広義の捉え方を示している[11]。そこでは、狭義の社会サービスを、高齢者、児童、障害者などを対象としたケアサービスの総称とし、広義の社会サービスを、個人または社会全体の福祉増進および生活の質の向上のために社会的に提供するサービスであり、社会福祉、保健医療、教育、文化、住居、雇用、環境などを幅広く含むものであるとしている。この広義の社会サービスは、社会保障基本法における社会サービスと同範囲である。そこで、社会保障基本法で規定する広義の社会サービスの概念を土台としてまとめられている「2021年社会サービス需要実態調査」にあるサービス分類を示すと**表12-6**のとおりである。

　以上のように、広範囲なさまざまなサービスが社会サービスとして認識されている。社会サービスは、ライフステージごとに必要なサービスを多様に提供し、とくに脆弱階層（低所得層、子ども、高齢者、障害者など）に対する社会的保護の水準を高めるという面で、その重要性は増してきている。

表 12-6 「2021 年社会サービス需要実態調査」サービス領域の分類

大分類	中分類	細部内容
成人ケア	高齢者ケアサービス	養老および療養施設、在宅サービス、デイサービス・ナイトサービス・ショートステイサービス、福祉用品・補装具支給、食事提供サービス（敬老食堂、弁当及びおかず配達）、家事支援サービス利用、車両支援（移動支援）など
	障害者ケアサービス	障害者生活施設、在宅サービス（活動支援サービス）、デイサービス・ナイトサービス・ショートステイサービス、食事提供サービス（弁当およびおかず配達）、家事支援サービス、車両支援（移動支援）、福祉用品・補装具（車いす、歩行器等）支給など
	その他成人ケアサービス	看護及び看病サービス、食事提供サービス（敬老食堂、弁当およびおかず配達）、家事支援サービス利用、車両支援（移動支援）など
児童ケア	出産支援サービス	妊娠・出産支援サービス（妊娠・出産バウチャー、妊産婦鉄分剤支援など）、妊産婦・新生児栄養管理サービス、産後処理サービス（産後処理院あるいは産後処理師）、産婦新生児健康管理（バウチャー）、母乳授乳支援サービスなど
	保育サービス	オリニチプ、幼稚園、子どもケアサービス利用など
	放課後ケアサービス	小学ケア教室、みんな一緒にケアセンター、放課後アカデミー、地域子どもセンター、青少年修練館など
健康	身体健康サービス	運動、禁煙、節酒、食生活管理のための相談及び教育（例：禁煙相談、栄養相談及び教育）、生活体育サービス、スポーツクラブ、スポーツバウチャーなど
	精神健康サービス	精神療養施設、精神リハビリテーション生活施設、各種相談サービス（児童相談、夫婦相談、ケースマネジメント、家族相談など）、アルコール・薬物・インターネット・ゲーム依存の管理、憂鬱及び自殺などの予防のための教育及び相談サービス、虐待及び暴力被害（児童、高齢者、性・家族・学校など）関連支援サービスなど
	リハビリテーションサービス	作業療法、理学療法、運動療法、言語療法、音楽・遊び・美術などの特殊心理療法、職業リハビリテーション、その他リハビリテーションサービスなど
教育	児童教育支援サービス	児童の学習支援サービス（学習誌、塾、家庭教師などの私教育含む）、放課後学校の自由受講券、勉強部屋など
	成人教育支援サービス	生涯教育院・住民センターなどの生涯教育プログラム受講、父母教育サービス、社会教育サービス、地域力量開発のための教育サービス（塾教育含む）など
	情報提供サービス	財務設計・老後設計支援サービス、税務・法律支援サービスなど

雇用	雇用サービス	就労あっせん、求職支援及び相談、ケースマネジメントなど
	職業訓練サービス	職業訓練機関又は事業所の職業訓練サービス、最終行教育サービスなど
	創業支援	創業空間支援、創業コンサルティングなど
文化	文化及び余暇サービス	文化/芸術観覧（映画鑑賞、美術館、博物館利用など）、文化バウチャー、旅行バウチャー、移動映画館、脆弱階層芸術支援プログラム、児童青少年楽器支援サービスなど
住居	住居サービス	住居環境改善サービス（住宅内の無償修理及び部品交換）、エネルギー効率改善サービス（断熱、建具交換、暖房物品設置または交換）、住宅改修及び家修理、引越し支援、住居相談及び情報提供、住居関連教育サービス、掃除及び防疫、電気税減免、エネルギーバウチャーなど
環境	環境サービス	老朽化した軽油車提言装置支援サービス、ラドン測定器貸与、PM2.5対策サービス（マスク支給、空気清浄機支給など）、環境に優しい物品支援サービス、環境性疾患予防サービス、石綿被害者支援サービスなど

出所：韓国保健社会研究院（2022）。

6 韓国の政策課題としての少子高齢化、雇用不安定化への対応

　韓国において現在の社会保障体系が整ったのは、1990年代後半のアジア通貨危機後である。それは、多くの失業・貧困者が生み出されたこと、つまり失業・貧困問題がきっかけであった。しかし、韓国では、ほぼ同時期にその失業・貧困問題への対処とともに別の重大な社会問題にも対処しなければならなかった。その社会問題とは、少子高齢化と不安定雇用である。

6-1　少子高齢化

　韓国において少子高齢化が政策課題として浮上したのは、2000年代に入って間もなくのことである。まさに社会保障の各種制度が整い始めたところに、年金財源の枯渇問題（2002年）が浮上したのである。その後、2004年に少子高齢化に対応することを目指した委員会が政府内に発足し、2005年に低出産高齢社会基本法が制定・施行され、2006年には第1次低出産高齢社会基本計画が策定された。同計画は、5年ごとに策定され、2021-2025年には第4次が推進されて

いる。このように少子高齢化対策に力を注いできたにもかかわらず、2022 年の合計特殊出生率が 0.78 を記録した。この間に、保育の無料化、養育手当（保育所などを利用しない父母の養育費用軽減のための手当）や児童手当の支給などを実施してきたものの、少子化の傾向は変わらない。また、老人長期療養保険や基礎年金などの導入が行われたものの、高齢者の貧困やケアの量の不足などは問題となっている。

6-2　雇用の不安定化

　アジア通貨危機後、早期に経済的な回復をみせたいっぽうで、雇用の不安定化は広がっていく様相をみせた。とくに若者の就労困難の問題や、ギグワーカーなどのように雇用されて働くという就労形態ではない新しい働き方の拡大などが進んだ。また韓国では、就業者に占める自営業の割合も大きい。このような人々は社会保険から漏れる存在となっていた。

　そこで韓国ではすべての就業者が雇用保険に加入することができることを目指して 2020 年に「全国民雇用保険のロードマップ」を示し、その適用範囲の拡大を進めている。また、韓国型失業扶助と呼ばれる「国民就業支援制度」が2021 年からスタートした。就労を望む就労困難層にある人々に、就労支援サービスを提供し、そのうち低所得で条件に該当する求職者には生計のための最低限の所得を支援するものである。生計支援と就労支援サービスを提供し、雇用セーフティネットの死角地帯の解消を目指したものであり、「第 2 の雇用セーフティネット」と位置づけている。

　以上のように、少子高齢化にも雇用の不安定化に苦慮しながらも政策的対応を弛まず進めている。これらの政策課題は、韓国に限ったものではない。韓国の経験が、日本をはじめとする先進諸国にも一定の示唆をあたえるものであると考えられ、今後の動向を注視したい。

［注］

1　政府主導の経済開発計画は、1960 年代初頭から 1990 年代後半までの間に、第 1 次から第 7 次まで展開された。その間、「先成長後分配」の政策基調は一貫していた（金：2022：109）。

2　イ・ヘギョン（2006）「現代韓国社会福祉制度の展開」武川正吾、イ・ヘギョン編『福祉レジームの日韓比較』東京大学出版会、41-70 頁。

3　国民健康保険管理公団サイト「国民健康保険」https://www.nhis.or.kr/nhis/policy/wbhada01700m01.do（2023.9.24 最終閲覧）。

4　保健福祉部（2022）「保健福祉統計年報」407 頁。

5　国民年金公団「国民年金公表統計（2023 年 5 月基準）報道資料」1 頁。

6　国民年金公団「国民年金公表統計（2023 年 5 月基準）報道資料」1 頁。

7　なお、公的扶助である国民基礎生活保障受給者やボーダーライン層、基礎年金受給者のうちケアサービスが必要であると判断された高齢者で、老人長期療養保険のサービスを受けていない人々には、税によって提供される「高齢者オーダーメイド型ケアサービス」がある。

8　雇用労働部（2023）「雇用保険白書」29 頁。

9　学習誌の販売とそれを用いて子どもを指導する、業者派遣の教師。

10　ただし、医療給付には扶養義務者基準は残され、また生計給付に関しては、扶養義務者の所得が一定以上ある扶養義務者には扶養義務者基準が適用される。

11　保健福祉部サイト「社会サービス」https://www.mohw.go.kr/react/policy/index.jsp?PAR_MENU_ID=06&MENU_ID=06360101&PAGE=1&topTitle=%EC%82%AC%ED%9A%8C%EC%84%9C%EB%B9%84%EC%8A%A4%EC%9D%98%20%EA%B0%9C%EB%85%90%EA%B3%BC%20%EA%B0%9C%EC%9A%94（2023.9.24 最終閲覧）。

[引用・参考文献]

【韓国語】

雇用労働部「雇用保険白書」2023 年。

国民年金公団「国民年金公表統計　2023 年 5 月基準」2023 年。

国会予算政策署「公的扶助の現況および財政所要推計」2019 年。

保健福祉部「2021　保健福祉白書」2022 年。

保健社会研究院「2021 年社会サービス需要実態調査」2022 年。

イ・インジェ、リュ・ジンソク、クォン・ムンイル、キム・ジング『改訂第 4 版　社会保障論』ナナム、2022 年。

国民健康保険サイト　https://www.nhis.or.kr/nhis/index.do

国民年金公団サイト　https://www.nps.or.kr/jsppage/main.jsp

保健福祉部サイト　https://www.mohw.go.kr/react/index.jsp

【日本語文献】

金成垣『韓国福祉国家の挑戦』明石書店、2022 年。

イ・ヘギョン「現代韓国社会福祉制度の展開—経済成長、民主化、そしてグローバル化を背景にして—」武川正吾／イ・ヘギョン編訳『福祉レジームの日韓比較—社会保障・ジェンダー・労働市場—』東京大学出版会、2006 年、40-70 頁。

[推薦図書]
○金成垣『韓国福祉国家の挑戦』明石書店、2022 年。
　　──韓国における社会経済の現状とその背景を分析した福祉国家研究であり、社会保障を取り巻く状況を理解することができる。
○金明中『韓国における社会政策のあり方—雇用・社会保障の現状とこれからの課題—』旬報社、2021 年。
　　──韓国の雇用政策および医療保険、老人長期療養保険、年金、公的扶助、保育の各制度の現状と課題、今後の展望が分析されている。
○春木育美『韓国社会の現在—超少子化、貧困・孤立化、デジタル化—』中央公論新社、2020 年。
　　──韓国社会の現在を少子高齢化、貧困・孤立化、デジタル化、教育、ジェンダーの視点から分析するとともに、それらに対する政府の試行錯誤を検証している。

第 **13** 章
ドイツの社会保障

森　周子

本章のねらい

　ドイツは、社会保険の発祥の地である。ドイツ帝国期の1880年代に、当時の
宰相ビスマルクの後押しで、世界初の疾病保険（医療保険）、労災保険、廃疾老
齢保険（年金保険）が創設された。失業保険はイギリスに遅れを取ってワイマ
ール期の1927年に施行されたが、後の1995年には、介護保険を世界で最初に
開始した[1]。社会保障制度の全体像をみても、社会保険が根幹を占める[2]。

　ドイツには、社会政策と経済政策の基本理念として、オルド自由主義（新自
由主義の一種）を理論的基盤とする「社会的市場経済」という概念が存在し、
これは戦後一貫して、歴代政権によって標榜され続けている。この概念は、経
済的効率性と社会的公正の両立を志向し、社会政策・社会保障・社会福祉の分
野では「自助」を重視し、また、それを支援する形での連帯性原理と補完性原
理（民間団体や市町村といった「下位団体」が独力でなしうることに対し、州
や国家といった「上位団体」は極力介入しない＝下位団体が独力でなしえない
ことに対し、上位団体が補完的に援助するという原理）を重視する。それゆえ、
民間団体、自治体、州を主体とした制度運営が優先され、国家はそれを補完す
るという姿勢が取られている。

　ドイツの憲法にあたる基本法には、ドイツが社会国家（福祉国家とほぼ同
義）であることが20条と28条に謳われており、また、人間の尊厳の不可侵性
についても1条に明記されている。そして、社会保障関連の法律は「社会法典

（Sozialgesetzbuch）」（以下、SGB とする）としてまとめられている。以下では、そのようなドイツの社会保障の諸制度について理解を深めていこう。

❶ ドイツの政治・経済・社会状況

　ドイツの二大政党は、新自由主義的な政党であるキリスト教民主・社会同盟（以下、CDU/CSU とする）と社会民主主義政党である社会民主党（以下、SPDとする）であり、ときに大連立を行いつつも、政権交代をしてきた。2005 年から 2021 年まで、CDU のメルケルが 4 期にわたり首相を務めたが、2021 年 12月には SPD のショルツが首相を務める、SPD、緑の党、自由民主党（以下、FDP とする）（経済優先の自由主義政党）との連立政権が発足した。

　経済状況をみると、輸出が好調であり、EU 経済を牽引する存在である。2010 年代の経済成長率は平均で 1.98 ％、2019 年の経済成長率は 3.2 ％であり、コロナ禍に入った 2020 年にはマイナス 4.0 ％を記録するも、2021 年には 2.6 ％と持ち直し、2022 年は 1.8 ％となっている。コロナ禍前後の失業率をみても、2019 年の 5.0 ％が 2020 年には 5.9 ％まで上昇するも、2021 年は 5.7 ％、2022 年は 5.3 ％に落ち着いている。さらに、2023 年 5 月時点の失業率を EU27 か国平均（5.9 ％）と比較すると、ドイツは 2.9 ％と顕著に低い（eurostat2023）。

　社会状況をみると、先進国の中でも少子高齢化が進んでいる国に属する。2022 年の合計特殊出生率は 1.46 であり、2015 年以降、1.50 付近で推移している。また、高齢化率は、2022 年は 21.4 ％であるが、連邦統計局の推計では、2060 年に 33 ％に達すると見込まれている。

　さらに、2010 年代以降は難民受入れが急増した。2014 年から 2016 年にかけてはシリア・アフガニスタン・イラクからの難民を合計 83.4 万人受け入れ、2022 年には、ウクライナからの難民を 96.2 万人受け入れた（DESTATIS2023）。なお、難民その他の形式で保護が決定された場合には、一般国民と同じ社会保障制度を享受できる。保護の形式には、庇護権認定、難民認定などがあるが、いずれの場合も更新可能な一定期間の滞在許可が与えられ、5 年以上の滞在後は、生計が十分に確保されている、ドイツ語の十分な能力があるなどの要件を充たせば、定住許可が与えられる（渡邊 2017）。移民に対する世論は二分され

ており、将来的に国力を支えるとして好意的な評価がある一方で、移民の大量
流入による社会保障給付の増加や社会不安の増大を危惧する動きもあり、後者
が、移民受入れの制限を強く主張する「ドイツのための選択肢（AfD）」とい
う政党の台頭にもつながっている。

② 医療保険

　ドイツの公的医療保険の根拠法は、SGB 第 5 編（法定医療保険）である。保
険者である「疾病金庫」は 2024 年 1 月時点で 95 金庫存在し、歴史的経緯から、
6 つの種別（地区疾病金庫、企業疾病金庫、同業者疾病金庫、農業者疾病金庫、
連邦鉱夫・鉄道・海員金庫、代替金庫）に分かれる。財源は保険料と国庫補助
であり、2024 年の保険料率は 14.6 ％（労使折半）である。

　特徴的であるのは、疾病金庫間の競争を促進するため、被保険者が加入先の
疾病金庫を（一部を除いて）自由に選択できること、および、その際に競争を
公平なものとするため、各疾病金庫の被保険者集団の 4 つの指標（性別、年齢、
障害年金受給の有無、有病率）をもとに疾病金庫間の財政調整を行う「リスク
構造調整」という仕組みを実施していることである。

　なお、一定の所得（2024 年は年額 6 万 9300 ユーロ）以上を得ている者は公
的医療保険の強制加入の対象とはならず、民間医療保険に加入するか、または、
公的医療保険に任意加入する。2019 年時点で全ドイツ国民の約 90 ％が公的医
療保険に加入し、約 10 ％にあたる 883.5 万人が民間医療保険に加入している。
また、同年時点で公的医療保険に任意加入しているのは 360.9 万人である
（DESTATIS）。

③ 年金保険

　ドイツの公的年金は、職域別に制度が分立している。最大規模のものは被用
者と一部の自営業者を対象とする「法定年金保険」であり、根拠法は社会法典
第 6 編である。所得比例年金のみからなる「一階建て」の制度であり、国民皆
年金ではなく、専業主婦、学生などは任意加入である。

支給開始年齢は2012年以降、65歳から段階的に引き上げられており、2031年に67歳へと移行する。2023年時点の保険料率は18.6％（労使折半）である。また、「保険になじまない給付[3]」に対する国庫補助がなされている。

　給付水準は、課税前ネット額（社会保険料額を控除した課税前の標準年金額）を、社会保険料額を控除した課税前の平均労働所得で除した値で示され、2020年までは46％、2030年までは43％を下回らないこととされている。なお、この算定方法にもとづく2022年時点の年金水準（旧西ドイツ地域）は48.1％であり（DRV2023, 27）、2036年には44.9％にまで低下すると予測されている（BMAS2020, 41）。

4 介護保険

　ドイツの介護保険の正式名称は「社会的介護保険」であり、根拠法はSGB第11編である。20年以上の議論を経て1995年に開始された。保険者は、医療保険の保険者である疾病金庫に併設された「介護金庫」であり、被保険者は医療保険加入者である。介護度は5段階に区分され、それぞれ給付（限度）額が定められている（表13-1）。

　保険料率は、2023年6月までは3.05％（労使折半）（ただし、子のない被保険者は、被保険者負担分のみ0.35％ポイント上乗せされた3.4％）であった。だが、同年7月以降は3.4％（労使折半）（ただし、子のない被保険者は被保険者負担分のみ0.6％ポイント上乗せされた4％）となり、さらに、25歳未満の子の数が多いほど、保険料率が引き下げられることとなった（子が2人の場合は被保険者負担分のみ0.25％ポイント引き下げられた3.15％、同3人の場合は同2.9％、同4人の場合は同2.65％、同5人以上の場合は同2.4％となる）。

　日本の介護保険との相違点として、①近親者の介護力に依存した構造であることから給付範囲が狭い（家族の介護負担の全部ではなく半分をカバーすることを想定）、②すべての年齢の者（障害者・障害児などを含む）を対象とする、③在宅介護において現金給付（介護手当）があり、サービス給付と組み合わせた「コンビネーション給付」が可能、④在宅介護に利用者負担がない（入所介護の場合は宿泊費や食費などが利用者負担）、が挙げられる。

表 13-1　介護度別給付（限度）額

（単位：ユーロ、2024 年時点）

	介護度 1	介護度 2	介護度 3	介護度 4	介護度 5
介護サービス給付（月額）（限度額）	—	761	1,432	1,778	2,200
介護手当（月額）	—	332	573	765	947
代替介護注 （年間 6 週間まで） （限度額）　近親者による	—	498	854.5	1,147.5	1,420.5
その他の者による	—	1,612 （ショートステイ未利用分を 806 まで 上乗せ可能）			
ショートステイ（年間 8 週間まで） （限度額）	—	1,774			
デイケア・ナイトケア （月額）（限度額）	—	689	1,298	1,612	1,995
在宅介護の際の負担軽減額 （月額）（限度額）	125				
居住共同体に居住する要介護者に 対する追加給付（月額）	214				
完全入所介護（月額）	125	770	1,262	1,775	2,005
障害者の完全入所介護	—	施設の料金の 15 ％（上限は月額 266）			
介護補助具（消耗品）（月額）（限度額）	40				
介護補助具（車いす、昇降機などの 技術的な補助具）（月額）（限度額）	費用の全額 （但し一定の条件下では当該費用の 10 ％（1 補助具 当り 25€ まで）を自己負担）				
住環境改善措置（限度額）	4,000				

注：家族介護者が休暇や病気等で介護に支障が生じた場合、代わりの者が介護を行うための費用を負
　　担する給付。
出所：BMG, 2023a より著者作成。

5　失業保険

　失業保険は、SGB 第 3 編（雇用促進）を根拠法とし、連邦雇用エージェンシ
ー（連邦労働社会省の外局）が運営し、下部機関である雇用エージェンシーが、
所得保障（失業手当 I）の給付や就労支援などの業務を行う。失業手当 I の受
給要件は、失業している、または、労働時間が週 15 時間未満であり、かつ、離
職前の 30 か月間に 12 か月以上保険料を納付していたことである。受給額は、

表 13-2　失業手当 I の給付期間

被保険者期間 （失業前 5 年間）	給付期間
12 か月	6 か月
16 か月	8 か月
20 か月	10 か月
24 か月	12 か月
30 か月かつ 50 歳以上	15 か月
36 か月かつ 55 歳以上	18 か月
48 か月かつ 58 歳以上	24 か月

出所：BA, 2023, S.34.

前職の手取り賃金の 67 ％（子がある場合）または 60 ％（子がない場合）であり、給付期間は被保険者期間と年齢に応じて 6〜24 か月である（表 13-2）。保険料率は 2011 年以降 3 ％（労使折半）であったが、労使の負担軽減を図るために 2019 年には 2.5 ％、2020 年には 2.4 ％とされ、2023 年には 2.6 ％となった。

6 公的扶助─社会扶助と市民手当

公的扶助に相当する制度は、社会扶助と市民手当であり、いずれも、対象となるにあたり資産調査が実施される。前者の対象は稼得能力を持たない困窮者である。後者の対象は稼得能力を持つ困窮者であって、既述の失業保険から給付される失業手当 I の給付期間を終了した者、または、失業手当 I の受給要件を満たさない者である。

稼得能力とは、就労する能力をさし、当面の間疾病または障害が原因で、一般的な労働市場の通常の条件で毎日少なくとも 3 時間以上就労可能な者は稼得能力を持つとされ、そうでない者は稼得能力を持たないとされる。

6-1　社会扶助

社会扶助の根拠法は SGB 第 12 編である。実施機関は自治体（郡および郡に属さない市）であり、費用も自治体が負担する。給付には、生計扶助、「高齢期および稼得能力減退時における基礎保障」（年金支給開始年齢に達した困窮者、または、18 歳以上で疾病または障害によって稼得能力を持たない困窮者への給

表13-3　基準需要額の諸段階と金額（1人当り月額）

（2024年1月改定）

段　　階	金額（単位：ユーロ）	説　　　明
第1段階	563	単身者。ひとり親。
第2段階	506	パートナーまたはそれに類する関係の者と生計を一にする成人
第3段階	451	親と同居する18-24歳以下の者
第4段階	471	14-17歳以下の若者
第5段階	390	6-13歳以下の子
第6段階	357	5歳以下の子

出所：BMAS, 2023b.

付。対象者の親または子の年間収入が10万ユーロ未満の場合には、彼らの扶養義務は問われない）、医療扶助、介護扶助、「特別な社会的困難の克服に対する扶助」（多重債務、アルコール依存症といった社会的困難を抱えた者に対し、その困難の克服のためになされる給付）、「異なる生活状態における扶助」（高齢者・視覚障害者などへの特別な扶助）がある。

　なかでも、生計扶助は、社会扶助の中心的な給付である。支給額は、当該受給者の需要共同体（世帯とほぼ同義）の総需要額（基準需要額＋住居費・暖房費＋社会保険料＋その他一時的に必要な費用）から収入認定額を控除した額である。基準需要額とは、1人当りに給付される基本の給付額である（表13-3）。5年に1度改定され、それ以外の年には毎年1月に、物価スライドと可処分所得スライドを勘案した「ミックス指標」にもとづくスライドがなされる。その他に、増加需要（妊娠または子の養育など）と一時的需要（入居時の家具などの準備、妊娠・出産準備）への給付などもなされる。

6-2　市民手当（2022年まで求職者基礎保障）

　市民手当制度は、SGB第2編を根拠法とする。実施主体は、原則として、雇用エージェンシーと自治体とが共同で運営する「ジョブセンター」である。対象は、15歳以上年金支給開始年齢未満で、稼得能力を有し、扶助を必要とする、通常の居所がドイツ国内にある者である。

　対象者（求職者と呼ばれる）は「市民手当（2022年までは失業手当Ⅱという名称）」を受給する。受給期間は、扶助を必要とする状態にある限り、年金受給

開始年齢に達するまで無期限である。従来の求職者基礎保障制度とは異なり、給付申請時と受給開始後1年間は、資産が一定（需要共同体員1人当り1万5000ユーロ）以下であれば資産調査なしで受給できる。

受給額は、求職者の需要共同体の総需要額から収入認定額を控除した額である。総需要額とは、基準需要額（既述の社会扶助における生計扶助のそれと同額）、住居費・暖房費、社会保険料、その他一時的に必要な費用の合計である。市民手当の費用は連邦負担だが、住居費・暖房費のみ自治体負担（ただし連邦も一部を負担）である。

求職者は、いくつかの例外（肉体的・精神的に当該就労をなしえない場合、当該就労が3歳未満の子の養育または家族の介護に支障となる場合など）を除いて、あらゆる就労も期待可能とされる。ジョブセンターでは求職者ごとに相談員が指名され、相談員との話し合いにもとづき、再就労のための給付と活動を定めた「協働計画」が取り決められ、積極的な就労支援がなされる。

求職者が社会保険加入義務のある雇用または自営業に就く場合は、再就労への報奨として就労手当[4]が支給されうる。他方で、あっせんされた雇用に就くことを拒否した場合は、市民手当の基準需要額が、1回目の拒否では1か月間10％減額、2回目の拒否では2か月間20％減額、3回目以降では3か月間30％減額される（住居費・暖房費は減額されない）という給付制限がなされる。

7 社会手当

7-1 児童手当

子のある家庭とない家庭との負担を調整すべきとする「家族負担調整」の考え方にもとづき、児童手当が実施されている。これは、所得税法上の児童扶養控除（2024年は両親分あわせて子1人当り6384ユーロ）と連動しており、児童扶養控除により軽減される税額が児童手当の額を上回る場合には前者が適用され、後者は清算される。

児童手当の根拠法は連邦児童手当法であり、実施機関は、雇用エージェンシー内に設置されている「家族金庫」である。支給対象は、原則として18歳未満の児童だが、就学中で、年間所得が一定程度以下の児童は27歳まで支給対象と

なる（障害児［者］に対しては年齢制限なく支給される）。受給要件としての所得制限はなく、費用は連邦が負担する。

　支給額は、2022年までは第何子かによって支給額が異なったが、2023年からは、子1人当り月額250ユーロに統一された。

7-2　住宅手当

　住宅手当は、住宅手当法を根拠法として1971年より実施されている。低所得者に対する家賃補助が主な目的だが、持家の所有者にも支給される。所得制限があり、申請にもとづき、家賃段階（全国を7段階に分類）ごとに、世帯員数と収入に応じて個別に算定された金額が支給される。費用は連邦と州が折半で負担する。2022年末時点の受給世帯数は58.5万世帯であり、世帯全体の1.6％を占める（Statistisches Bundesamt 2022）。

　2023年には、物価高騰への対応のため、住宅手当プラス法が施行された。所得制限の緩和、暖房費の要素の考慮、環境保護の要素の考慮による大幅な金額の引上げ（2022年の平均月額180ユーロから2023年には同370ユーロへ。従来の約2倍）がなされることとなり、対象世帯数の拡大（約200万世帯）が見込まれる（Bundesregierung2023）。

8　ドイツの社会保障制度の最近の動向

8-1　年金保険―基本年金の導入

　2021年1月より、基本年金という仕組みが導入され、被保険者が一定の要件を満たす場合に、税財源による年金額の上乗せがなされることとなった。

　ドイツの公的年金保険は、日本の厚生年金にあたる所得比例部分のみからなる1階建ての仕組みであるため、少ない保険料しか納付できない低所得者の年金が低額となり、高齢期に貧困に陥りやすい。基本年金は、このことへの対策として導入された。基本年金の受給要件は、被保険者に最低でも33年（396月）の保険期間があることと、当該被保険者の現役時の平均所得額がドイツ国内の平均所得額の30〜80％の範囲内にあることである。これらを満たす場合、年金額が一定程度引き上げられることとなり、実際に、2022年末時点で年金受

給者全体の約4％にあたる約110万人の年金額が、平均して月額約86ユーロ引き上げられた（BMAS2023c；BMAS2023d）。

8-2　介護保険—介護改革2021と介護支援・負担軽減法による改正

　ショルツ政権の連立協定では、現金給付（介護手当）の給付額のスライドを実施すると記された。また、施設入所者の自己負担軽減の必要性について言及された。施設入所者の利用者負担の高さは問題視されており、連邦平均月額は2022年時点で2184.49ユーロと高額であった（BMWK2022, 42）。

　2022年1月には、前政権期の2021年6月に成立していた医療保障継続発展法（俗称は介護改革2021）が施行された。それにより、サービス給付（限度）額の5％引上げと、完全入所介護の要介護者の利用者負担の軽減（施設入所の最初の月から利用者負担額の5％相当額、12か月経過後は同10％、24か月経過後は同45％、36月経過後は同70％相当額が追加的に給付される）がなされた。

　そして、2023年5月には介護支援・負担軽減法が成立し、同年7月から段階的に施行されている。主な内容は、①給付内容の改善、②財政の安定化、③子の数に応じた保険料率の調整、である（BMG2023b）。①は、サービス給付と介護手当の給付（限度）額の5％引上げ（2024年1月から）と自動物価スライドの実施（2025年1月と2028年1月の2回）、②は、2023年7月からの保険料率の緩やかな引上げ（0.35％ポイント）、③は、子の数に応じた保険料率の引下げをさす。

　なお、連立協定では、給付範囲が狭いことから「部分保険」と呼ばれる現行の介護保険を、任意で労使折半の「完全な」介護保険で補完することを志向するとも述べられた。このことについて、2022年6月に連邦経済・環境保護省（以下、BMWKとする）の有識者審議会が意見書を公表した。そこでは、従来の介護保険を「完全な」介護保険にすれば現役世代の負担がますます増加し、世代間の公平に欠けるため、代わりに、追加的な積立方式の民間保険への加入を促進し、低所得者には保険料への助成を行うことが提案されており、今後協議されることが見込まれる。

8-3 公的扶助─長期失業者への画期的な就労支援の開始

　稼得能力を有する困窮者への公的扶助制度として、市民手当制度への転換と並んで特筆すべきは、2019年に施行された参加機会法によって従来の求職者基礎保障制度のときに導入された、「長期失業者の再就労」と「労働市場への参加」という、長期失業者向けの2つの就労支援措置である。前者は、少なくとも2年は失業している求職者に社会保険加入義務のある雇用を提供した使用者に対し、賃金費用補助を2年間行うものである。最初の1年は協約賃金の75％、次の1年は同50％が補助される。後者は、市民手当（従来の失業手当Ⅱ）の受給期間が過去7年間で6年を超え、その間、まったく、または、短期にしか雇用されてこなかった求職者に社会保険加入義務のある雇用を提供した使用者に、最長5年間の賃金費用補助を行うものであり、2024年までの時限措置である。最初の2年間は最低賃金、または、協約賃金が使用者に支払われ、3年目からはその割合が毎年10％ポイント低下する。なお、両措置において、雇用に従事する求職者は、ジョブセンターから派遣されるジョブコーチによるコーチングを受けられる（森 2023, 20–21）。両措置とも、長期失業者という、とくに就労困難な者に対して、支援つきで一般就労（社会保険加入義務のある就労）に従事させることを推進するという画期的なものである。

　ドイツと日本は、社会保険中心の社会保障制度を有し、失業率の低さ、少子高齢化の急速な進展など、多くの共通点を有する。日本では近年、物価高騰の動きとあいまって、貧困問題へのさらなる対応が議論されているが、ドイツの市民手当制度、年金保険における基本年金の導入、住宅手当制度などは大きな示唆を与える。とくに、市民手当制度において、給付申請時と受給開始後1年間は資産を考慮しないことや、長期失業者に対して支援つき一般就労を促進することなどは、大変興味深く、注目すべき動きである。

[注]
1　オランダではすでに1968年1月施行の特別医療費補償法によって、社会保険方式で介護保障が実施されていたが、これは医療保険の枠内で実施されており、介護保険という独立の社会保険を創設した国はドイツが世界初である。

2 　連邦労働社会省（厚生労働省に相当）が毎年発表する、社会保障財政の全体像を示した「社会予算（Sozialbudget）」によれば、2022年時点で対 GDP 比 30.5 ％を占める社会保障関連の給付総額（1 兆 1785 億ユーロ）のうち、社会保険の給付規模（7168 億ユーロ）は 61.7 ％を占める（BMAS2023a）。

3 　保険料拠出を伴わないか、低額の保険料拠出しか伴わない給付をさす。たとえば、保険料が免除される児童養育期間分相当の年金額が挙げられる。

4 　金額は求職者の生活状況に応じて異なり、最長で就職後 24 か月支給される。

[引用・参考文献]

BA（Bundesagentur für Arbeit）, 2023, *Merkblatt für Arbeitslose*, BA.

BMAS（Bundesministerium für Arbeit und Soziales）, 2020, Rentenversicherungsbericht 2022. BMAS.

BMAS, 2023a, Sozialbudget 2022. BMAS

BMAS, 2023b, Höhere Regelbedarfe in der Sozialhilfe und beim Bürgergeld. https://www.bmas.de/DE/Service/Presse/Pressemitteilungen/2023/hoehere-regelbedarfe-in-der-sozialhilfe-und-beim-buergergeld.html 2024 年 1 月 24 日最終閲覧。

BMAS, 2023c, Grundrente. https://www.bmas.de/DE/Soziales/Rente-und-Altersvorsorge/Leistungen-Gesetzliche-Rentenversicherung/Grundrente/grundrente.html 2023 年 8 月 31 日最終閲覧。

BMAS, 2023d, Grundrente und Grundrenten-Freibeträge. https://www.bmas.de/DE/Soziales/Rente-und-Altersvorsorge/Leistungen-Gesetzliche-Rentenversicherung/Grundrente/Fragen-und-Antworten-Grundrente/fragen-und-antworten-grundrente-art.html 2023 年 8 月 31 日最終閲覧。

BMG（Bundesministerium für Gesundheit）, 2023a, Leistungsansprüche der Versicherten im Jahr 2023 an die Pflegeversicherung im Kurzüberblick. BMG. https://www.bundesgesundheitsministerium.de/fileadmin/Dateien/3_Downloads/Statistiken/Pflegeversicherung/Leistungen/UEbersicht_Leistungsbetraege_2023.pdf 2023 年 8 月 31 日最終閲覧。

BMG, 2023b, Reform der Pflegeversicherung: mehr Leistungen für stationäre und ambulante Pflege. https://www.bundesgesundheitsministerium.de/presse/pressemitteilungen/pflegereform-kabinett-05-04-23.html 2023 年 8 月 31 日最終閲覧。

BMWK（Bundesministerium für Wirtschaft und Klimaschutz）, 2022, *Nachhaltige Finanzierungen von Pflegeleistungen*. BMWK.

Bundesregierung, 2023, Mehr Wohngeld für zwei Millionen Haushalte.

https://www.bundesregierung.de/breg-de/aktuelles/wohngeldreform-2130068#:~
:text=Das%20Wohngeld%20wird%20ab%202023%20um%20durchschnittlich%20
190,Euro%20pro%20Monat%20auf%20370%20Euro%20pro%20Monat. 2023 年 8 月 31
日最終閲覧。

DESTATIS, Bevölkerung: Deutschland, Jahre（bis 2019）, Geschlecht, Art
des Krankenversicherungsverhältnisses, Ergebnis12211-9016, GENESIS-ONLINE.

DESTATIS, 2023, 1.1 Millionen Zuzüge von Menschen aus der Ukraine im Jahr
2022.
https://www.destatis.de/DE/Presse/Pressemitteilungen/2023/02/PD23_
N010_12411.html 2023 年 8 月 31 日最終閲覧。

DRV（Deutsche Rentenversicherung）, 2023, *Rentenversicherung in Zahlen 2023*.
DRV.

eurostat, 2023, Euro area unemployment at 6.5%.
https://ec.europa.eu/eurostat/documents/2995521/17075197/3-30062023-
BP-EN.pdf/ee3b1511-c710-4033-fc9a-aaf1c3d60241 2023 年 8 月 31 日最終閲覧。

Statistisches Bundesamt, 2023, Rund 585000 private Haushalte bezogen am
Jahresende 2022 wohngeld. https://www.destatis.de/DE/Themen/Gesellschaft-
Umwelt/Soziales/Wohngeld/aktuell-wohngeld.html 2024 年 1 月 23 日最終閲覧。

森周子「ドイツにおける伴走支援の現状と課題」『連邦総研レポート DIO』386、連合
総合生活開発研究所、2023 年、20-23 頁。

渡邊亙「ドイツにおける難民政策の課題とその憲法的意義」『法政治研究』3、関西法
政治研究会、2017 年、123-145 頁。

[推薦図書]

○松村祥子・田中耕太郎・大森正博（編著）『新・世界の社会福祉 2　フランス／ドイ
ツ／オランダ』旬報社、2019 年。
　　――ドイツの社会保障・社会福祉制度の全体と、個別制度に関する基礎知識を網羅
している。

○松本勝明『医療保険における競争―ドイツの連帯的競争秩序―』旬報社、2021 年。
　　――保険者である疾病金庫間の競争を、連帯原理を基礎とする公的医療保険の効果
と効率性を高めるための手段として位置づけ、その現状について論じる。

○福田直人『ドイツ社会国家における「新自由主義」の諸相―赤緑連立政権による財
政・社会政策の再編―』明石書店、2021 年。
　　――メルケルの大連立政権下における財政再編について、理論的背景にも留意しつ
つ、公的扶助、企業課税、失業保険における諸改革に着目して論じている。

第 14 章
イギリスの社会保障

田中弘美

本章のねらい

イギリスは社会保障を学ぶうえで非常におもしろい国である。世界でもっとも早い時期に資本主義的産業化を経験し、都市における生活問題という課題に向き合わなければならなかった。20 世紀中葉には、国民の生活を基本的人権として保障する福祉国家を確立し、日本を含む先進諸国に 1 つのモデルを提示した。その意味で、イギリスは社会保障のパイオニア的な存在である。しかし、福祉国家は拡大の一途をたどったわけではなく、行き詰まりや揺らぎも経験し、社会保障の新たなあり方をめぐる模索は現在まで続いている。試行錯誤を積み重ねる姿勢もまたイギリスの魅力である。本章では、そんなイギリスの社会保障の歴史的展開や制度体系を概説する。日本と類似する点もあれば、異なる点もみつかるだろう。イギリスの社会保障の特徴に注目することで日本の現状に関する理解を深め、今後を展望するための一助としてほしい。

1 イギリスの政治・経済・社会状況

イギリスは、イングランド、ウェールズ、スコットランド、北アイルランドの 4 つのカントリーから成る立憲君主制国家である。議員内閣制で、保守党と労働党の政権交代が頻繁に起こる二大政党制である。2022 年時点の名目 GDP は世界第 6 位、欧州ではドイツに次いで 2 番目の経済大国である。2016 年 6 月

の国民投票で欧州連合（EU）からの離脱、通称「ブレグジット（Brexit）」が決まり、半世紀近く加盟した EU から 2020 年 1 月末に正式に離脱した。

　面積は 24.3 万平方キロメートルと日本の約 3 分の 2 であり、2020 年時点で人口は 6708 万人である。人口に占める 65 歳以上の割合（高齢化率）は約 19 ％、合計特殊出生率は 1.56 である。2021 年の国勢調査によれば、イングランドおよびウェールズの人口は、白人系が 81.7 ％でもっとも多く、次に多いのがアジア系で 9.3 ％（うち 6 割は旧イギリス領のインド・パキスタン系）、黒人系が 4 ％、混血系が 2.9 ％、その他が 2.1 ％で構成される。なお、本章で取り上げるのはイングランドの社会保障制度であり、ほかのカントリーでは制度設計が異なる場合がある。

２　社会保障の展開と体系

2-1　社会保障の展開

　イギリスの社会保障は、20 世紀初頭に自由党政権によってその礎が築かれ、2 度の世界大戦を経て「ゆりかごから墓場まで」の福祉国家の確立に至る。1945 年、戦時連立政権によって家族手当が導入され、1945 年の総選挙で勝利した労働党政権によって包括的な社会保障制度が樹立されていく。1946 年国民保険法で被保険者の女性と男性およびその妻に対する均一拠出・均一給付のユニバーサルな年金、疾病、失業の給付を可能にし、1948 年国民扶助法は国民保険がカバーしない場合に資力調査にもとづく公的扶助を保障した。

　1948 年には国民保健サービス（National Health Service: NHS）が創設された。この過程には拠出制の保険方式を望む勢力との激しい対立があったが、いまではイギリス国民が誇る社会システムの 1 つになっている。2012 年に開催されたロンドン・オリンピック開会式で、NHS を紹介するシーンがあったほどである。

　しかし、1970 年代初頭の石油危機を機に福祉への公共支出は批判の的となる。1979 年に政権を奪取したマーガレット・サッチャー率いる保守党は、「公共部門の圧縮」という公約を掲げ、厳しい財政支出抑制策のもと、受給資格の制限や社会サービスの民営化・市場化を推し進めた。結果として社会における所得格差や貧困格差はさらに広がった。

1997 年、トニー・ブレア率いる労働党は自らを「ニューレイバー（新労働党）」と称して政権に返り咲いた。社会公正と市場原理の両立を目指す「第3の道」路線を掲げ、公的、民間、ボランタリーセクターの協働による福祉課題の解決に取り組んだ。1998 年にはイギリスで初めて全国統一の法定最低賃金が実現したほか、手厚い現金給付よりも職業訓練や職業紹介を強化して「福祉から就労へ（welfare to work）」を促進する諸施策が実施された。子どもの貧困削減、子育て世帯の両立支援を積極的に推し進めたことも画期的であった。

2010 年にデーヴィッド・キャメロン率いる保守党・自由民主党連立政権が誕生した際には、大きな政府よりも「大きな社会（Big Society）」の実現を目指すとしてコミュニティや慈善活動の役割を強調し、社会保障に対する支出は医療分野を除いて大幅にカットされた。2015 年からの保守党政権以降も厳しい財政支出抑制策が続いている。

2-2　社会保障の体系

イギリスの社会保障には、所得保障、医療保障、社会サービスという大きく3つの柱がある。保険方式を採っているのは国民保険のみで、高齢、疾病・障害、失業時などに備える老齢年金、雇用・支援手当、求職者手当、出産手当、遺族支援手当が一元化された社会保険制度である。被用者、事業主、自営業者から拠出される保険料はすべて国民保険基金（National Insurance Fund: NIF）が一括で管理し、収支や財政状況を毎年公表する。

税方式の所得保障制度には、非拠出制で資力調査のない児童手当や個人独立手当があり、社会手当の機能を果たしている。さらに、これらの制度でカバーされない低所得層への所得保障には、資力調査を要する年金クレジット（高齢者を対象）やユニバーサル・クレジット（稼動年齢層を対象）があり、公的扶助の機能を果たしている。

医療保障は、国民保健サービスによって、疾病予防やリハビリテーションも含む包括的な保健医療サービスが全住民に原則無料で提供されている。自己負担が求められるサービスには、外来処方薬（一処方当たりの定額負担）、歯科（治療内容にもとづく3種類の定額負担）、眼科（眼科健診は定額負担）があるが、児童、高齢者、妊婦、低所得者など一定の要件を満たせばこれらも無料と

国		国+地方自治体			
所得保障		医療保障		社会サービス	
社会保険 (拠出制給付)	国民保険 [老齢年金、雇用・支援給付、 求職者給付 出産手当、遺族支援手当]	税方式	国民保健サービス (NHS)	税方式 利用者 負担	ソーシャルケア 幼児教育・保育
社会手当 (非拠出制給付・ 資力調査なし)	児童手当 個人独立手当				
公的扶助 (非拠出制給付・ 資力調査あり)	年金クレジット (高齢者) ユニバーサル・クレジット (稼動年齢層)				

図 14-1　社会保障の体系

出所：筆者作成。

なる。税方式ではあるが、財源の2割程度は国民保険基金から国民保険料によって拠出されている。公的な枠組みのなかで公的、民間、ボランタリーなど多様なセクターが協働してサービスを提供する公民ミックスの医療提供体制がとられている。

　社会サービスには、特別なニーズのある子どもや成人に対して提供されるソーシャルケアや、乳幼児期の子どもに対する教育・保育などが含まれる。社会サービスの費用は大部分が利用者による自己負担でまかなわれており、地方自治体によって税方式で運営される部分は残余的なものとなっている。社会サービスの供給においても民間、ボランタリーセクターが積極的に活用されている。

③　社会保障制度

3-1　所得保障

3-1-1　国民保険

　国民保険は、高齢、疾病・障害、失業などによる所得の喪失・減少に対応する社会保険制度であり、保険料を財源として賦課方式で運営される。義務教育終了年齢（16歳）から年金支給開始年齢（66歳）までで一定以上の所得を得ているすべての就業者（被用者および自営業者）に国民保険料の拠出義務がある。保険料は所得比例であり、被用者については被保険者と事業主が負担する。

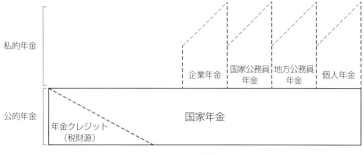

私的年金

公的年金

企業年金　国家公務員　地方公務員　個人年金
　　　　　年金　　　年金

年金クレジット
（税財源）

国家年金

図 14-2　年金制度

出所：筆者作成。

　高齢者に対する公的な年金制度は、全就業者を対象とする国家年金（New State Pension）のみの 1 階建てで、その上に被用者や公務員に対する職域年金（企業年金）、個人年金などの私的年金で上乗せする構造となっている。長らく公的年金の 2 階部分として被用者のみを対象とした所得比例の国家第二年金があったが 2016 年度の受給者から廃止され、私的年金の役割を拡大してきている。2008 年年金法では、一定の要件を満たす従業員について、事業主は政府が定める基準を満たす職域年金に自動加入させなければならないとしている。

　受給には 10 年間の保険料拠出期間が必要であり、現在 66 歳の支給開始年齢は、67 歳（2026～28 年）、68 歳（2044～46 年）に引き上げられる予定である。国家年金の給付水準は 2023 年度の満額（35 年拠出）で週 203.85 ポンドであり、年金受給中に就労しても支給額に変動はない。

　低所得の高齢者に対しては、保証年金として年金クレジット（Pension Credit）という制度がある。年金支給開始年齢以上で収入が一定以下の場合（2023 年度は単身世帯で週 201.05 ポンド、有配偶者世帯で週 306.85 ポンド）、その差額が支給される。税財源による資力調査付きの給付であるため、高齢者を対象とした公的扶助の機能を果たしている。

　疾病・障害により就労できない場合の給付には、雇用・支援給付（Employment and Support Allowance）がある。13 週間の障害程度の審査期間中は週 84.8 ポンド、審査後に就労が困難と判断された場合は週 129.5 ポンドが給付される。また、失業や労働時間の減少（週 16 時間未満）に対しては求職者給付（Jobseeker's Allowance）があり、週 84.8 ポンドの求職者給付が最長 6 か月間

支給される（いずれも給付水準は 2023 年度）。なお、雇用・支援給付、求職者給付の受給には 2〜3 年間の保険料拠出期間が必要である。

そのほか、法定産前産後給付の受給要件を満たさない場合に支給される出産手当、配偶者が就労中の事故または就労に起因する疾病により死亡した場合に支給される遺族支援手当がある。

3-1-2　公的扶助

国民保険でカバーできない（受給要件を満たさない、受給期間を満了したなどの）稼働年齢層の生活困窮への対応として、資力調査付きの公的扶助制度がある。これには①児童税額控除、②住宅給付、③所得補助、④所得調査制求職者給付、⑤所得連動制雇用・支援給付、⑥就労税額控除などが含まれたが、2018 年 12 月以降はすべての新規受給申請が、これら 6 つの給付・税額控除を一元化したユニバーサル・クレジットという制度に置き換えられている。

ユニバーサル・クレジットは、イギリスに居住している 18 歳以上の者が申請できる（妊娠・子育てしている場合、親からの支援を受けていないなどの場合は 16 歳、17 歳も申請できる）。資力調査の基準は、貯蓄が 1 万 6000 ポンド未満である。受給者の状況にもとづいて計算された金額がまとめて毎月、銀行口座に支給される。申請はオンラインで行うため、そのためのアカウントを設定する必要がある。

受給にあたっては受給者の義務（claimant commitment）が定められており、求職活動や収入を増やすための活動への同意が求められる。たとえば、子どもがいる場合、子どもの年齢によって週 16 時間から 35 時間を就労あるいは求職活動に割く必要があるなど、本人の状況によって就労に関する要件が細かく規定されている。これにもとづき、受給者はワークコーチ（公共職業安定機関でパーソナルアドバイザーとして窓口業務を担当する雇用年金省職員）による対面やオンラインでの支援を受ける必要がある。不履行の場合は給付の減額や停止などの制裁措置が課される。

給付は世帯単位で行われる。2023 年度の基本手当は、25 歳以上の単身世帯で月 368.74 ポンドであり、本人の障害や健康状態により就労が難しい、疾病・障害のある人の介護をしている、子ども（障害のある子ども）を養育している、保育サービスや住居費のニーズなどを考慮して、それぞれ規定の額が加算され

る仕組みになっている。

　2022 年 7 月時点の受給者はイングランド、スコットランド、ウェールズを合わせて 570 万人で、コロナ以前の 2019 年 7 月に比べると約 3 倍に増加している。また、受給者の約 40 ％が何らかの仕事に就いている（Universal Credit statistics, 29 April 2013 to 14 July 2022）。

　ユニバーサル・クレジットは、複雑な給付制度をよりシンプルでわかりやすいものにする、受給における不正や間違いを防ぐ、行政コストを削減する、低所得世帯に就労を通じた所得の増加を促すといった目的で導入された。しかし実際には、2015 年以降ユニバーサル・クレジットに関する過誤払いは増え続けている。さらに、財政政策によって給付水準が簡単にカットされてしまう、就労を促進することが必ずしも十分な生活水準の確保につながるわけではないといった懸念も指摘されている。

3-2　医療保障

　国民保健サービスによって、疾病予防やリハビリテーションも含む包括的な保健医療サービスが全住民に原則無料で提供されている（前記のとおり一部のサービスは有料）。

　医療保障の構造としては、図 14-3 のとおり、保健医療政策の全体を統括する保健・ソーシャルケア省（Department of Health and Social Care）から各カントリーの NHS に予算が配分される。ケアの質委員会（Care Quality Commission: CQC）という独立機関が設置されており、保健医療・ソーシャルケアサービスの供給主体に関する規制や統合ケアシステムの成果のモニタリングなどを行っている。

　地方レベルでは、統合ケアシステム（Integrated Care Systems: ICSs）が整備され、NHS 予算の管理、保健医療・ソーシャルケアサービスに関わるあらゆる機関・供給主体・自治体間のパートナーシップ構築、地域の健康とウェルビーイング増進に向けた長期的戦略の立案などを担っている。統合ケアシステムは、NHS の 70 周年として 2018 年に発表された「NHS 長期計画」で新しいサービス提供モデルの核として示されたものであり、2022 年 7 月にイングランド全体で 42 の ICSs が設置された。

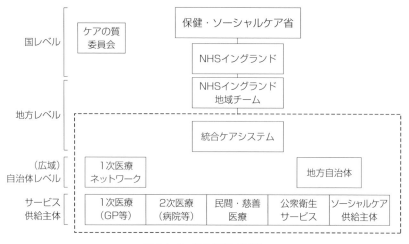

図 14-3　医療保障の構造

出所：Powell, T.（2023）The structure of the NHS in England, p.12 をもとに筆者作成。

　国民保健サービスの提供体制は、1次医療、2次医療、地域保健サービスという3つの柱で構成される。1次医療は、GP（General Practitioner）と呼ばれる家庭医療専門医が担っている。住民は、あらかじめ自身のかかりつけとして GP を登録する（ほとんどの GP でオンライン登録が可能である）。救急の場合を除いて、健康状態に不安がある時はまず GP の診察を受ける。必要に応じて、GP の紹介により2次医療の病院や専門医を受診する。なお、病院で提供される医療サービスに関しては、入院や集中治療、処方薬も含めてすべて無料である。

　地域保健サービスは、保健師や地域看護師を中心として、1次医療、2次医療、ソーシャルケアサービスと連携し、母子保健サービスや慢性期の医療・介護ニーズをもつ住民の在宅生活のサポート、地域における予防的医療など多岐にわたるサービスを提供している。

　このような体制のデメリットの1つに、待ち時間の長さが挙げられる。1次医療の段階において患者の病状によって治療の優先順位を決めるトリアージが行われるため、深刻な健康状態でない場合はすぐに治療を受けられず、ウェイティングリストで待たなければならないことがある。

　NHS イングランドは92％の患者が18週間以内に治療を受けられるという基準を掲げているが、これを達成したのは2015年が最後で、2023年4月時点で

は 58.3 ％となっている（NHS referral to treatment waiting times data April 2023）。こうしたデメリットをカバーする、NHS の枠組みに属さないプライベート医療も存在するが、医療支出全体の 1 割程度である。

　公的保健医療制度における持続可能な財源や人材の確保、サービスの質と効率化の両立、健康格差の是正などが大きな課題として認識されており、今後も継続的に制度改善が行われる見通しである。

3-3　社会サービス

3-3-1　ソーシャルケア

　日常生活においてサポートが必要な人に提供されるサービスとして、ソーシャルケアがある。子どもから高齢者まで年齢に関係なく特別なニーズのある全住民が対象であり、虐待などからの保護や自立生活のための介護や生活援助など多岐にわたるサポートが提供される。

　ソーシャルケアは地方自治体の管轄となっており、その地域で必要なサービスを量と質の両面で確保する責任が課せられている。これは、地方自治体が直接サービスを提供しなければならないということではなく、公的機関、営利企業、非営利団体、個人など多様な主体によって供給されるサービスの量や質を地域全体で管理し、ソーシャルケアが適切に機能するための環境を整備することが求められるということである。

　高齢や障害などによって生活支援のニーズがある場合、地方自治体の実施するニーズや経済状況のアセスメントを受ける。アセスメントの結果、ニーズが認定され、経済的な援助が必要と判断されれば、自治体が作成する支援計画にもとづいたサービスを受けるための個人予算（personal budget）が提供される（貯蓄が 2 万 3250 ポンド未満であることなどが補助の基準となっている）。利用者は、個人予算を銀行口座に毎月振り込まれるダイレクトペイメントとして受け取るか、個人予算を差し引いた自己負担額の請求書を自治体から受け取るかを選択できる。

　経済的な援助の対象外である場合は、サービス利用料は自己負担となる。なお、アセスメントで支援が不要と判断された場合でも、地域で利用できるサポートなどについて自治体から情報提供やアドバイスを受けられる。また、イン

フォーマルなケアラーとして、ニーズのある家族や友人などに週35時間以上ケアを提供している者には、ケアラー手当として週76.75ポンドが支給される。

3-3-2　幼児教育・保育

2002年以降、保育と幼児教育の両方を教育省が所管し、統合的なサービスの提供が図られている。実際のサービス提供においては、ソーシャルケアと同様、適切なサービスの量と質を確保する責任が地方自治体に課せられている。

小学校入学前の準備として、すべての3歳児と4歳児に対して週15時間、年38週間の幼児教育サービスを無料で受ける権利を保障している（親が就労して一定の所得を得ている場合は週30時間が無料になる）。低所得世帯については2歳から週15時間のサービスを受けることができる。

保育サービスは0～4歳を対象として、保育所、幼稚園、保育ママ、チルドレンズセンターなど、機能や形態の異なるサービスが多数存在する。5歳以上を対象とする学童保育や休日学童などもある。公的機関、営利企業、非営利団体、個人など多様な供給主体によってサービスが提供されているが、民間セクターによる供給量が約7割を占めている（Department for Education provider survey, 2022）。

親はこのように多様な保育サービスから最適なものを選び、直接その施設に申し込む。なお、保育サービスの提供機関でも上記の幼児教育は受けられるため、年齢によって利用機関を変える必要はない。費用は基本的に自己負担であるが、親の所得に応じて政府から補助が支給される。

2023年3月の国家予算案において保育サービスのさらなる拡充の計画が発表された。就労している親については、子どもが9か月から5歳まで週30時間の幼児教育・保育サービスを無料で受けられることを保障し（ただし所得制限付き）、またすべての学校で朝8時から夕方18時まで学童保育が提供される。これらの施策は2026年9月までに整備が完了する予定である。

3-4　その他

3-4-1　社会手当

16歳未満の子（教育・訓練を受けている場合は20歳未満）をもつ親に児童手当が支給される。2023年度の給付水準は、第1子が週21.15ポンド、第2子

以降が 1 人につき週 14 ポンドである。

　長期にわたる疾病・障害をもつ 16 歳以上の者に対しては、日常生活に追加的に発生する費用をカバーする個人独立手当（Personal Independence Payment）が支給される。2023 年度の給付水準は、日常生活費として最大週 101.75 ポンド、移動費として週 71 ポンドである。

　なお、以上の給付は税財源で賄われており、資力調査や所得制限はなく、あらゆる所得階層に対して普遍的な給付を保障する社会手当である。

3-4-2　仕事と家庭の両立支援

　被用者である母親には、最大で 52 週間（1 年間）の法定産前産後休業が保障されている。就業履歴や賃金要件（週 123 ポンド以上）を満たす場合、休業期間のうち 39 週間は産前産後給付が支給される。2023 年度の給付水準は、最初の 6 週間が平均週間所得の 90 ％、残りの 33 週間が週 172.48 ポンド（もしくは平均週間所得の 90 ％のどちらか低い方）である。自営業者などには国民保険から出産手当が支給される。

　母親の配偶者・パートナーには、出産後 8 週間以内に最大 2 週間の法定父親休業が保障されている。就業履歴や賃金要件（週 123 ポンド以上）を満たす場合、週 172.48 ポンド（もしくは平均週間所得の 90 ％のどちらか低い方）が支給される。

　出産後 2 週間は母親が休業することが義務化されているが、産前産後休業の残りの 50 週間は母親とパートナーが同時にあるいは交互に休業することも可能である（休業期間をブロックに分けて 3 回まで取得可能）。そのうち最大 37 週間は、共有育児給付として週 172.48 ポンド（もしくは平均週間所得の 90 ％のどちらか低い方）が支給される。ただし、この 37 週間は産前産後給付と共有休業給付のいずれか一方の支給となるため、その点も加味して取得の仕方を計画する必要がある。

　被用者に対する出産・育児休業関連の給付は事業主より支給されるが、事業主はこの給付の支払い分について 92〜103 ％分の控除を受けられるため、実質的には社会保障として機能しているといえる。そのほか、子どもが 18 歳になるまでの 18 週間（1 人につき 1 年間に取得できるのは最大 4 週間）の無償の育児休業制度がある。

以上の両立支援策は、法律婚（2013 年に法制化された同性婚を含む）、シビル・パートナーなどの事実婚、養子縁組カップルなど、ジェンダーや婚姻関係に関係なく制度を利用する権利が保障されている。

[引用・参考文献]

Beveridge, W., 1942, *Social Insurance and Allied Services*. 一圓光彌監訳『ベヴァリッジ報告―社会保険および関連サービス―』法律文化社、2014 年、306 頁。

GOV.UK「Benefits」https://www.gov.uk/browse/benefits. 2023 年 9 月 30 日最終閲覧。

Hill, M. and Z., Irving, 2009, *Understanding Social Policy*, 8th Ed., Wiley–Blackwell. 埋橋孝文・矢野裕俊監訳『イギリス社会政策講義―政治的・制度的分析―』ミネルヴァ書房、2015 年。

Powell, T., 2023, The structure of the NHS in England, Research Briefing No 7206, House of Commons Library 10 July 2023. https://researchbriefings.files.parliament.uk/documents/CBP-7206/CBP-7206.pdf. 2023 年 9 月 30 日最終閲覧。

[推薦図書]

○Thane, P., 1996, *The Foundations of the Welfare State*, 2nd Ed., Longman. 深澤和子・深澤敦監訳『イギリス福祉国家の社会史―経済・社会・政治・文化的背景―』ミネルヴァ書房、2000 年。
　──社会保障がなぜ、どのように生まれてくるのか。イギリスにおける歴史的プロセスを経済・社会・政治・文化の視点を交えて網羅的に解説する重要文献。

○Eisenstadt, N. and C., Oppenheim., 2019, *Parents, Poverty and the State: 20 Years of Evolving Family Policy*, Policy Press. 宮本章史訳『イギリス家族政策はどう変わったのか―子育て・貧困と政府の役割―』日本経済評論社、2023 年。
　──子育て世帯の支援という視点から、1990 年代後半以降のイギリス社会保障の展開についてエビデンスを重視した評価を行っている、読み応えのある一冊。

○Giddens, A., 1998, *The Third Way: The Renewal of Social Democracy*, Policy Press. 佐和隆光訳『第三の道―効率と公正の新たな同盟―』日経 BP マーケティング、1999 年。
　──現代社会に適した社会保障に変容する理論的基盤として新たな社会民主主義のあり方を論じている。ブレア労働党政権の政治理念を深めるのに最適。

第4部
社会保障が当面する課題

第 **15** 章
社会保障と財政

田中きよむ

本章のねらい

　本章では、社会保障制度が経済・財政とどのような関係にあるのかを明らか
にしたうえで、社会保障給付費の財政規模、福祉関係予算の国家財政および地
方財政における特徴、そして利用者・患者負担や民間の自主的財源についても
言及する。

　さらに、年金・医療・介護保険制度を中心に、少子高齢化の下での社会保障
制度（改革）と財政がどのように結びつけられているのかを明らかにする。そ
して、それらの改革が社会保障の本質において、どのような意味をもつかを明
らかにする。

1　社会保障と経済・財政の基本的関係

　社会保障は、法律によって制度化されるとともに、その給付費用は社会保険
料や税金によって財源が調達される。その財源は、国民の経済活動の成果を原
資としているので、経済活動や財政と結びついている。

　個々の家庭を、経済活動を担う主体としてみた場合、家計と呼ぶ。個々の家
庭は、それぞれの予算制約の下で、家族の生活需要や消費欲求を満たそうと行
動する。一方、企業は、利潤を最大化しようとして行動する。個々の家庭や企
業の個別利益を最大化しようとする自己責任にもとづく行動だけで生活やビジ

ネスが成り立っていると想定される経済をミクロ経済という。しかし、実際には個々人や個々の家庭、企業だけでは打開困難な障壁に直面する。そうなった場合、あるいは、それに備えて、国民や住民の信託にもとづいて行われる政府（中央政府と地方政府）の活動が必然化される。政府の活動は国民全体や住民全体、あるいは企業集団に対しても影響を及ぼすので、その活動も不可欠な要素として生活やビジネスが成り立つものとして捉えられた経済をマクロ経済という。これらの家計、企業（等の法人）、政府を３つの経済主体という。

　まず、家計と企業との間では、家計を消費主体としてみた場合、どのような取引が行われるだろうか。企業は、家計に対して（A）、商品（財やサービス）を提供するのに対して、家計は企業に対して（B）、代金を支払う。その代金を支払うためにも、家計は、労働力の供給主体としてみた場合（C）、労働力を（商品として）企業に提供する。企業は、その代価として（D）、賃金を支払う。

　政府と企業との間においても、企業は個々の政府活動のために商品を提供し（E）、政府は、やはり、その代金を支払う（F）。逆に、政府は、企業集団全体にとって利益となるインフラ整備等の公共事業を行う（G）反面、企業等に対して法人税等の税金を課する（H）。

　政府と家計の関係においても、労働力を公務員という形で提供する（I）人がいる場合には、それに対して、国や地方公共団体は、賃金を支払う（J）。一方、政府は、個々の家計が生活課題に直面した場合やそれに備えて、社会保障を含む公共サービス（現金給付を含む）を提供する（K）一方で、その財源として、家計に対して、税金（所得税、消費税や住民税など）や社会保険料を各種税法や社会保険制度各法にもとづいて課する（L）。

　個々の家計や企業がミクロ経済に即して賃金や利潤を得る局面を一次分配

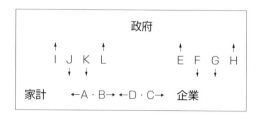

図15-1　経済と再分配

出所：筆者作成。

（B、D）というのに対して、家計や企業に対して課する税金や社会保険料を財源として、必要な人に、必要な時に社会保障給付を行う（K）ことを再分配という。社会保障は、経済的にみれば、再分配という機能を果たしていることになる。

　同様のことを個々の企業活動に即してみた場合、財の生産を例にあげると、その商品価格は４つの要素から構成され、商品の中には物理的には入らないものの、経済的価値は減耗する部分（固定資本減耗）がある。大型製作機械に象徴されるものであり、たとえば自動車製作工場の中のベルトコンベヤーのイメージになる（①）。それに対して、物理的にも商品の中で組成されていく部分は原材料であり、個々の原材料自体は、それぞれの原材料メーカーにとっては商品であっても、それを使って最終製品を生産するメーカーにとっては中間生産物となる（②）。自動車製造プロセスに即していえば、タイヤのゴム製品やガラス、合成樹脂、金属、プラスチックなどの原材料部分のイメージになる。しかし、それらだけでは商品化は行われず、そこで働く労働者に対する賃金も、商品の売り上げの中から回収される（③）。しかし、企業にとっては①～③はコストであり、それらを商品の売り上げによって回収したとしても、消費と同様、支出した代金を取り戻すだけの等価交換にしかならない。それ以上の利潤（④）を生みだすことが投資の本質であり、企業の設立目的となる。

　これらのうち、③と④は、最終商品（自動車）を生産する会社で初めて付加される部分であるので、付加価値という。個々の企業で生み出される付加価値を国民全体で総計したものを国民所得という。

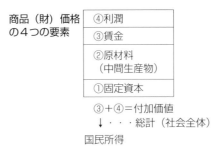

図15-2　商品価格と国民所得の関係

出所：筆者作成。

A ÷ NI ＝ 国民負担率
B ÷ NI ＝ 社会保障給付費比率

図 15-3　国民所得と社会保障給付費

出所：筆者作成。

　その国民所得（NI）のうち、賃金及び利潤から税金及び社会保険料（A）として徴収される割合を国民負担率といい、その A を財源として社会保障給付費（B）として国民に還元される割合を社会保障給付費比率という。

　2021 年度（実績）の国民負担率は 48.1 ％であり[1]、同年度の社会保障給付費比率は 35.0 ％であり、社会保障給付費は 138.7 兆円（1 人当たり 110 万 5500 円となっており、そのうち、年金保険給付費が 40.2 ％、医療保険給付費が 34.2 ％、福祉その他の給付費が 25.6 ％（介護保険給付費が 8.1 ％で最大比重）を占めている[2]。

　すなわち、国民所得の 7 割程度が社会保障給付費に充てられており、そのうち 4 割程度が年金保険給付、3 割程度が医療保険給付費、1 割弱程度が介護保険給付費に配分されていることになる。この年金、医療、介護の保険給付費だけで、社会保障給付費の 8 割（82.5 ％）を占めていることになる。

　最後に、社会保障給付費がどの部分を指すかを三大給付費に即してミクロ単位で確認しておくと、年金保険給付費は年金保険料および税（公費負担割合は基礎年金給付費の 2 分の 1）を財源とする給付費全体が社会保障給付費を構成している。医療保険給付費の場合、患者が年齢や所得に応じて 1 ～ 3 割で負担する患者一部負担部分は含まれず、残りの 9 ～ 7 割給付部分（公費負担率・額は保険の種類によって異なる）が社会保障給付費に含まれる。介護保険給付費の場合、利用者が所得に応じて負担する 1 ～ 3 割の利用料部分は含まれず、残りの 9 ～ 7 割給付部分（公費負担割合は給付費の 2 分の 1）が社会保障給付費に含まれる。

2 国の福祉関係予算

　国の予算は、国の骨格的な施策を推進する経費である「一般会計」と、特定事業を推進する経費である「特別会計」に大別される。国の一般会計に占める税収（2022年度）は、消費税（20.0％）、所得税（18.9％）、法人税（12.4％）で約51％を占めている。

　国の福祉関係予算は、一般会計における「社会保障関係費」に相当する。社会保障関係費（2022年度）は約36.3兆円であり、一般会計歳出（約107.6兆円）に占める割合は約33.7％である[3]。

　社会保障関係費は、社会福祉費（国家予算の場合、障害者福祉や生活保護に係る経費）、年金給付費、医療給付費、介護給付費、少子化対策費、保健衛生対策費、雇用労災対策費によって構成される。構成比が大きい順に（2022年度予算）、年金給付費（35.2％）、医療給付費（33.3％）、社会福祉費（11.5％）、介護給付費（9.9％）、少子化対策費（8.6％）、保健衛生対策費（1.3％）、雇用労災対策費（0.2％）となっている。

　社会保障関係費と前述の社会保障給付費の相違点は、前者の場合、あくまで国家予算の主として国税で賄われる経費を指すのに対して、後者の場合、後述の地方財政の地方税で賄われる経費を含むうえ、国および地方の社会保険料負担（特別会計）をも含んでいるため、財政規模がより大きい。

社会保障給付費（2020年度）＝132兆2211億円

国　税	地方税	社会保険料

社会保障関係費（2020年度）＝35兆8608億円

国　税

図 15-4　社会保障給付費と社会保障関係費

出所：筆者作成。

3 地方公共団体の福祉関係予算

　地方公共団体の福祉関係予算は、普通会計における民生費に相当する。地方

財政の予算のしくみは地方財政法に定められ、その財政状況は財政力指数によって図られ、「基準財政収入額÷基準財政需要額」という式で示される。その値が1より大きければ（分子の金額が分母の金額を上回れば）、地方交付税交付金の不交付団体となり、その値が1より小さければ（分子の金額が分母の金額を下回れば）、地方交付税交付金の交付団体となる。地方交付税交付金は、使途を限定されない一般財源であり、民生費を含む基準財政需要額（支出）に見合った基準財政収入額（地方税収入）が自治体で確保できなければ、民生費以外の教育費等を含め、包括的に地方交付税交付金の交付対象となる。地方交付税交付金の財源は、所得税法改正にもとづき、2020年度以降、国税である所得税および法人税の33.1％、酒税の50％、消費税の19.5％、地方法人税の100％となっている

　一般財源に対して、特定財源として使途が限定される国からの自治体への交付金は国庫支出金であり、そのうち、国が一定比率で必ず負担しなければならない義務的経費を「国庫負担金」、支出や交付水準を含めて、国の判断に委ねられる裁量的経費を「国庫補助金」という。

　たとえば、介護保険制度における介護給付費・予防給付費の場合（居宅サービス費の25％、施設サービス費の20％）は国庫負担金であり、地域支援事業の場合（介護予防・日常生活支援総合事業の25％、2021-23年度の第Ⅷ期における包括的支援事業の38.5％）も国庫負担金である。障害者総合支援制度における障害福祉サービス費の場合（50％）は国庫負担金、地域生活支援事業費の場合（50％以内）は国庫補助金である。子ども・子育て支援新制度においては、子ども・子育て支援給付費の場合（民間保育所等の場合50％）は国庫負担金、地域子ども・子育て支援事業費の場合（3分の1以内）は国庫補助金である。

　これらの特定財源に関しても、国庫支出金（負担金・補助金）と抱き合わせで、都道府県が負担・補助し、市町村が残りの経費を支弁しなければならず、それが不足する場合には、やはり最終的には、包括的な国からの交付金である地方交付税交付金の対象となる。

　民生費は普通会計の一部を構成するが、自治休（市町村）の事業別に会計が構成される特別会計として、介護保険事業特別会計と国民健康保険事業特別会計があり、各保険料部分がこれらの会計に算定される。

都道府県と市町村を合わせた地方公共団体の目的別歳出（以下、すべて2021年度）総額の中では、「民生費」が最大比重を占めており（25.4％）、教育費（14.4％）より多い[4]。都道府県の場合は、商工費（18.3％）、教育費（15.5％）、民生費（14.1％）、公債費（10.6％）の順になっている。市町村では、民生費（37.8％）、総務費（12.7％）、教育費（11.3％）、土木費（9.7％）の順になっている。

　都道府県と市町村を合わせた地方公共団体の民生費の歳出を目的別にみた場合、児童福祉費（36.6％）、社会福祉費（地方財政の場合、主として障害福祉予算であり生活保護費は含まない：29.1％）、老人福祉費（21.8％）、生活保護費（12.4％）、災害救助費（0.2％）の順になっている。それを都道府県に限定してみると、老人福祉費（38.5％）、社会福祉費（36.4％）、児童福祉費（22.2％）、生活保護費（2.5％）、災害救助費（0.5％）の順になっており、老人福祉費が最大比重を占めている。一方、市町村に限定してみると、児童福祉費（42.2％）、社会福祉費（27.1％）、老人福祉費（16.1％）、生活保護費（14.4％）、災害救助費（0.1％）となっており、児童福祉費が最大比重を占めている。

　地方公共団体の特別会計事業（2021年度）は、多い順に、「後期高齢者医療事業費」（16兆6037億円）、「国民健康保険事業費（市町村）」（12兆7228億円）、「介護保険事業費」（11兆5326億円）となっている。

4　利用者・患者負担金

　福祉サービスの主要財源は、国・地方の福祉関係予算で賄われるとしても、給付を受ける利用者や患者などの当事者が負担する部分もある。

　契約制度（サービス利用制度）に転換する前や転換後も残っている措置制度の利用料は、応能負担であり、経済的能力（所得）に応じて利用料の多寡が決まる。たとえば、現在も措置制度のままである養護老人ホームの利用料は、措置権者である市町村長が決定し、児童養護施設の利用料は、入所措置を行った都道府県知事が決定するが、それらの利用料は、応能負担原則である。

　契約制度（サービス利用制度）に転換した福祉システムのうち、介護保険制度における介護給付・予防給付の利用料は、費用の定率負担としての応益負担

原則である。同制度の地域支援事業の利用料は、市町村が実施責任主体であることから、応能・応益いずれかも含めて、市町村判断となる。

　障害者福祉における措置から契約への転換は、2000年の社会福祉事業法等（身体障害者福祉法、知的障害者福祉法、児童福祉法）の改正にともなって導入された支援費制度（2003-05年度施行）の利用料は、応能負担原則であった。障害者自立支援法（2005年成立、2006年施行）、障害者総合支援法（2012年改正・成立、2013年施行）にもとづく障害福祉サービスの利用料は、当初、定率1割負担の応益負担原則であったが、低所得者への軽減措置を踏まえ、応能負担原則とみなされるようになった。障害者総合（自立）支援法における地域生活支援事業の利用料は、その事業が市町村事業であることを踏まえ、応能・応益負担のいずれかも含めて市町村判断とされた。

　保育所の保育料は、国の標準を踏まえ、所得に応じた多段階設定である応能負担原則である。認定こども園や幼稚園、子ども・子育て支援新制度における地域型保育給付の保育料は、基本的には契約や年齢に応じて決まる応益負担原則である。他方、子ども・子育て支援新制度における地域子ども・子育て支援事業は、市町村事業であることを踏まえ、市町村判断となっている。

　医療保険の患者負担は、70歳以上の場合、所得に応じて負担割合が異なる側面を持つが、基本的には医療費の定率負担である応益負担原則である。

5　民間の自主的財源

　国や自治体、利用者が最低基準にもとづく費用の一定割合を負担・補助するとしても、事業運営の実態・現場からすれば、その基準どおりに運営することが難しい場合、超過負担が発生する。そのような場合には、民間の自主的財源が必要になる。

　その場合の代表的なものとして、共同募金等の寄付金がある。民間財源で最大比重を占めているのが共同募金であり、毎年1回、厚生労働大臣の定める期間内に限って、都道府県の区域を単位として募集され、社会福祉事業、更生保護事業、その他に配分される。共同募金は、第一種社会福祉事業であり、社会福祉法人である共同募金会以外の事業は禁じられており（社会福祉法第112条）、

社会福祉事業経営者のみに配分される。寄付金の配分に当たり、配分委員会の承認を受けなければならない。募金を行った地域と、広域的課題解決のために都道府県で使用される配分割合は、地域 70 ％：都道府県 30 ％となっている。

　準公的財源としては、公営競技の益金による助成金がある。競輪、オートレースの収益の一部は、公益財団法人 JKA に拠出され、そこに設置される補助事業審査・評価委員会が助成金の配分を決定する。準公的財源としては、社会福祉振興助成費補助金もあり、2010 年度から、在宅福祉、子育て支援、障害者スポーツなどの振興を図るため、政府出資の基金から国庫補助金へ転換された。

　民間助成団体による助成金としては、日本郵便株式会社によるお年玉郵便はがき・切手等の寄付金（寄付金付きはがき・切手の価格の一部）が代表的であり、それを社会福祉事業に配分する場合、総務大臣の認可を受けなければならない。

　民間独自財源としては、社会福祉法人などの収益事業部門の収益がある。公序良俗に反するもの以外は制限なく収益を社会福祉事業の経営に充てることが可能であり、社会福祉法人が主催する養成講座や出版事業、駐車場の運営の他、介護保険事業や障害者福祉事業による収益などがある。

　社会保障財源について述べてきたことをまとめると、図 15-5 のようになる。社会保障給付費は、公費（税および公債）と社会保険料の部分から成り立ち、公費の部分は国と地方に分かれ、それぞれが一般会計（社会保障関係費）と普

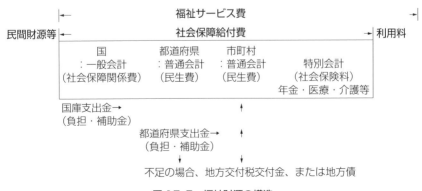

図 15-5　福祉財源の構造

出所：筆者作成。

通会計（民生費）を構成する。社会保険料部分は、特別会計を構成する。

　サービス等を利用する当事者は、利用料等を応能・応益負担原則や市町村判断の下で負担する。社会福祉法人等が基準外（以上）の費用を超過負担する場合などは、寄付金、助成金、収益等を活用する。

　国や都道府県からの使途が限定される特定財源としての国庫・都道府県支出金（負担金・補助金）を組み合わせても、普通会計において自主財源である地方税では基準財政需要額を満たせない場合は、最終的に福祉事業以外の事業を含む一般財源としての地方交付税交付金による補填、ないし当座の地方債による補填が行われ得る。

6　少子高齢化と社会保障財政

6-1　少子高齢化と年金財政

　少子化は負担人口の縮小を意味し、高齢化は受給人口の増大を意味する。その両者の比率を表現したものが「年金扶養比率」（被保険者数／受給権者数）であるが、基礎年金の場合、1990年代半ばの4程度から2020年度の2弱まで減少し、厚生年金の場合、1990年代終盤期の4程度から2020年度の2.5程度に縮小してきている[5]。世代間再分配という側面でみれば、現役4人で高齢者1人を支えていた時代から2人で1人を支える時代に移行しつつあることを意味し、現役世代の負担はそれだけ大きくなる。しかし、現役世代に負担が集中することは、他方で世代間の公平性の問題を発生させることになる。

　財政方式には、理論的に、賦課方式と積立方式という2つの考え方がある。

年金扶養比率（被保険者数÷受給権者数）
基礎年金4.00（1996）→3.05（2003）→2.01（2016）→1.89（2020）年度末
厚生年金4.01（1998）→3.00（2003）→2.40（2016）→2.46（2020）年度末

現役4名 高齢者1名	現役3名 高齢者1名	現役2名 高齢者1名	現役1名 高齢者1名
神輿状態	騎馬戦状態	ぶら下がり状態	肩車状態

図15-6　年金財政と少子高齢化

出所：筆者作成。

世代軸と時間軸という二次元を考えた場合、時間軸に沿って個人の過去（現役時）の負担と将来（退職後）の給付を均衡させるという考え方が積立方式である。すなわち、自分の過去の保険料積立金とその運用益のみで将来の自分の給付を賄うという考え方であり、自己責任型の財政方式といえる。一方、世代軸に沿って負担と給付のバランスをとる考え方が賦課方式である。時間軸の一点を年度で切り取った場合、ある年度の高齢世代に必要な給付財源をその年度の現役世代の保険料負担ですべて賄うという考え方であり、世代間扶養型の財政方式といえる。

　積立方式の場合、生涯のタイム・スパンで、自分の現役時の負担（財政収入）と退職後の給付（財政支出）を均衡させる方式であることにより、少子高齢化の影響を受けないという長所がある反面、インフレーション等の不確実性への対応が困難という短所があるほか、制度移行にともなって「二重の負担問題」（自分自身のための負担と高齢世代のための負担）が発生するという短所がある。一方、賦課方式の場合、単年度で現役世代の負担（財政収入）と高齢世代の給付（財政支出）を均衡させる方式であることにより、インフレーション等の不確実性に対応して、年金価値の目減りを防ぐために必要な財源を現役世代に賦課することができるという長所がある反面、少子高齢化の進行にともない世代間の負担の公平性問題を惹起しやすい。

　日本の場合、歴史的には、積立方式の考え方で制度が発足したが、高度経済成長期のように保険料を引き上げやすい時期に十分な引き上げを行ってこなかった経緯もあり、また予想以上に高齢化が進み、給付対象者や給付期間が増加したこともあって、賦課方式の要素が強まってきた。つまり、現在の年金給付のためには、受給者自身の過去の負担分だけではカバーしきれず、現役世代の負担分から移転している割合が高まっている（現在の受給世代の年金額の8割程度が現役世代からの移転による）。そのような変化に着目して、日本の年金制度が賦課方式といわれることもあるが、積立部分もあるので、正確にいえば、賦課方式に重点化する形で修正された修正積立方式である。

　そこで、主な制度改革は、負担者側の保険料の引き上げから固定化への転換、受給者側の支給繰り延べや給付抑制に焦点が当てられてきたが、2004年度改革においては、「保険料固定方式」の導入に加えて、「マクロ経済スライド方式」

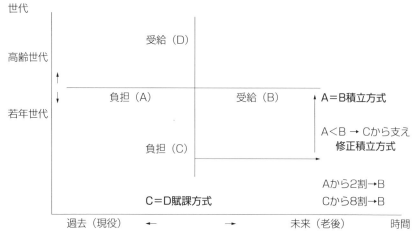

世代

受給（D）

高齢世代

負担（A）　　　　受給（B）　　A＝B積立方式

若年世代

A＜B → Cから支え
修正積立方式

負担（C）

Aから2割→B

C＝D賦課方式　　　　Cから8割→B

過去（現役）　←　　　→　　未来（老後）　時間

図 15-7　年金と財政方式

出所：筆者作成。

の導入により給付抑制が図られることになった。これは、少子高齢化の影響分を差し引いて物価・賃金スライドさせるものであり、「公的年金被保険者総数の減少率（少子化要因）＋平均的な年金受給期間の伸び率（高齢化要因）」を勘案した一定率をスライド調整率としたうえで、新規受給者に対しては、賃金再評価の際に、賃金（可処分所得）伸び率からスライド調整率を差し引き、既裁定者に対しては、物価上昇率からスライド調整率を差し引いて改定することなどにより財政バランスを図ろうとするものである（詳しくは第4章を参照）。

6-2　少子高齢化と医療財政

　2006年の健康保険法等の改正にもとづき、1982年制定の老人保健法が「高齢者の医療の確保に関する法律」に改称されるとともに、老人保健制度が廃止され、後期高齢者医療制度が創設、施行された（2008年度）。

　後期高齢者医療制度は、75歳以上になると、それまでの医療保険から脱退して加入し直す。年齢によって区別され、独立した形で都道府県単位で財政運営を行う新しい種類の保険であり、各保険に加入したまま適用される従来の老人保健制度とは異なり、都道府県単位で保険者意識と財政責任をもたせる政策意図がうかがえる。都道府県ごとにすべての市町村が加入する「後期高齢者医療

後期高齢者本人の保険料負担率

2008~09	10~11	12~13	14~15	16~17	18~19	20~21	22~23	年度
10.00	10.26	10.51	10.73	10.99	11.18	11.41	11.72	%

75歳以上の保険給付費（9・8・7割）

患者負担	本人保険料約10%	支援金約40%	税50%

1・2・3割
2022年10月〜　　　　　　　　　　　　↑
　　　　　　　　　　　　　　　　　75歳未満の保険料

図15-8　後期高齢者医療制度の構造

出所：筆者作成。

広域連合」が保険者となり、保険料賦課（決定）、財政運営を行い、市町村が保険料を徴収する。

　財源構成は、当初の2年間（2008-09年度）は、給付費のうち、本人保険料10％、75歳未満からの「支援金」（保険料）40％、公費50％（国：都道府県：市町村＝4：1：1）という分担割合になっていた。しかし、75歳以上の保険料分担比率（10％）は2年ごとに見直される。その際、75歳未満の若年人口の減少率の2分の1が加算されることになっており、少子化の進行を後期高齢者の保険料負担増で賄う仕組みになっている。たとえば、75歳未満の若年人口が当初の2年間で1％減少したと仮定すれば、次期の2年間の後期高齢者の保険料負担比率は、10％＋0.5％（1％×1/2）＝10.5％となる。その分だけ、支援金の負担率は圧縮される（39.5％）。公費負担率50％は変更されない。

　実際の後期高齢者の保険料負担比率は、2008-09年度の10％から、その2年間の後期高齢者医療制度広域連合の剰余金全額の充当と都道府県に設置されている財政安定化基金の取り崩しにより上昇幅が抑えられ、2010-11年度は10.26％であったが（13.8％になる予定であったが抑えられた）、2022-23年度11.72％まで上昇してきている[6]。

6-3　少子高齢化と介護財政

　介護保険料は、全体としては、保険給付費用の50％を負担するものであるが、50％のうちの第1号被保険者と第2号被保険者の分担比率は、両者の人口比率に応じて、3年単位で変更されてきている。

　第1号被保険者の場合、市町村によって基準保険料（各市町村の65歳以上人

口によって割り出される平均的な保険料）の水準が異なる。すなわち、「各市町村の保険給付費の23％（2021-23年度の第Ⅷ期の場合）÷各市町村の65歳以上人口」によって基準保険料が決まる。各市町村によって40歳以上人口に占める65歳以上人口の割合は異なるが、保険給付費の23％（第Ⅶ・Ⅷ期の場合）を全国一律に適用することによって、地域間の財政調整が行われる。第1号被保険者の場合、各市町村の基準保険料は、3年間は原則として変更されず（市町村合併などの特別な場合を除く）、3年ごとに見直される。実際には、各市町村の高齢者が一律に基準保険料を負担するのではなく、所得に応じて9段階の区別が行われる（ただし、市町村が条例により、段階数や倍率を変更することが可能である）。

　保険料の徴収方法は、年金が年額18万円（月額1万5000円）以上の人は「特別徴収」の対象となり、年金給付に際して天引きされる。年額18万円（月額1万5000円）未満の人は「普通徴収」の対象となり、納付書か口座振替（預貯金からの引き落とし）で納付することになっている（普通徴収の対象者は第1号被保険者の1割程度）。賦課徴収対象の年金は、2005年法改正前は老齢年金に限定されていたが、2005年法改正にともない、遺族年金と障害年金も対象とされるようになった。

　第1号被保険者の基準保険料月額の全国平均は、第Ⅰ期2000-02年度2911円、第Ⅱ期2003-05年度3293円、第Ⅲ期2006-08年度4090円、第Ⅳ期2009-11年度4160円、第Ⅴ期2012-14年度4972円、第Ⅵ期2015-17年度5514円、第Ⅶ期2018-20年度5869円、第Ⅷ期2021-23年度6014円となっている[7]。基準保険料は、「各市町村の保険給付費の23％（第Ⅶ・Ⅷ期の場合）÷65歳以上人口」によって決まるので、65歳以上人口が同程度とすれば、保険給付費の相違が保険料の地域間格差をもたらす要因となる（ただし、各3年間において初年度が始まる前に保険料が決められるので、保険給付費は推計費である）。高齢者人口が同程度だとしても保険給付費の水準差が生じる要因の主なものとしては、①要介護高齢者比率、②サービス整備状況、③居宅サービス等の利用者に対する施設サービス利用者の比率が考えられる。

　2025年度には、介護保険の保険料全国平均月額が8165円（第Ⅷ期の約1.4倍）になることが見込まれている[8]。いわゆるベビーブームに生まれた「団塊の

表 15-1　介護保険料の分担比率

	[保険料 50 % の分担比率] 第 1 号被保険者	第 2 号被保険者	1 号：2 号の人口比率
Ⅰ期 2000–02 年度	17 %	33 %	2200 万人：4300 万人
Ⅱ期 2003–05 年度	18 %	32 %	2400 万人：4200 万人
Ⅲ期 2006–08 年度	19 %	31 %	2600 万人・4300 万人
Ⅳ期 2009–11 年度	20 %	30 %	2800 万人：4200 万人
Ⅴ期 2012–14 年度	21 %	29 %	3000 万人：4300 万人
Ⅵ期 2015–17 年度	22 %	28 %	3200 万人：4200 万人
Ⅶ期 2018–20 年度	23 %	27 %	3440 万人：4200 万人
Ⅷ期 2021–23 年度	23 %	27 %	3600 万人：4200 万人

注：1 号：2 号の人口比率＝a：b → 1 号：2 号の分担比率＝50×a/a＋b：50×b/a＋b
　　たとえば、Ⅳ期の場合、人口比 2800 万人：4200 万人＝28：42＝4：6＝2：3
　　→　1 号＝50×2/5＝20 %、2 号＝50×3/5＝30 %の分担比率になる。
出所：筆者作成。

表 15-2　基準保険料と実際の保険料

第 1 段階	生活保護または老齢福祉年金受給者	基準額×0.3 倍
	住民税非課税世帯で本人の年金収入等年額 80 万円以下	基準額×0.3 倍
第 2 段階	住民税非課税世帯で本人年金収入等年額 80 万円超 120 万円以下	基準額×0.5 倍
第 3 段階	住民税非課税世帯で本人年金収入等年額 120 万円超	基準額×0.7 倍
第 4 段階	本人が住民税非課税で年金収入等が 80 万円以下	基準額×0.9 倍
第 5 段階	本人が住民税非課税で年金収入等が 80 万円超	基準額通り
第 6 段階	本人が住民税課税で合計所得金額が 120 万円未満	基準額×1.2 倍
第 7 段階	本人が住民税課税で合計所得金額が 120 万円以上 190 万円未満	基準額×1.3 倍
第 8 段階	本人が住民税課税で合計所得金額が 190 万円以上 290 万円未満	基準額×1.5 倍
第 9 段階	本人が住民税課税で合計所得金額が 290 万円以上	基準額×1.7 倍

注 1：第 1 号被保険者の基準保険料＝$\dfrac{\text{各市町村の保険給付費［推計］の 23 \%（第Ⅶ・Ⅷ期）}}{\text{各市町村の 65 歳以上人口}}$

　　＊各市町村の給付費用の一部を 65 歳以上の人で負担、原則 3 年間固定。
注 2：各市町村における実際の個人負担（6 段階→9 段階：2015 年 4 月～国標準）。
出所：筆者作成。

世代」（1947–49 年生まれ）がすべて 75 歳以上になる 2025 年度には（いわゆる「2025 年問題」）、介護給付費は 2018 年度の約 10.7 兆円から約 15.3 兆円に 1.4 倍化することが見込まれていることと、ほぼ符合する[9]。そして、1971–74 年の第二次ベビーブームに生まれた「団塊ジュニア世代」が 65 歳–70 歳となる 2040 年度には（いわゆる「2040 年問題」）、介護給付費は約 25.8 兆円（2025 年度の 1.7 倍）となることが見込まれている[10]。

7 生活に根ざした財政のあり方

　本章では、社会保障の財政構造を明らかにしてきたが、とくにそれが少子高齢化と結びつけられる時に、給付の抑制や負担の引き上げ、保険の適用範囲の縮小という制度改革として政策化されやすい。それを財政的効率化という側面だけでみるのではなく、生活課題の解決という社会保障の本旨に即して検証することが求められる。

　とりわけ、年金制度改革の場合、少子高齢化の進行にともなって、マクロ経済スライド方式の導入により、高齢者等の年金給付が抑制される改革が進められ、医療制度改革の場合、後期高齢者医療制度の導入により、少子高齢化の進行にともなって、後期高齢者の保険料負担比率が増大する改革が進められ、介護保険制度の場合、少子高齢化にともなって、高齢者の保険料負担比率が増大する仕組みが導入されたほか、要介護（1・2）者への保険給付の縮小やケアプラン作成費用の給付の縮小（有料化）、利用料の原則1割から2割への転換など、給付の縮小・負担の増大を図る制度改革が検討されている。社会保障制度が、その改革を通じて高齢者の生活困窮化を促進するとすれば、生活問題を解決するための社会保障が自己矛盾を生み出すことになる。

　そのような政策動向に対するオルタナティブとしては、公共性と持続可能性を両立させていく方向が考えられる（田中2021）。近年の制度改革は、私的負担の増大と給付範囲の縮小を通じて、むしろ貧困を増幅させるジレンマに直面している。そこで、各論に即していえば、年金については、納付実績をふまえつつ生活保護水準を補足給付するミニマム保障年金（第4章を参照）による公共性と、上乗せ給付については少子高齢化に対して中立的な積立方式による持続可能性を確保する改革方向が考えられる。医療については、高齢者医療の税方式または医療保険一本化方式への移行による公共性と持続可能性の両立方向が考えられる。介護では、利用料の応能負担化、逆進的な介護保険料負担の年金に対する定率負担化、認定制度の廃止によるケアマネジメント専門機関の制度的・一般的確立の方向が考えられる。

　それらの代替案の財源としては、年金については、老齢・障害・遺族の各基

礎年金水準を保護基準以上のナショナル・ミニマム年金として確立することにより、高齢者・障害者・母子世帯に対する生活保護給付を縮減していく形で財源の振替を進める。高齢者医療の税方式化についても、現役世代による高齢世代のための保険料負担をなくすと同時に、広く国民から応能的な負担を求めていく（他の歳出を福祉型に切り替えつつ、応能負担的な所得税や法人税の増税でカバーしていく）方向が考えられる。介護については、措置制度の再構築を図る方向で、給付財源に占める保険料の比重を下げ、税の比重を高めていく方向が考えられる。

[注]

1 関口祐司編著『図説　日本の財政　令和5年度版』財経詳報社。
2 国立社会保障・人口問題研究所「令和3年度　社会保障費用統計」2023年8月。
3 財務省「令和4年度社会保障関係予算のポイント」2021年12月を参照。以下の社会保障関係費に関する記述部分も同じ。
4 総務省編『令和5年度　地方財政白書』を参照。以下の地方財政記述部分も同じ。
5 厚生労働省年金局「公的年金各制度の年金扶養比率の推移」第92回社会保障審議会年金数理部会「公的年金財政状況報告」2022年3月28日。
6 厚生労働省「後期高齢者医療制度の保険料率について」各年度。
7 厚生労働省「介護保険の第1号保険料について」各年度。
8 厚生労働省老健局「日本の介護保険制度について」2016年11月。
9 内閣官房・内閣府・財務省・厚生労働省「2040年を見据えた社会保障の将来見通し」2018年5月。
10 同上。

[引用・参考文献]

行貞伸二監修『社会福祉士養成　基本テキスト』第3巻、日総研出版、2020年。
田中きよむ『少子高齢社会の社会保障・地域福祉論』中央法規出版、2021年。
平岡和久・川瀬憲子・桒田但馬・霜田博史編著『入門　地方財政―地域から考える自治と共同社会―』自治体研究社、2023年。
田中きよむ『社会保障システム』ビジネス実用社、2023年。

[推薦図書]

○平岡和久・川瀬憲子・桒田但馬・霜田博史編著『地方財政―地域から考える自治と共同社会―』自治体研究社、2023年。

——地方財政を通して自治体の福祉政策を分析する視点を養える好著である。自治体における福祉行財政の位置づけや、自治と共同の意味を学べる。

○日本ソーシャルワーク教育学校連盟『地域福祉と包括的支援体制』中央法規出、2021年。
——社会福祉士養成の新カリキュラムに応じたテキストであるが、旧カリキュラムの「福祉行財政と福祉計画」が組み込まれている。

○田中きよむ『少子高齢社会の社会保障・地域福祉論』中央法規出版、2021年。
——年金・医療・介護・障害者福祉・児童福祉・生活保護の各分野別に福祉行財政の構造を明らかにすると同時に、近年の制度改革をふまえた政策課題と方向を示している。

○社会福祉士養成講座編集委員会（2017）『福祉行財政と福祉計画』中央法規出版、2017年。
——社会福祉養成旧カリキュラムにおいて「福祉行財政と福祉計画」が独立していた時の標準的なテキストである。

● 学習課題 ●

①財政白書や地方財政白書を読んで、国家財政や地方財政における福祉財政の位置づけと内容・特徴を調べてみよう。

②自分が住んだり、通っている都道府県や市町村の福祉行財政の特徴や課題について、県庁や市町村役場の担当部署を訪れ、資料や聞き取りを通じて、調べてみよう。

第 **16** 章
社会保障と福祉労働

黒川奈緒

本章のねらい

　社会保障制度とは、病気・老齢・出産・ケガ・失業・介護・貧困などが原因でわれわれの生活の安定が損なわれた場合に、国や地方公共団体などが一定水準の保障を行う制度である。そして、こうした制度・政策とその対象者（利用者・クライエント）／対象となりうる人をつなぐための媒介・結節点となるのが医療労働や社会福祉労働（以下、「福祉労働」）である。

　社会保障の担い手である保健医療・社会福祉分野の労働者は人びとの生活の基礎をなす極めて広い領域にまたがっている。専門的知識・技術を有し、公的資格を取得して医療機関や社会福祉施設・事業所等でサービスを提供している場合や、保健所や福祉事務所等の行政機関に保健や福祉の担当者として勤務している場合など社会保障・社会福祉は幅広い層に支えられている。

　本章では、特に福祉労働について、社会福祉の理念を確認しながら、その概念的整理や社会的役割、現代的課題について学ぶ。

1　福祉労働の整理

1-1　福祉労働とは

1-1-1　福祉労働の二面性

　私たちにとって社会保障・社会福祉の制度は、国家による人びとへのコント

ロール、統治や支配として作用する側面と、制度によって生活が支えられ、人権保障として作用する側面がある。つまり、そうした制度を担う福祉労働も二面性・二重性を持ち、真田（1975）は、政策主体の意図・目的の実現過程と、対象者にとっての本来の社会福祉の実現過程であると指摘している[1]。

　たとえば、社会保障・社会福祉法制で頻繁に目にする「自立支援」という語をとってみても、「自立」とはどのような状態を指し、「自立」を「支援」するとはどういうことなのか。福祉労働に携わる者がどのようなスタンスで、どのような思想的・倫理的・理論的基盤を持って目の前の対象者と向き合うのかによって、その意味合いは大きく異なってくる。制度上で謳われる「自立」と、目の前にいる人が望む「自立」に差異が生じる場合があり、福祉労働者は常にそうした差異に敏感でなければならない。個人を支援しながらも、そうした差異やさまざまな抑圧に対する違和感・怒りから社会の変革をも模索する存在であり、「政策に反作用を必然化する能動的な存在」（細川 1975）[2]なのである。

　また、時に治安維持や慈恵的・恩恵的なイデオロギー、あるいは経済成長を支え補完するものとして福祉労働が律せられる。つまり、労働における疎外状況があるといえる。福祉労働を理解するにあたっては、このように福祉労働が客観的にもたらされている状況、福祉労働者の社会的な立ち位置について踏まえる必要がある。

1-1-2　福祉労働がもつ共同性・協働性

　福祉労働の特徴の１つは、福祉労働者と社会福祉の対象となる人との関係性にある。それは、一般的な「サービス提供者と顧客・消費者」といった関係性とは別のものであり、「顧客」「消費者」たりえない人・支払い能力を持たない人も「生活者」として捉え、支援の対象として位置づけていく視点を福祉労働は有する。社会福祉の現場においては、福祉労働者と対象となる人との信頼関係の上に構築される共同性・協働性が労働の成果につながっていく。福祉労働者からの一方的な働きかけで成り立つものではなく、対象となる人自身が主体的にサービス提供過程に参加する、関わることによってサービスの質が高まっていく。相互関係の中で対象者と協働し、何を課題とするのか、その課題をどう解決していくのかを見出していくのである。

　昨今、社会福祉分野においても「生産性」の向上が求められているが[3]、ICT

（情報通信技術）化や福祉機器の開発が進み、労働手段が発展・進化したとしても、福祉労働における労働過程では労働力の比重はさほど低下しない。先にも指摘した通り、人と人との相互関係が重要な要素であり、共同性・協働性を特徴とした労働過程があり、さらにそこでは労働者の人格・人間性までもが問われるためである。そうした共同性・協働性を支えるのが人権意識や職業倫理であり、民主主義や人権思想を軸とした学習が極めて重要となるのである。

1-1-3　援助技術の位置づけ―「何のための技術なのか」

　福祉専門職の養成課程においては、さまざまな援助技術を学ぶ機会がある。また、「社会福祉士及び介護福祉士法」、「精神保健福祉士法」に「資質向上の責務」として明記されているように、福祉の現場に入職した後も、専門的知識・技術・技能について学び、研鑽を積んでいくことが求められている。しかし、ここで忘れてはならないのが「何のための技術なのか」という視点である。

　当事者が抱えている問題を社会との関わりでどうみるか、福祉労働者は援助技術がもつ社会性を常に意識する必要がある。援助技術を重視し、大切にするということは、目の前の対象者との関係性の中にそれを押し留めておくことではなく、視野を社会全体に広げ、社会のあり方を問うことを含意する。生活問題を抱えた人びとに対して自己責任を問い、自助を強調する姿勢で接していくのか、人権を侵害され、社会の中で抑圧された人間として捉えて向き合おうとするのか。社会福祉の歴史的発展を踏まえた対象者観・支援観、社会科学[4]に立脚した社会問題への関心・学びが、援助技術を習得していく上で極めて重要となる。子どもの貧困、ジェンダーにもとづく不平等や差別、非正規雇用者の増大や過労死は個々別々の現象として表層化しているが、根底には共通した構造的課題、思想やイデオロギーが存在する。金融資本主義や新自由主義がどのように個人・家族・地域コミュニティ・社会に影響を与えているかを批判的に分析すること、これは援助技術の持つ意味を考える上で決して無関係ではない。

1-2　社会福祉の専門職とは

1-2-1　専門職の定義と専門職制度

　社会福祉に従事する者は専門職といえるのか。社会福祉専門職の研究の歴史を紐解くと、その多くは「属性モデル」[5]によってその概念が検討されてきたこ

とがわかる。たとえば A. フレックスナー、E. グリーンウッド、G. ミラーソンによる研究が挙げられ、中でも G. ミラーソンが掲げた「ソーシャルワーク専門職の属性」はわが国の専門職制度・資格制度にも大きな影響を与えている。G. ミラーソンは、①公共の福祉を志向していること、②理論と技術を持っていること、③一定の教育と訓練を受けていること、④試験に合格することによって資質・能力が証明されていること、⑤専門職団体の組織化がなされていること、⑥倫理綱領を持っていること、の6点を専門職の構成要素として挙げた。また、「専門職とは、主観的にも客観的にも、相応の職業上の地位を認められ、一定の研究領域を持ち、専門的な訓練と教育とを経て、固有の職務を行う、比較的地位が高い、非肉体的職務の属する職業」と定義した（Millerson. G. 1964）。1967 年、東京都社会福祉審議会が「東京都における社会福祉専門職制度のあり方における中間答申」のなかで、この G. ミラーソンの概念を引用している。社会的承認の方法として試験合格を条件とする認識が示されており、「社会福祉士」国家資格という専門職制度の確立に向けて、その構想が動き出したのである。日本における福祉労働者の国家資格化・専門職制度の成立には、こうした属性モデルに立脚した研究が背景にあったことがわかる。

1-2-2　福祉労働の関連資格と名称独占

　先にも述べたように社会福祉関係の国家資格には社会福祉士・介護福祉士・精神保健福祉士のいわゆる「三福祉士」に加え、「児童福祉法」にもとづく保育士も子ども家庭福祉分野に携わる専門職として位置づけられる。また、国家資格だけでなく公的資格、任用資格も含めると社会福祉に関わる資格はさまざまなものがある（表 16-1）。

　社会福祉関係の国家資格はすべて「名称独占資格」であり、資格がなくてもその業務に従事することはできるが、資格取得者のみ特定の資格名称（肩書き）を名乗ることが認められるものである。社会福祉関係の資格以外にも保健師や管理栄養士、公認心理師、理学療法士、作業療法士なども「名称独占資格」に当たる。これに対して、医師や看護師、弁護士等、特定の業務に際して特定の資格を取得している者のみが従事可能で、資格がなければその業務を行うことが禁止されているものは「業務独占資格」と呼ばれる。この「業務独占資格」と比べると、「名称独占資格」は固有の職務を厳密に規定することが難しく、

表 16-1　社会福祉関係の主な資格

分　野	資格の名称	根拠法・規定
介　護	介護福祉士 介護支援専門員（ケアマネジャー） 訪問介護員	社会福祉士及び介護福祉士法 介護保険法 介護保険法
保　育	保育士	児童福祉法
相談援助	社会福祉士 精神保健福祉士 相談支援専門員	社会福祉士及び介護福祉士法 精神保健福祉士法 障害者総合支援法

注：この他、社会福祉主事や児童福祉司、身体障害者福祉司、知的障害者福祉司、児童
　　指導員等の任用資格、保健・医療に関わる資格（看護師、理学療法士、作業療法士、
　　言語聴覚士、義肢装具士等）や調理・栄養に関わる資格（調理師・栄養士・管理栄養
　　士）等、さまざまな資格を持つ専門職・職種の人びとが社会福祉の現場を支えてい
　　る。
出所：筆者作成。

表 16-2　社会福祉士・介護福祉士・精神保健福祉士の登録者数
（2023 年 8 月末日現在）

社会福祉士	介護福祉士	精神保健福祉士
286,954 人	1,939,942 人	103,842 人

出所：社会福祉振興・試験センターHP「登録者数の状況」より筆者作成。

専門職として社会的評価が得にくい。さらに、現状としては、高齢者介護をは
じめとする社会福祉の実践現場においては、恒常的な人材不足から無資格者や
未経験者を歓迎する求人も多くみられる。資格制度そのものの意義や役割はた
びたび議論になるところではあるが、先に示したように社会福祉関係機関・事
業所に配置される福祉専門職はさまざまなものがあり、国家資格の保有が必須
ではないものの、望ましいとされる分野は多岐にわたる。「三福祉士」の国家
試験の実施回数についてみてみると、2023 年度には社会福祉士・介護福祉士が
35 回、精神保健福祉士が 25 回を迎えており、登録者数は「三福祉士」を合計
すると約 230 万人にものぼる（表 16-2 参照）。

1-2-3　広がる活躍の場

　いまだに多くの社会福祉施設や機関等において社会福祉士が必置資格とはな
っていないという課題はあるが、その活躍の場は広がり続けている。高齢者支
援、障害者・児支援、子ども・子育て支援、生活困窮者支援、地域における福

表 16-3　社会福祉に携わる人が働く職場

対　象	職　場
高齢者に関わる仕事	介護老人福祉施設（特別養護老人ホーム）、養護老人ホーム、軽費老人ホーム、有料老人ホーム、サービス付き高齢者向け住宅、介護老人保健施設、居宅介護支援事業所、高齢者デイサービスセンター、高齢者短期入所施設、通所リハビリセンター、在宅介護支援センター、地域包括支援センター、認知症対応型共同生活介護（グループホーム）、老人福祉センター、介護療養型医療施設、訪問看護事業所、小規模多機能居宅介護事業所、介護医療院等
子ども・女性に関わる仕事	保育所、認定子ども園、企業主導型保育所、児童養護施設、乳児院、地域子育て支援センター、児童家庭支援センター、児童心理治療施設、障害児入所施設、児童発達支援センター、放課後等デイサービス事業所、保育所等訪問支援事業所、児童自立支援施設、少年院、保護観察所、児童相談所・一時保護所、家庭裁判所、児童館・学童保育室、母子生活支援施設、母子・父子福祉センター、婦人保護施設、婦人相談所・女性相談センター、子ども食堂等
障害者に関わる仕事	相談支援事業所、生活介護事業所、自立訓練事業所（機能訓練・生活訓練）、就労移行支援事業所、就労継続支援事業所、就労定着支援事業所、自立生活援助事業所、共同生活援助施設（グループホーム）、障害者支援施設、地域活動支援センター、福祉ホーム、共同作業所、障害者就業センター、障害者就業・生活支援センター、身体障害者福祉センター、身体障害者更生相談所、知的障害者更生相談所、発達障害者支援センター、精神科病院、精神保健福祉センター、保健所・保健センター、精神障害者社会復帰促進センター等
生活困窮者に関わる仕事	救護施設、更生施設、授産施設、医療保護施設、宿泊提供施設、自立支援センター等
地域の福祉活動に関わる仕事	社会福祉協議会、生活協同組合、日本労働者協同組合、福祉公社・社会福祉事業団、シルバー人材センター等

出所：川村匡由（2019）『福祉のしごとガイド　職場編』。

祉活動の支援などの福祉分野のみならず、教育や司法、農業などの分野にも広がりをみせている（表16-3参照）。

② 福祉労働の歴史と現状

2-1　戦後の社会福祉従事者と労働者性

　戦後、日本は GHQ（連合国最高司令官総司令部）の指導の下で、封建的・軍

事的な社会・政治体制の解体を目的とした民主化政策の一環として、社会福祉の民主化が進められた。社会福祉の従事者対策としては、専門職を念頭に大学等で社会福祉専攻の学科が設置され、現任教育の講習会なども開催されている。また、1950年には「社会福祉主事の設置に関する法律」が施行されるなど、主に公務員を中心として生活保護や児童福祉に従事する職員の資格化、訓練・養成に国は重点を置いた。戦後の混乱という現実の中で、とくに民間組織の従事者が働く条件は極めて劣悪であり、従事者の非人間的な生活実態と労働条件、封建的な施設運営といった戦前課題の克服も重要な課題であった。

　1950年代に入ると、従事者の組織化が始まり、労働実態が調査されて統計的に考察される動きと、職能団体を形成し、専門職化を目指して資格を追求する動きがみられた。「奉仕者」や「聖職者」という見方が根強く残る一方で、社会福祉に従事する者も雇用関係の成立した労働者であることを確認し、労働組合の結成や運動の必要性が強調された。この運動とは自らの労働条件改善を目的とすると同時に、理念的には国民の権利を守る立場として、福祉を向上させるためのものでもあることを指していた。「朝日訴訟運動」[6] など社会保障の拡充を求める運動が起きる中で、「国の政策意図に従順な働きのみをするのか否か」という社会福祉労働者のあり方が問われたのである。

2-2　専門職化を目指す動きと資格制度の誕生

　生活保護法に始まる福祉三法体制は、1960年代に入ると知的障害者福祉・高齢者福祉・母子福祉を含む六法体制へと整備されていった。そうした中、1960年代には1950年代から引き続いて社会福祉の専門職を志向する動きがみられ、ソーシャルワーカーの身分の確立や資格の制定を目指した活動がこの時期にはみられる[7]。ただ、地方自治体レベルで社会福祉専門職制度化構想が一部では流行したものの、1960年前半の段階で厚生省には社会福祉労働者の身分や資格問題を長期計画の中で位置づけようとする気配はみられていない。

　その後、六法体制、国民皆年金へと福祉政策が展開される中で、とくに1960年代後半から1970年代前半にかけては社会福祉施設の量的整備も進み、施設数やそこに従事する社会福祉労働者の数が増え続けていった。1960年代の高度経済成長の中で、急激な都市化・工業化による過密・過疎、女性の就労による

家族機能の低下、地域における相互扶助機能の脆弱化、高齢者介護ニーズの増大を背景に、社会福祉に関わる問題の主軸が貧困問題から高齢者介護（マンパワーの確保）へと移っていったのである。

そうした中、1971年には、「社会福祉士法」の制定試案が登場するなど専門職制度・養成教育の議論が活発となった。しかし、国家資格化の決定打となったのは1986年の第23回国際社会福祉会議において、日本の専門職制度の不備が指摘されたことである。その後、1987年に「社会福祉士及び介護福祉士法」が、1998　年には「精神保健福祉士法」が制定され、社会福祉現場における対人援助職が法制化された。また、国家資格化に伴い、養成課程のカリキュラムが定められ、国の社会福祉施策の推進と歩調を合わせる形で改正が行われている[8]。

2-3　福祉労働の拡大と変質

社会福祉基礎構造改革以後、社会福祉事業の運営主体は非営利組織から民間営利企業をも含む幅広いものとなり、今や「福祉ビジネス」といった語も登場している。多様・複雑で個別性の高いニーズの出現により、それに対応する福祉サービス・事業も多岐にわたるものとなっている。また、社会保障・社会福祉に関わる行財政の緊縮が謳われ、公私役割分担の見直しや公的責任の後退ともいわれる政策動向のもとで、市場化[9]・営利化、それにともなう規制緩和が推進されている。直接的に社会福祉の制度に規定されない福祉サービス労働者が存在することとなり、社会福祉制度に規定される事業においてもその運営主体が営利企業を含めたものとなっている。こうした背景のもと、職員の専門性や質の担保としても資格制度が注目されることとなったのである。

さらに、高齢者介護や障害者・児福祉、保育分野をはじめとした福祉サービスの有料化や市場サービスの拡大は、社会福祉サービスを提供するすべての事業体に経営効率を重視した、営利的な行動原則に立った事業体への変貌を迫ることとなった。市場原理が導入されながらも、各種の報酬単価は低位に抑えられており、新規参入しても事業体として安定した運営を続けられない事態となっている。実践現場が「生産性」や「稼働率」、「利益率」を意識せざるを得ないものとなり、これは先に触れた福祉労働の二面性に「経営」という要素が強

い影響力を持って加わってきたことを意味する。こうした流れは、社会福祉における労働の倫理性を人権の尊重や発達保障の観点から遠ざける危険性をもつものである。市場サービスの拡大は、一定の支払い能力を持たない人、利潤につながらないサービスを必要とする人が排除されやすい構造を生み出した。権利保障という社会福祉の理念が歪められており、そこから生まれるジレンマが福祉労働者を日々悩ませている。事業経営者・労働者・利用者の3者の共同・協働のあり方が問われるとともに、改めて人権保障や自立支援の意味を捉え直し、それを担う労働、実践のあり方や方向性を検討することが求められている。

2-4　専門性の向上と課題

　社会福祉分野における市場化・営利化が進んだ結果、福祉労働者はサービス労働の担い手として、利用者の求める質の高いサービスに応えることが期待されている。さらに、ひきこもりや8050問題、ヤングケアラー、セルフ・ネグレクトといった課題が表面化する中で、社会福祉職の専門性そのものや、専門家としての力量が問われている。

　一般的に専門職というのは一朝一夕に育つものではなく、長期に及ぶ高度で系統的な、そして内容豊かなカリキュラムとそれを提供する場、優れた指導者の教育によって支えられ、育つものである。とくに、社会福祉の仕事は現場実践を重ね、職員が集団で研鑽を積み、経験を蓄積していく中で専門性を身につけ育んでいくものであろう。では、専門性の向上・自己研鑽として、具体的にどのような機会や場があるのだろうか。社会福祉の各分野では、研究者が中心となる学会とは別に、現場の社会福祉従事者を中心とした研究団体が形成され、活動を続けてきた[10]。さらに、「三福祉士」にはそれぞれ日本社会福祉士会、日本精神保健福祉士協会、日本介護福祉士会があり、保健医療分野では日本医療ソーシャルワーカー協会といった職能団体が存在している。事業所・法人を超えた地域レベルの学習会や事例検討会も多数あり、昨今ではSNSを通じた繋がりもみられる。これらは専門的技能の研鑽、情報交換の場として活用できるものである。

　一方、現場では、恒常的な人員不足や非正規雇用職員の増大等の問題により、職員の専門性を確保・維持・向上することが困難となっている現実もある。有

効な人材確保・定着・育成策を示すことが急務とされているが、そのためには福祉職を専門職であると同時に労働者として捉える視点が重要である。労働条件・待遇が一定の水準を維持・確保されること、適切な職員配置基準[11]を定めていくことが必須の条件となる。

3 社会保障改革と福祉労働の課題

3-1 社会福祉分野における市場化・営利化

　わが国の社会保障政策は、1973年のオイルショックを契機とした経済成長の低迷や財政状況の悪化により、行財政運営が見直され、「中央から地方へ」（地方分権）、「官から民へ」（規制緩和）などの方向性が示された。「官製市場」とされた社会福祉事業も1990年代以降は改革を迫られ、2000年の社会福祉法の施行と介護保険制度の創設によって社会福祉分野での市場化が進められることとなった。

　もともと1970年代頃から保育分野ではベビーホテル等の無認可保育施設が登場し、高齢者分野では、有料老人ホームやホームヘルプサービス等に民間営利組織が参入していた。しかし、営利を目的とする民間組織によるサービス提供については、制度外のサービスとして行政の指導監督の目が及ぶことはなく、政策的な対応がほとんどなされていなかった。1980年代に入り、有料老人ホームの倒産やベビーホテルでの乳幼児死亡事故等が社会問題化したことを契機に、民間営利事業所への規制や指導監督、健全育成を行うため、旧厚生省が関与するようになったのである。

　その後、第二次臨時行政調査会（いわゆる「第二臨調」）以降の財政再建問題と結びついて、社会福祉分野における民間営利組織については規制や指導監督を行うよりも、その役割を肯定的に評価し「民間活力の導入」を積極的に推し進める、「参入促進」の方向に大きく舵を切った。規制緩和を進め、市場原理を導入することで、福祉サービスの担い手を行政から営利組織を含む民間部門へ押し広げ、サービスの供給量を増やし、さらに質の向上を図ろうとしたのである。

3-2　人権保障と協働関係

　社会保障・社会福祉政策の大きな柱となっている「地域共生社会」が「ニッポン一億総活躍プラン」（2016 年 6 月 2 日閣議決定）において経済成長の手段として語られたように、昨今は社会政策を技術革新と経済競争力の強化・推進に従属させる流れが散見する。社会政策の決定は、「それがいかにグローバルな経済競争力に良い影響を及ぼすのか」ということに大きく左右されており、福祉職の人材確保・育成政策についても、その前提として「成長産業分野としての福祉・介護サービス」という視点が強く反映されてきている。

　しかし、本来、人権保障や人間の社会的権利の実現は経済成長の有無によって左右されるべきではなく、人間の普遍的な権利として最優先されるものであり、これが人権思想の到達点である。資本主義社会における市場経済の世界では、資本蓄積にとってプラスになるか、マイナスになるか、価値基準の中心がそこに置かれることになる。しかし、社会福祉にふさわしい動力は、市場原理における優勝劣敗・弱肉強食の淘汰ではなく、人権保障の理念の具体化であり、そこに立脚した形でサービスの質と量を高め広げることである。

　では、市場化・営利化が進んだ領域で何が起こっているのか。たとえば、介護保険制度では、訪問介護や通所介護、有料老人ホームをはじめとする特定施設入居者生活介護等、営利組織がサービス供給の過半数を占める事業が登場している。障害者福祉サービスについても、居宅介護や重度訪問介護、就労継続支援 A 型事業等において同様の傾向である。こうした状況下では、ややもすると「他事業所との共同・協働関係をどのように築くか」ということより「他の事業所にはない魅力をどのようにアピールするか」、「どのように差をつけて生き残っていくか」といったことの方が強調される。しかし、人権保障を軸に据えた社会福祉事業とするためには、法人間・事業者間での共同・協働性を地域の中で発展させ、ネットワークを築きながら地域課題を解決し、時に行政責任を追求していく方向性が肝要である。そのためには、事業継続を可能とする報酬単価の設定、創造的・先駆的な取り組みを積極的に推進している事業者が評価され、その成果が公的な後ろ盾のもとで業界全体に広がるような仕組みづくりが不可欠となる。

3-3 相談援助とケアマネジメント

　先に触れた社会保障・社会福祉分野における行財政の緊縮や「市場化・営利化」の流れは、とりわけ福祉労働の根幹をなす相談援助にも大きな影響を与えた。給付抑制や効率の良いサービス提供を目的としてケアマネジメント[12]が注目され、政策的な導入が図られたのである。相談援助が行政コストの削減を担う仕組みの中に組み込まれたといっていいだろう。また、社会福祉基礎構造改革における「措置制度から利用契約制度へ」という転換の中で、利用者が適切なサービスを選択するための支援としてケアマネジメントが制度上に位置づけられた[13]。介護保険分野では介護支援専門員（ケアマネジャー）、障害者福祉サービスの分野では相談支援専門員といったケアマネジメントの専門資格が創設され、利用者の持つニーズを一定の枠組みの中で評価し、それをサービスに結びつける役割が期待された。

　しかし、介護支援専門員や相談支援専門員が日常的に行っている相談業務においては、ケアマネジメントでは対応できないものが数多く存在する。たとえば、複数の問題が複雑に混在し、慎重な関係づくり、長期的・継続的な関わりを必要とする利用者、あるいは即時対応が必要な相談において、ケアマネジメントは適していない。また、利用者の生活歴や周囲の環境を考慮しながら生活状況をアセスメントし、本人の希望やニーズを丁寧に聞き取った結果、サービス利用に結びつかないこともあり、報酬算定上、評価されない支援が数多く存在する。安価とはいえ報酬が発生する「プランの作成」や「モニタリング」を優先しがちな構造が内在しており、利用者や相談内容が選別されやすい事態を生んでいる。福祉労働、ソーシャルワークにおけるケアマネジメントの位置づけ、相談業務を適切に評価する報酬の設定等、理論から実務レベルまで検討すべき課題は多い。

3-4 権利保障の内実

　社会保障・社会福祉分野における市場サービスの拡大は、「選択」や「自己決定」といった文言が強調され、利用者に消費者としての性格を少なからず持たせることとなった。また、社会福祉基礎構造改革では「サービス利用者と提供者の対等な関係の確立」が基本方針として据えられ、専門職的権威への不信・

パターナリズムの克服が期待されたが、市場化・営利化の流れの中で、人権保障の内実が消費者としての利益や権利を保護・向上させるものへと歪められてしまった側面もある。消費者主義の重視は、自己決定や自己責任の追及といった個人主義を徹底するものであり、相互関係の中での共同・協働といった福祉労働の特性、価値とは必ずしも相容れない。また、ケアマネジメント導入の背景にあるマネジャリズムは、効率性や予測可能性、数値化された成果、説明責任を重視するため、福祉労働から創造性と個人の裁量を奪い、福祉労働者を省察的・内省的実践から遠ざける危険性を持つ。

　このように、消費者主義とケアマネジメントは親和性が高いことがわかる。ケアマネジメントにおいて保障される権利の中心は、サービスを受けるための要件を満たしているかどうかについてアセスメントを受ける権利、サービスを選択する権利であり、しかも、選択する権利は購買力や支払い能力を前提としたものである。サービス提供者と利用者の対等な関係性は、利用者が消費者となることで体現されるものではなく、エンパワメントの実現に向けたパートナーシップにもとづくものでなければならない。利用者が保障されるべき権利の内実を改めて問い直し、福祉労働の価値基盤の中心に据える必要がある。

[注]
1　真田是編『社会福祉労働─労働と技術の発展のために─』1975 年、242 頁。
2　細川順正「社会福祉労働（者）論」、一番ヶ瀬康子・真田是『社会福祉論［新版］』1975 年、80 頁。そのほか総合社会福祉研究所編『真田是著作集第 5 巻　Ⅰ福祉労働論』等、福祉労働の能動性については随所で指摘されている。
3　たとえば厚生労働省のホームページでは「介護サービス事業における生産性向上に資するガイドライン」が公開されている。
4　社会学・経済学・社会政策学・政治学といった社会科学、心理学や社会教育学などの人文科学等、幅広い学問領域に触れることが必要となる。
5　ある職業が専門職として成立するために必要な条件を「属性」として提示する研究方法。
6　1957 年、重度の結核で国立療養所に長期入院していた朝日茂氏（1913-1964）が、当時の劣悪な支給基準の生活保護費では憲法 25 条に規定する生存権を侵害するとして、国を相手に起こした訴訟。国民の生存権の保障をめぐり争われた最初の行政訴訟で、「人間裁判」と呼ばれ、「人権としての社会保障」を求める運動の原点とさ

れる。

7　たとえば 1960 年には「日本ソーシャルワーカー協会」が、1964 年には「日本精神医学ソーシャル・ワーカー協会」が結成されている。また、日本医療社会事業協会は専門職化への運動の中で専門職としての要件を検討し、1961 年には「医療ソーシャル・ワーカー倫理綱領」を決定している。

8　「社会福祉士及び介護福祉士法」は 2007 年に大幅に改正され、それにともなってカリキュラムも改訂された。さらに、「地域共生社会」政策の推進にともなって 2019 年にもカリキュラム改訂が実施されている。

9　社会福祉の市場は公定価格と供給者規制のかかった準市場であり、市場原理の要素を部分的に取り入れた「準市場化」とするのが適切だとの指摘もある（岡崎 2007）。

10　たとえば、生活保護のケースワーカーを中心とした全国公的扶助研究会、児童福祉施設の従事者を中心とした全国児童養護問題研究会、障害児・者の福祉や障害児教育の分野では全国障害者問題研究会、保育分野では全国保育問題研究会や保育研究所、高齢者福祉の分野では全国老人福祉問題研究会、社会福祉の分野横断的な研究運動組織として総合社会福祉研究所がある。

11　福祉の現場における職員配置基準の弱点として「常勤換算方式」が挙げられる。これは 1 か月（4 週間）の稼働時間をもとに、常勤・非常勤職員の勤務時間をすべて足し、常勤職員が働いたとして何人になるかを計算したものである。事業所によっては人件費を圧縮するためにパートやアルバイト等の非正規雇用への依存を強めても、それが容認される構造となっている。

12　ケアマネジメントは「利用者が地域社会による見守りや支援を受けながら、地域での望ましい生活の維持継続を阻害するさまざまな複合的な生活課題（ニーズ）に対して、生活の目標を明らかにし、課題解決に至る道筋と方向を明らかにして、地域社会にある資源の活用・改善・開発をとおして、総合的かつ効率的に継続して利用者のニーズに基づく課題解決を図っていくプロセスと、それを支えるシステム」（厚生労働省 2005）と定義されている。

13　1994 年の「在宅介護支援センター運営事業要綱」の改正により「個別処遇計画の策定（ケースマネジメント）」が、その事業内容の一部を示すものとして導入されているが、ケアマネジメントを専門に担う資格を創設する等、本格的な政策への導入は介護保険制度以後とみてよい。

[引用・参考文献]

秋山智久『社会福祉専門職の研究』ミネルヴァ書房、2007 年。
青木紀『ケア専門職養成教育の研究―看護・介護・保育・福祉　分断から連携へ―』

明石書店、2017 年。

ドナ・ダスティン、小坂啓史・圷洋一・堀田裕子訳『マクドナルド化するソーシャル
　ワーク―英国ケアマネジメントの実践と社会理論―』明石書店、2023 年。

萩原浩史『詳論　相談支援―その基本構造と形成過程・精神障害を中心に―』生活書
　院、2019 年。

イアン・ファーガスン、石倉康次・市井吉興監訳『ソーシャルワークの復権―新自由
　主義への挑戦と社会正義の確立―』クリエイツかもがわ、2012 年。

一番ヶ瀬康子・真田是『社会福祉論［新版］』有斐閣双書、1975 年。

石田慎二「民間営利部門をめぐる福祉政策の変容」『奈良佐保短期大学研究紀要』11、
　2004 年、9-16 頁。

石倉康次『まなざしとしての社会福祉』北大路書房、2021 年。

川村匡由『福祉のしごとガイド　職場編』WAMNET ホームページ、2019 年。

川村匡由『福祉のしごとガイド　資格・職種編』WAMNET ホームページ、2019 年。

厚生労働省社会・援護局傷害保険福祉部『相談支援の手引き　第 2 版』「障害保健福
　祉関係主管課長会議（平成 17 年 12 月 26 日付）資料 4-2」、2005 年。

Millerson. G., *The Qualifying Associations: A Study in Professionalization,* The inter-
　national library of sociology. The sociology of work and organization; London:
　Routledge and Kegan Paul, 1964.

岡崎祐司「社会福祉の準市場化と市場個人主義をめぐる理論的検討」『社会福祉学部
　論集』3、2007 年、21-38 頁。

坂本いづみ・茨木尚子・竹端寛・二木泉・市川ヴィヴィカ『脱「いい子」のソーシャ
　ルワーク―反抑圧的な実践と理論―』現代書館、2021 年。

真田是編『社会福祉労働―労働と技術の発展のために―』法律文化社、1975 年。

真田是『新版　社会福祉の今日と明日』かもがわ出版、2003 年。

総合社会福祉研究所編（2012）『真田是著作集　第 5 巻　I福祉労働論』福祉のひろ
　ば、2021 年、1-170 頁。

横山壽一『社会保障の再構築―市場から共同化へ―』新日本出版社、2009 年。

[推薦図書]
○坂本いづみ・茨木尚子・竹端寛・二木泉・市川ヴィヴェカ『脱「いい子」のソーシ
　ャルワーク―反抑圧的な実践と理論―』現代書館、2021 年。
　　――イギリスやカナダで主流となっている反抑圧的ソーシャルワーク（AOP）の
　理論から実践までを紹介。社会正義とソーシャルワークについて考察できる一冊。
○赤羽克子編『これから目指す人・働く人のための 3 福祉士の仕事がわかる本』日本
　実業出版社、2015 年。

——社会福祉士、介護福祉士、精神保健福祉士の資格の取得方法から職場ごとの仕事内容についてまとめた本。3福祉士の仕事についてイメージができる。

○横山壽一『社会保障の再構築—市場から共同化へ—』新日本出版社、2009年。

　　——社会保障・社会福祉制度改革における市場化・営利化の現状を分析するとともに、社会保障の公共化・共同化への手がかりを探る一冊。

● 学習課題 ●

①福祉労働と資本主義、民主主義との関わりについて考えてみよう。

②社会保障・社会福祉における「市場化・民営化」がもたらすメリット・デメリット、公的責任のあり方について考えてみよう。

③福祉労働者のジレンマとはどのようなものか具体的に考えてみよう。

第 17 章
社会保障の市場化・営利化・産業化

曽我千春

本章のねらい

　近年の社会保障は、給付範囲の縮小と自己負担増が進められている。給付範囲の縮小は、その分自己負担に転嫁され、資力のある者は消費者としてサービスを購入することが求められ、他方資力が不足しているものはサービスを必要としているにもかかわらず、そのサービスをあきらめざるを得ない状況をもたらしている。

　国は医療・介護の分野を成長分野として位置づけ、制度改革による費用の抑制と規制緩和による社会保障ビジネスの創出を促進している。なかでも介護保険の市場化・営利化は「当たり前」のように進められている。介護保険外サービスの創出が推奨され、国は「公的保険内外のサービスを組み合わせた新たな受け皿を整備する」（経済産業省「新しい健康社会の実現」[2023 年 3 月]）と明記している。今後は高齢化の進行と介護保険財源のひっ迫を理由とした市場化・営利化・産業化はさらに加速していくと考えられる。

　社会保障の市場化・営利化・産業化は、社会保障における公的責任の原則と社会保障の権利性を根本的に否定するものである。

　本章では、社会保障の市場化・営利化・産業化とは何か、導入の背景を明らかにするとともに、日本の社会保障のあるべき姿について若干の考察を述べる。

1 社会保障の市場化・営利化・産業化とは何か

社会保障の市場化・営利化・産業化とはいかなるものを指すのかを確認しておく。

市場とは、「広く貨幣を通じて行われる交換の仕組み、あるいはシステム」を意味する[1]。社会保障の市場化とは「行政ルールに基づいて行政が直接に利用・提供に責任を持つ仕組みから、利用者と提供者との貨幣を媒介とした直接的な売買関係への転換」をすることである[2]。そして営利化とは、「非営利の組織に限定していた事業への参入を営利を目的として事業を営む組織にも認める方式に転換」させることである。最後に産業化であるが、産業化の進行はバブル崩壊後の構造改革にみることができる。当時、完全失業率は1996年には3.4％、2000年に4.7％、2002年には5.4％に達している。同時期に強硬に進められていた「構造改革」「規制緩和」により、医療・福祉が新規産業の育成のターゲットとして挙げられ、以降、社会保障の市場化・営利化と合わせて産業化も進められていく。

2 介護保険制度からみる社会保障の市場化・営利化・産業化

社会保障の市場化・営利化・産業化のスタートは介護保険制度であり、介護保険制度を確認すること標記の課題が理解できると考える。

2-1 措置制度から契約制度へ

介護保険制度の詳細については本書第6章を参照のこと。1997年に法成立、2000年に施行された介護保険法はまさに構造改革のなかで成立・施行されている。そのねらいは、「措置制度」という行政が責任をもって実施していた各種社会福祉サービスを、行政の責任を排除した「契約制度」に転換させること、そして介護の市場を創設し、バブル崩壊後の産業の空洞化を介護産業で補うことであった。図17-1・17-2は介護保険制度導入前の「措置制度」と「介護保険制度」の仕組みを現した図である。

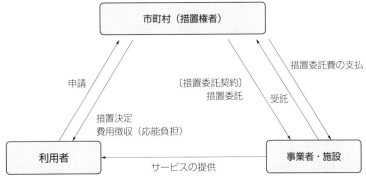

図 17-1　措置方式

出所：岡村健一郎・品川充儀編著『よくわかる社会福祉と法』ミネルヴァ書房、2009 年、35 頁を参照し筆者作成。

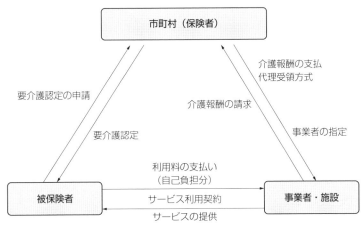

図 17-2　介護保険方式

出所：同前。

　措置制度は「行政処分」ではあるが、そこには「行政責任」がともなっていた。サービスを提供する事業者や施設等（社会福祉法人等の非営利団体）は、行政から「委託」を受け（措置委託契約）を受け、利用者にサービスを提供することにより措置委託費の支払を受ける（措置委託費の支払）。利用者は負担能力に応じてサービスの費用を措置権者である市町村に支払う（応能負担）という仕組みであった。行政が責任をもってサービスを用意することで、住民の福祉サービスの提供を実施していた。利用者からの相談、サービスの提供の基

盤整備は行政の役割であった。

措置制度の意義は次の３点に要約できる[3]。

①措置制度は、憲法25条にもとづき、高齢者や障害者など、何らかの援助や支援を必要とする人（以下、要援助者とする）に対して、国や自治体の責任で、必要な支援や福祉サービスを現物給付する仕組みであり、要援護者の生活を保障してきた。

②措置制度のもとで、財政責任も含めた公的責任が明確化され、社会福祉法人に対して財政的に安定した措置委託費が支弁されることで、福祉サービスにとって最も重要なサービス提供の安定性と継続性が確保されてきた。

③措置の基準が低く抑えられ、事実上の最高基準とされてきたという問題はあるが、所得に応じた応能の利用者負担と最低基準の設定により、少なくとも要援護者の負担能力にかかわりなく、全国共通の福祉水準を確保し、保障してきた。

他方、2000年に開始された介護保険制度は私人間の契約制度である。社会保険であることから、被保険者は保険者に対し保険料を納付し、保険者である市町村から要介護認定を受け、給付資格を得る。そしてケアマネジャー等が作成した「ケアプラン」にもとづき、事業者・施設と契約を結び介護保険サービスを利用する（詳細は第6章）。

2-2　代理受領方式

介護保険制度の給付の仕組みからも市場化・営利化・産業化が確認できる。図17-2にあるように、介護保険制度は介護報酬の支払いに「代理受領方式」を導入している。介護保険制度は一見、医療保険制度と同様の「現物給付」のように見受けられるが、法的には「現金給付」である。介護保険法は被保険者に対して「費用を支給する」（たとえば、介護保険法第41条1項など）としており、サービス費用の償還給付、すなわち現金給付ということである。現物給付を保障することなく現金を支給することで利用者は「消費者」となり、介護サービスを購入する、すなわち介護保険給付は公的責任を排除した仕組みとなっている[4]。

2-3 「混合介護」

　今一つ、介護保険制度は「混合介護」が認められている（推奨といっても過言ではない）。周知のとおり医療保険制度では「混合診療」は禁止されている。これは「混合診療を認めるということは医療保険により提供される医療には限界がある（あってもよい）ことを認めることであり、逆にいえば『必要な医療はすべて保険でカーバされるべき』という理念をベースにすれば混合診療は認められないということを意味する」[5]。憲法25条2項の国の保障義務の具現化である。

　他方、介護保険制度は、サービス給付に要介護度ごとに支給限度額が存在していることから、支給限度額を超えた分は10割の自費負担が生じる。介護保険給付＋保険給付外が認められている。混合介護という仕組みを通じた介護市場の拡大である。この混合介護は、消費者に転換された利用者に経済的な能力があるかないかで介護サービスの利用に格差を生じさせる。

　現在、介護保険制度の「給付範囲」の縮小にともない、経済的な負担能力が低い者が多くの犠牲を負っていることは周知のことであろう。加えて2014年の介護保険法の改正（2015年4月1日施行）で介護老人福祉施設（特別養護老人ホーム）の入所要件が、それまでの「要介護1」から「原則として要介護3以上」に重点化された。結果、家族介護が強要されることとなり、全国各地で介護殺人・介護心中という悲惨な事件が発生している。

　社会保障の市場化・営利化・産業化は、国は介護給付費用を抑制できる、そして企業はビジネス、利潤の追求として大きなメリットがあるが、国民にとっては人権侵害を生じさせる形となっている。

3　市場化・営利化・産業化と介護保険事業所

3-1　多様な事業者または施設からのサービス提供

　介護保険制度が社会保障の市場化・営利化・産業化の試金石といわれるゆえんの1つとして、サービス提供事業者の存在があげられる。介護保険制度は「多様な事業者または施設」（介護保険法第2条3項）からサービスの提供を受けることとなった。介護保険制度のサービスのうち、介護保険施設（介護老人

福祉施設、介護老人保健施設、介護医療院、介護療養型医療施設）については現在のところ「非営利法人」の参入にとどまっているが、居宅サービス、地域密着型サービス、居宅介護支援、各種予防サービスには多くの営利法人が参入している。

　介護保険制度の下で介護サービスを提供する事業者・施設は、事業所ごとに都道府県または市町村の指定を受けなければならない。介護保険制度の「指定」は「被保険者に対して法的に介護サービス提供の義務は負っていない」とされ、「事業者あるいは施設が法で定める設備及び人員基準を満たしているか否か、提供する介護サービスが介護保険給付にふさわしいか、チェックする確認行為に過ぎない」[6] とされており、指定の基準さえ満たせば申請者のほとんどが指定を受けている状況である。

　ここでは市場化・営利化の代表的なサービスである認知症対応型通所介護事業者と訪問介護事業者、本来であれば相談業務は行政が責任を負うべきであるが、それを市場化した居宅介護事業者について、事業者・施設の参入状況を確認しておく（表 17-1、17-2、17-3）。

　このように多くの営利法人が参入している。とくに訪問介護事業については7割が営利法人となっている。逆に社会福祉協議会を含めた社会福祉法人の訪問介護は全体の 15.7 ％にとどまっている。介護保険制度が導入される前は、「ホームヘルプ事業」として地域の市町村社会福祉協議会が市町村から委託を

表 17-1　認知症対応型共同生活介護の開設者別事業所数の構成割合

（単位：％、各年 10 月）

年	地方公共団体	日本赤十字社・社会保険関係団体・独立行政法人	社会福祉法人	医療法人	社団・財団法人	協同組合	営利法人（会社）	特定非営利活動法人（NPO）	その他
2000	3.6	—	37.5	31.1		0.3	21.2	5.5	0.9
2005	0.3	…	23.2	19.4	0.4	0.3	50.5	5.8	0.3
2010	0.1	…	23.5	18.2	0.4	0.4	52.3	4.9	0.2
2015	0.1	…	24.1	16.7	0.4	0.5	53.6	4.5	0.2
2021	0.1	…	24.8	15.6	0.5	0.6	54.4	3.9	0.2

原注：社会福祉法人には社会福祉協議会を含む。
出所：厚生労働省「介護サービス施設・事業所調査結果の概況」（各年）より作成。

受け、事業を実施していた。これが市場化・営利化の下で社会福祉協議会が撤退し、他方で介護をビジネスチャンスと考えた営利法人が多く参入している。

　また、介護保険制度の下で2000年以降増加したのが、認知症対応型共同生活介護事業所である。認知症対応型共同介護については、高齢化の進行とともに増加する認知症高齢者のニーズに対応して「認知症介護の切り札」ともいわれていた。本来であれば高い専門性を有した専門家のスタッフから専門的なケアを受けるはずであったが、「営利化の象徴」となっている。

　他産業からの参入が多く、不動産業界からの参入が目立つ。このように他産業からの参入が多い理由として、先の「指定」の「基準」の低さがあげられる。

表 17-2　訪問介護の開設者別事業所数の構成割合

(単位：%、各年 10 月)

年	地方公共団体	日本赤十字社・社会保険関係団体・独立行政法人	社会福祉法人	医療法人	社団・財団法人	協同組合	営利法人（会社）	特定非営利活動法人（NPO）	その他
2000	6.6	0.0	43.2	10.4	…	4.6	30.3	2.1	2.7
2005	0.7	…	26.5	7.7	1.5	3.6	53.9	5.4	0.8
2010	0.5	…	24.9	6.6	1.2	3.3	57.3	5.7	0.6
2015	0.3	…	19.4	6.2	1.3	2.4	64.8	5.1	0.4
2021	0.2	…	15.7	5.4	1.4	1.9	70.3	4.9	0.3

原注：社会福祉法人には社会福祉協議会を含む。
出所：同前。

表 17-3　居宅介護事業所の開設者別事業所数の構成割合

(単位：%、各年 10 月)

年	地方公共団体	日本赤十字社・社会保険関係団体・独立行政法人	社会福祉法人	医療法人	社団・財団法人	協同組合	営利法人（会社）	特定非営利活動法人（NPO）	その他
2000	11.9	0.3	35.0	25.1	…	3.3	18.1	0.9	5.5
2005	2.9	…	30.7	21.7	4.1	3.5	33.5	2.7	1.0
2010	1.4	…	29.8	19.0	3.1	3.0	39.4	3.5	0.8
2015	0.9	…	25.7	16.1	2.4	2.3	48.7	3.3	0.6
2021	0.7	…	23.7	15.2	2.7	1.9	52.6	2.7	0.5

原注：社会福祉法人には社会福祉協議会を含む。
出所：同前。

指定認知症対応型共同生活介護の人員基準は、「介護従業者の員数は、当該事業所を構成する共同生活住居ごとに、夜間及び深夜の時間帯以外の時間帯に指定認知症対応型共同生活介護の提供にあたる介護従業者を、常勤換算方法で、当該共同生活住居の利用者の数が三又はその端数を増すごとに一以上とするほか、夜間及び深夜の時間帯を通じて一以上の介護従業者に夜間及び深夜の勤務（宿直を除く）を行わせるために必要な数以上とする」（「指定地域密着型サービスの人員、設備及び運営に関する基準」［厚生労働省令第34号］90条1項）と常勤換算方法で利用者3人につき介護職員1人の配置、夜間及び深夜の時間帯については1人の介護職員でよいことになっている。また、常勤か非常勤かについても「第一項の介護従業者のうち一以上の者は常勤でなければならない」（同第90条3項）と規定さており、常勤を1人のみ配置すれば、他は非常勤でかまわないという規定となっている。

　専門家どころか、「無資格者でも非正規でも構わない」、「夜間は1人でよし」としている低いハードルが多くの他産業から介護ビジネスに参入を誘導した要因でもある。

　居宅介護支援事業所の居宅介護支援は、「居宅の要介護者が置かれている環境、本人や家族の希望などを勘案し利用する居宅サービス等の種類、内容、担当者などを定めた居宅サービス計画を作成し、その計画に基づいた適切なサービスの提供が確保されるよう、事業者等との連絡調整を行い、必要に応じて介護保険施設の紹介を行う」サービスである[7]。このように相談・介護計画を立てるなどの相談業務である。先にも指摘したように「相談業務」は本来、市町村の役割であったが、市場化・営利化の下で地方公共団体である市町村がかかわる業務が皆無に等しく、逆に営利企業が増加傾向にある。2000年の介護保険制度導入当時は18.1％だったものが2021年10月には52.6％まで増加している。

　ここにも公的責任の排除がみられる。住民に身近な行政である地方公共団体、とくに市町村は住民のいのちとくらし、健康を保障するために、その責任を果たす重要な役割を担っている。また市町村には住民の情報が集約されており、機密性の高い情報も市町村が把握している。相談に訪れた住民にとっては最後の砦となるが、それを民間・営利企業に丸投げしているのが現在の日本の社会保障である。

3-2　事業所の人員配置基準は「常勤換算方法」

　先に指定認知症対応型共同生活介護事業の人員基準について記したが、この人員基準については「常勤換算方法」が導入されている。「常勤換算方法」とは、厚生労働省の説明によれば「非常勤の従事者について、事業所の従業者の勤務延時間数を当該事業所において常勤の従業者が従事すべき時間数で除することにより、常勤の従業者の員数に換算する方法」とされている。つまり、介護職員（介護保険制度の場合は「介護従業者」）の人員を時間でカウントする仕組みである。

　介護保険制度導入前の措置制度の下でも介護職員の人員配置基準は実情に合っておらず、慢性的な職員不足ではあったものの、入所者（利用者）の数に応じて決められ、「常勤の正規職員」を原則としていた。しかし介護保険制度導入後は訪問介護事業所を中心に非正規雇用の介護職員らが増加していった[8]。訪問介護員においても「指定訪問介護事業者が行う指定訪問介護事業所ごとに置くべき訪問介護員等の員数は、常勤換算方法で 2.5 以上とする」（指定居宅サービス等の事業の人員、設備及び運営に関する基準第 5 条）など規定も非正規を前提とした人員配置が認められている。常勤換算方法は、非正規雇用の介護職員を「容認する制度的根拠」と指摘されている[9]。

　厚生労働省は毎年「介護サービス施設・事業所調査」の結果を公表しているが、正規・非正規の介護職員の数を出していない。また、介護労働安定センターの毎年度の「介護労働実態調査」においても、近年では「有期雇用職員」と「無期雇用契約職員」といったカテゴリーに分けており、正規・非正規の介護職員の数の把握は困難になってきている。

　常勤換算方法は、事業所のコスト削減と連動し非正規雇用の介護職員を積極的に採用する手段となっており、社会保障の市場化・営利化・産業化のもとで規制緩和された 1 つの制度である。

　慢性的で危機的な介護職員の不足は、「常勤換算方法」を廃止し、正規雇用・常勤雇用、介護福祉士等の専門職を原則とした十分な人員配置基準の確立と専門職としての正当な評価とそれにもとづいた処遇を制度設計しなければ、さらに深刻化する。

3-3　営利化・産業化の行く末—コムスン事件

　2005年にコムスン事件という社会保障の営利化を象徴した事件が起きている。当時、訪問介護最大手の株式会社コムスンによる介護報酬の不正請求並びに虚偽の指定申請・人員配置基準違反が発覚し、東京都の改善命令・指導を受けたが改善しなかったために業務停止命令により業務廃止を招いた事件である。この事件は他の大手訪問介護事業者にも同様な違反が発覚し行政処分を受けている。

　先にも述べたように介護保険制度は国の制度であるにもかかわらず、ビジネスチャンスによる一企業への儲けの手段になっている。低いハードル・基準をクリアするだけで参入が可能となっていることから多くの営利法人（企業）が介護サービス事業を立ち上げている。介護保険制度導入前（社会福祉基礎構造改革前）は、事業者を限定した「事前規制」のもとでの社会福祉サービスの提供が原則であった。それが介護保険制度導入以降は、事業者の参入は人員・設備、運営基準をクリアしていればよしという、従来の「事前規制」を撤廃し、事後的にチェックする仕組みに転換した。その結果がコムスン事件であるといえる。

　実際、2021年度も指定取消等の行政処分は合計で105件、内訳は指定取消が56件、一部効力停止が32件、全部効力停止は17件となっている。そして取消事由としては、不正受給、虚偽申請、法令違反、人員基準違反となっている。指定取消等の行政処分を受けたサービスは、指定訪問介護事業所が21件、認知症対応型共同生活介護所が19件となっている。加えて、法人種別ごとでは、多くの営利法人が参入してきていることを背景に、営利法人が79事業所と74％を占めていることは注目に値する[10]。

3-4　営利化・産業化としての高所得者向けサービス

　このような社会保障の市場化・営利化・産業化は、経済的な能力によってサービス利用に格差をもたらす仕組みを含んでいる。たとえば、有料老人ホーム等[11]は、「特定施設入居者生活介護」の指定を受けることで介護保険制度に参入することが可能となっている。実際、全国に5610事業所あり、そのうち7割が営利法人である[12]。介護保険制度が積極的に営利法人の参入を促進した例でも

ある。

　特定施設入居者生活介護の指定を受けた一有料老人ホームの費用は、家賃相当額月額 12 万 5000 円、生活費合計 12 万 6000 円、介護保険給付費（要介護 3）2 万 3805 円、「上乗せ介護費用」、有料サービスの対価など総額は平均すると 40 万円前後となっている。この上乗せ費用をめぐって裁判が生じている[13]。有料老人ホームの「上乗せ費用」については、「特定施設入居者生活介護が受領する介護保険の給付対象外の介護サービス費用について」（1999 [平成 12] 年 3 月 30 日老企第 52 号厚生省老人保健福祉局企画課長通知）で「(1)人員配置が手厚い場合の介護サービスの利用料」、「(2)個別的な選択による介護サービスの利用料」となっている。

　他方、高齢者福祉サービスの代表格ともいえる特別養護老人ホーム（介護保険法上は「指定介護老人福祉施設」、以下「特養」）は介護保険制度導入後も介護職員不足は深刻化しているものの一定の水準が保たれているという。経済的な不安なく入居が可能な高齢者の「住まい」ともいえる。しかし、2015 年の介護保険法改正の折、「重点化」の名の下で入居者を「要介護 3 以上」に限定した。結果、介護を必要とし、なお経済的な余裕のない利用者とその家族は、家族介護に依存することとなる。全国各地で介護殺人や介護心中が多発しているが、心の問題や責任感だけでなく、経済的、制度的な問題が要因であることも忘れてはならない。

　有料老人ホームはさまざまな介護保険外サービスを用意し、介護保険給付と介護保険給付外の収入を得て経営を行っている。「経営者の経営理念、職員管理、介護スタッフの質などが問題とされることが多い」と指摘されている[14]。

　2016 年 3 月には厚生労働省・農林水産省・経済産業省が「地域包括ケアシステムの構築に向けた公的介護保険外サービスの参考事例集—保険外サービス活用ガイドブック—」を作成・公表している。このように「地域包括ケアシステム」をテコとしてさらに社会保障の市場化・営利化・産業化が加速されていく。

　社会保障が「人権としての社会保障」から大きく乖離し、儲けの手段としての「社会保障」へ変化され、そこには経済的格差による給付の不平等を生じさせる。

4　なぜ社会保障の市場化・営利化・産業化を批判するのか

　社会保障制度は財源論を中心に「重点化」「適正化」が進められてきた。現在提起されている「全世代型社会保障」改革においても、「重点化」「適正化」をうたい文句に「市場化・営利化・産業化」が加速し、国民の負担増と保険外しが顕著となっている。

　社会保障の市場化・営利化は、1970年代末から80年代に登場した「日本型福祉社会論」および臨調行革に求めることができるとされる。しかし、本格的に動き始めるのは2000年代前半の小泉純一郎内閣の下で急進的に進められた構造改革である[15]。

　介護保険制度が導入されて23年が経過し、当然のように市場化された介護サービスが提供され、もはや社会保障の市場化・営利化・産業化への批判は受け入れられないテーマかもしれない。しかし、そもそも社会保障とは何か、詳細は第1章にゆずるが、社会保障は日本国憲法25条1項生存権、2項国の保障義務の具現化であることを忘れてはならない。そして市場経済のなかにありながら市場とは区別した独特なルールで仕組みを作り上げ、機能させてきた[16]。それが市場の自由に対する公的規制である。「社会保障は、市場経済がもたらす人々の貧困・格差・不平等を、個人の責任によって引き起こされた結果ではなく、個人の努力ではいかんともしがたい社会的な要因によってもたらされたものと捉え、したがってその解決には社会が責任を持つべきとの立場に立ち、そうした解決のための具体的な方策として具体化され、制度化されてきた」ものであり、自己責任や自助・自立の原理ではなく、「社会が共同してすべての人々に対して生活と生存を保障するという社会的責任の原理、公共性・共同性の原理」が貫かれている[17]。

　以上のことを鑑みると社会保障の市場化・営利化・産業化は、社会保障の理念に照らし合わせれば、ふさわしい政策・法制度であるとは考えられない。

[注]
1　中央法規社会福祉士受験対策研究会編『わかる！受かる！社会福祉士国家試験合

格テキスト 2024』中央法規出版株式会社、2023 年、95 頁。

2　横山壽一『社会保障の市場化・営利化』新日本出版社、2003 年、10 頁。

3　伊藤周平『介護保険法と権利保障』法律文化社、2008 年、41 頁。

4　同前、54-55 頁参照。

5　工藤浩司「医療保険における混合診療禁止の法理の検討」矢島里絵他編著『井上英夫先生退職記念論文集　人権としての社会保障―人間の尊厳と住み続ける権利―』法律文化社、2013 年、63 頁。

6　西村健一郎『社会保障法』有斐閣、2003 年、310 頁。伊藤周平『介護保険法と権利保障』法律文化社、2008 年、212 頁。遠藤浩・神田裕二「介護保険法案の作成をめぐって」九州大学法政学会『法政研究』66（4）、2000 年、1802 頁。

7　中央法規社会福祉士受験対策研究会・前掲書（注 1）584 頁。

8　曽我千春「常勤換算方法に関する研究（1)」日本医療総合研究所『国民医療』No.365、2015 年、46-51 頁参照。

9　林和彦「介護事業所の規制緩和と介護労働者の法的課題」労働開発研究会、『季刊労働法』228 号、2010 年、8 頁参照。

10　総務課介護保険指導室「全国介護保険・高齢者保健福祉担当課長会議資料」2023（令和 5）年 3 月。

11　「サービス付き高齢者向け住宅」については、「有料老人ホーム」に該当するものは特定施設となる。

12　横山は「有料老人ホームの多くが特定施設の指定を受けたのは、保険適用によって入居者の負担を減らすことができるからで、入居時だけでなく入居後の負担の大きさが対象者の幅をせばめていただけに、その現状を打破する契機として積極的に活用された結果である。介護保険実施後、有料老人ホームは急増しており、しかも都市部を中心にケアハウスと同水準までに価格を抑えたものも登場している」と有料老人ホームが特定施設入居者生活介護の指定を受けた趣旨を説明している。横山壽一「新局面に入った福祉の産業化―介護ビジネスを中心に―」『賃金と社会保障』No.1313・14、2002 年、60 頁。

13　高野範城「98 歳の人への有料老人ホームの介護のあり方が問われた事例」『賃金と社会保障』No.1835、2023 年、35 頁参照。

14　同前、39 頁。

15　横山壽一『社会保障の再構築―市場化から共同化へ―』新日本出版社、2009 年、156 頁参照。

16　同前、（注 7）158 頁。

17　同前。

［引用・参考文献］

伊藤周平『介護保険法と権利保障』法律文化社、2008 年。

伊藤周平『介護保険を問いなおす』筑摩書房、2001 年。

公益財団法人日本医療総合研究所『コロナ禍で見えた保健・医療・介護の今後 ―新
　　自由主義をこえて―』新日本出版社、2022 年。

社会保障政策研究会編『高齢期社会保障改革を読み解く』自治体研究社、2017 年。

高野範城『措置と契約の法政策と人権―福祉系学生と職員のための法学入門―』創風
　　社、2006 年。

西村健一郎『社会保障法』有斐閣、2003 年。

矢島里絵他編『井上英夫先生退職記念論文集　人権としての社会保障―人間の尊厳と
　　住み続ける権利―』法律文化社、2013 年。

横山壽一『社会保障の市場化・営利化』新日本出版社、2003 年。

横山壽一『社会保障の再構築―市場化から共同化へ―』新日本出版社、2009 年。

渡辺治『安倍政権の終焉と新自由主義政治、改憲のゆくえ―「安倍政治」に代わる選
　　択肢を探る―』旬報社、2020 年。

豊島明子「第 3 章　高齢者福祉法制の大転換と公的介護保障の課題」『自治体行政シ
　　ステムの転換と法―地域主権改革から再度の地方分権改革へ―』日本評論社、2014
　　年。

［推薦図書］

○公益財団法人日本医療総合研究所『コロナ禍で見えた保健・医療・介護の今後―新
　　自由主義をこえて―』新日本出版社、2022 年。
　　　──社会保障全般にわたる改革動向とコロナ禍で明らかになった日本の社会保障
　　制度の脆弱さ、そしてその克服策が総合的に論じられている。今後の社会保障のあ
　　り方を考える一助となる一冊である。

○横山壽一『社会保障の再構築―市場から共同へ―』新日本出版社、2009 年。
　　　──日本の経済政策から社会保障の市場化・営利化・産業化を分析しており、構造
　　的な問題の指摘、実態からの問題の指摘は学ぶものが多い。また、人権としての社
　　会保障に向けた改革のヒントが盛り込まれている。

○伊藤周平『消費税増税と社会保障改革』筑摩書房、2020 年。
　　　──社会保障の充実・安定化を図るために消費税が増税された。社会保障費に充て
　　るという目的の消費税増税は正しいのか、消費税の増税分は社会保障の充実に本当
　　に充てられているのか。消費税と社会保障の内容を理解するためには必読。

● 学習課題 ●

①社会保障の市場化・営利化・産業化の実情を確認し、問題点を指摘してみましょう。

②日本国憲法や国際人権規約（社会権規約・自由権規約）から社会保障の本質を探っ
　てみましょう。

③全世代型社会保障改革は何をどのように改革を進めているのか。改革の内容を確認
　し、われわれの生活にどのような影響を与えるのか、考えてみましょう。

あとがき

　本書の出版に向けた準備が始まったのは、2022年12月である。2019年に出版された『新版　基礎から学ぶ社会保障』改訂の必要性を感じており、自治体研究社に相談をしてすぐに快諾をいただいた。そこで、新たに長友薫輝さんと曽我千春さんに一緒に編者を担当いただくことを相談した。

　今回の執筆者は16名である。筆者（村田）がこれまで社会政策学会や日本医療福祉政策学会で活動する中で、「この人に原稿を書いていただきたい」という研究者を中心に執筆依頼をしたところ、（細かい条件を聞かれることもなく）すぐに快諾の返事をいただけた。本当にありがたいことである。

　『新版　基礎から学ぶ社会保障』を作成していた頃はオンラインを活用して、研究会を行うということは考えられなかった。研究会はすべて対面で行っていた。今回はすべてオンラインで行ったが、数年前までは考えられなかったことである。研究会を通じて、新たな人的交流も生まれた。ただし、意見交換は積極的に行ったが、強固な意思統一を図っていないことは前述のとおりである。

　今回、「基礎から考える」をタイトルとしたように、社会保障制度のあり方について意思統一を図ることは容易ではない。大学で「社会保障論」について講義をする中、筆者（村田）が話す内容に真っ向から異なる意見を言われることも増えてきた。受講生の意見なので良いと思うが、社会経済状況が今後も大きく変化していく中、一人ひとりが「考える」ことをやめてはいけないと思う。

　最後になるが、出版事情が厳しいにもかかわらず、『基礎から学ぶ社会保障』に続き、自治体研究社が出版企画をすぐに認めてくれたこと、編集担当の寺山浩司さんが丁寧に作業を進めてくださったことにこの場を借りて感謝申し上げる。思うように原稿が集まらず、出版自体を諦めなくてはいけないと思ったこともあったが、ベテラン編集者らしく編者をサポートしていただいた。

2024年2月

編者を代表して　村田隆史

索 引

執筆者紹介／執筆分担

村田隆史（むらた・たかふみ）　はしがき、第1章、あとがき
京都府立大学公共政策学部准教授。社会福祉士。専門：社会保障論、公的扶助論。博士（経済学）金沢大学。
著書論文　『生活保護法成立過程の研究』自治体研究社、2018年、「介護保険制度のケアプラン点検に関する現状と政策的課題—青森県内の保険者及び介護支援専門員への調査結果を基にして—」（共著）、福祉社会研究23号、2023年3月、「深刻化する貧困問題と生活支援システムの課題」国民医療350号、2021年5月。

濵畑芳和（はまばた・よしかず）　第2章
立正大学社会福祉学部教授。専門：社会保障法学、権利擁護論。修士（法学）龍谷大学。
著書論文　『雇用・生活の劣化と労働法・社会保障法—コロナ禍を生き方・働き方の転機に—』（共著）日本評論社、2021年、「多様な働き方・生き方を尊重する社会へ—勤労者皆保険・地域共生社会を中心に—」住民と自治、2022年11月号、「LGBTに対する合理的配慮を中心に」日本労働法学会誌132号、2019年5月。

長友薫輝（ながとも・まさてる）　第3章
佛教大学社会福祉学部准教授。社会福祉士。専門：社会保障論、医療・福祉政策論、地域医療論・地域福祉論。
著書　『地域の病院は命の砦』（共著）自治体研究社、2023年、『感染症に備える医療・公衆衛生』（編著）自治体研究社、2021年、『コロナ禍で見えた保健・医療・介護の今後—新自由主義を超えて—』（共著）新日本出版社、2022年、『新型コロナ最前線自治体職員の証言2022-2023』（共著）大月書店、2023年。

田中きよむ（たなか・きよむ）　第4章、第15章
高知県立大学社会福祉学部教授。専門：社会保障論、地域福祉論。
著書　『社会保障システム』ビジネス実用社、2023年、『入門地方財政—地域から考える自治と共同社会—』（共著）自治体研究社、2023年、『少子高齢社会の社会保障・地域福祉論』中央法規出版、2021年、『小さな拠点を軸とする共生型地域づくり—地方消滅論を超えて—』（編著）晃洋書房、2018年。

瀬野陸見（せの・むつみ）　第5章
阪南大学経済学部専任講師。専門：社会保障論、労働経済論、社会政策論。博士（経済学）京都大学。
著書論文　「社会保険の持つ価値観—排除というほころびを手がかりとして—」公共政策研究23号、2023年、『日本の社会政策　第3版』（共著）ナカニシヤ出版、2023年、『変容する日本経済』（共著）、鉱脈社、2022年、「国民健康保険における保険税の存在意義—軽減・減免の視点から—」財政と公共政策71号、2022年。

山本大輔（やまもと・だいすけ）　第6章
京都府立大学大学院公共政策学研究科博士後期課程、特別養護老人ホーム天神の杜勤務。社会福祉士、介護福祉士。専門：ソーシャルワーク、高齢者福祉。修士（福祉社会学）京都府立大学)

論文 「介護予防デイサービス固有の役割の検討―高齢男性の地域生活継続の視点から―」
（共著）『京都府立大学学術報告　公共政策　第13号』京都府立大学 2021年。

神﨑淳子（かんざき・じゅんこ）　第7章
金沢星稜大学経済学部経営学科准教授。キャリアコンサルタント。専門：社会政策、地域経済学。博士（経済学）金沢大学。
論文 「地方創生事業による地域雇用政策の発展可能性―石川県加賀市における加賀ワークチャレンジ事業を事例として―」社会政策13巻1号、2021年6月。「過疎高齢化地域における地域雇用政策の意義と課題―石川県珠洲市内集落における地域雇用対策事業の事例から―」社会政策5巻2号、2013年12月。

廣野俊輔（ひろの・しゅんすけ）　第8章
同志社大学社会学部准教授。専門：障害者福祉。博士（社会福祉学）同志社大学。
著書論文 「第3章　なぜ評価に目が向かないのか？―障害福祉計画に関する問題提起―」埋橋孝文編『格差と不利／困難の中の福祉政策』［福祉政策研究入門　政策評価と指標　第2巻］、明石書店、2022年。「精神薄弱者福祉法に対象規定が欠落しているのはなぜか？―制定過程における対象規定への言及をふまえて―」評論・社会科学137号、2021年。

石田賀奈子（いしだ・かなこ）　第9章
立命館大学産業社会学部教授。社会福祉士。専門社会調査士。専門：児童福祉論、ソーシャルワーク。修士（社会福祉学）関西学院大学。
著書論文「児童養護施設を経験した若者の幼少期逆境体験に関連する要因」厚生の指標69巻12号、2022年、『楽しく学ぶ社会福祉』ミネルヴァ書房、2021年、「社会的養護における行動上の困難さを持つ子どもの措置変更―社会的養護における措置変更に関するアンケート調査の自由記述の分析―」立命館産業社会論集56巻3号、2020年。

三和直人（みわ・なおと）　第10章
地方自治体職員、金城大学人間社会科学部非常勤講師、佛教大学大学院社会福祉学研究科社会福祉学専攻博士後期課程在学中。専門：公的扶助。修士（社会福祉学）。
論文 「福祉事務所におけるハウジングファースト型の支援を考える――生活保護現業員からの報告―」貧困研究28巻、2022年6月、「福祉事務所における危機介入アプローチに関する検討―解離性健忘にて身元不明状態に陥った要保護者への支援より―」社会福祉士30号、2023年3月など。

木下武徳（きのした・たけのり）　第11章
立教大学コミュニティ福祉学部教授。社会福祉士。専門：福祉政策論、公的扶助論、地域福祉論、博士（社会福祉学）同志社大学。
著書 『社会福祉―新しい地平を拓く』（共著）放送大学教育振興会、2022年、『生活保護と貧困対策』（共著）有斐閣、2018年、『日本の社会保障システム』（共著）東京大学出版会、2017年、『アメリカ福祉の民間化』日本経済評論社、2007年。

松江暁子（まつえ・あきこ）　第12章
国際医療福祉大学講師。社会福祉士。専門：社会保障、公的扶助。博士（社会福祉学）首都大学東京（現東京都立大学）。

著書論文 『韓国の公的扶助―「国民基礎生活保障」の条件付き給付と就労支援―』明石書店、2023年、「生活保護問題の現段階―韓国の経験からの示唆を探る―」埋橋孝文編著『どうする日本の福祉政策』ミネルヴァ書房、2020年、「ポスト人口ボーナス期における日韓の社会保障」東亜第621号、2019年3月。

森　周子（もり・ちかこ）　第13章
成城大学経済学部教授。専門：社会保障、社会政策。博士（社会学）一橋大学。
論文　「ドイツ年金政策の展望に関する考察―「三層モデル」の老齢保障政策への転換―」経済研究239号、2023年1月、「ドイツにおける伴走支援の現状と課題」DIO386号、2023年5月、「ドイツの障害者福祉サービスに対する連邦参加法の意義」週刊社会保障3225号、2023年7月。

田中弘美（たなか・ひろみ）　第14章
大阪公立大学大学院生活科学研究科准教授。社会福祉士。専門：社会政策論、ジェンダー論。博士（社会福祉学）同志社大学。
著書論文　『「稼得とケアの調和モデル」とは何か―「男性稼ぎ主モデル」の克服―』ミネルヴァ書房、2017年、「第6章 少子化社会対策をひもとく―目的・手段・成果の視点から―」（共著）、埋橋孝文編『少子高齢化のなかの福祉政策』［福祉政策研究入門　政策評価と指標 第1巻］、明石書店、2022年、「ジェンダーの視点から社会政策を評価する―指標化をめぐる国際動向を手がかりにして―」Int'lecowk：国際経済労働研究第75巻第11・12号、2020年12月。

黒川奈緒（くろかわ・なお）　第16章
ソーシャルワーカー。社会福祉士・精神保健福祉士。専門：高齢者福祉・福祉労働論。博士（社会学）立命館大学。
論文　「高齢者介護施設における介護職員の人材育成―現場での学びに着目して―」立命館大学大学院社会学研究科博士学位請求論文、2017年。「これからの福祉人材育成を考える―介護職員が学び育ちゆく場とは―」総合社会福祉研究第49号、2020年。「『地域共生社会』と福祉専門職の養成―社会福祉士養成新カリキュラムのねらいと課題―」国民医療360号、2023年。

曽我千春（そが・ちはる）　第17章
金沢星稜大学経済学部教授。介護福祉士・社会福祉士。専門：社会保障・社会福祉政策
博士（学術）金沢大学。
著書論文　『新版　基礎から学ぶ社会保障』（共著）、自治体研究社、2019年、『社会保障研究―現場主義・創造的法学による人権保障―』（共著）、ミネルヴァ書房、2021年、『コロナ禍で見えた保健・医療・介護の今後―新自由主義をこえて―』（共著）、新日本出版社、2022年。

［編者］
村田隆史（むらた・たかふみ）京都府立大学公共政策学部准教授
長友薫輝（ながとも・まさてる）佛教大学社会福祉学部准教授
曽我千春（そが・ちはる）金沢星稜大学経済学部教授

＊詳細は「執筆者紹介／執筆分担」参照

基礎から考える社会保障
——私たちの生活を支える制度と仕組み——

2024 年 3 月 30 日　　初版第 1 刷発行

　　　　　　　　編　者　村田隆史・長友薫輝・曽我千春編

　　　　　　　　発行者　長平　弘

　　　　　　　　発行所　㈱自治体研究社
　　　　　　　　　　　　〒162-8512 東京都新宿区矢来町 123 矢来ビル 4F
　　　　　　　　　　　　TEL：03·3235·5941／FAX：03·3235·5933
　　　　　　　　　　　　https://www.jichiken.jp/
　　　　　　　　　　　　E-Mail：info@jichiken.jp

ISBN978-4-88037-763-6 C0036　　　　　　印刷・製本／美研プリンティング株式会社

自治体研究社

生活保護法成立過程の研究

村田隆史著　定価 2970 円

1945〜1950 年の生活保護法の成立過程を社会保障の観点から分析した歴史研究。「人権としての社会保障」のあり方を生活保護法から検証。

検証　介護保険施行 20 年
——介護保障は達成できたのか

芝田英昭編著　定価 2420 円

介護保険が目的とした「社会的入院の解消」「介護の社会化」「介護離職の解消」等は達成できたのか。介護保障とは何かを総合的に捉え直す。

医療保険「一部負担」の根拠を追う
——厚生労働白書では何が語られたのか

芝田英昭著　定価 1980 円

医療保険の一部負担は財政的制約によるもので、そこには人権思想は何も反映されていない。基本的人権を基軸において医療保険の現在を問う。

コロナ禍からみる日本の社会保障
——危機対応と政策課題

伊藤周平著　定価 2200 円

コロナ禍で日本の社会保障の制度的脆弱性が露呈した。医療・保健（公衆衛生）、雇用保障、生活保護等の実際を論じて、改革の方向を示す。

社会保障法
——権利としての社会保障の再構築に向けて

伊藤周平著　定価 3520 円

社会保障の削減が進む現在、生存権侵害という観点から社会保障のあり方を追究する。暮らしを社会保障から見直そうする人たち必携の一冊。